Willy Pastor

Albrecht Dürer - Der Mann und das Werk

e-artnow 2018

Leseempfehlungen (als Print & e-Book von e-artnow erhältlich)

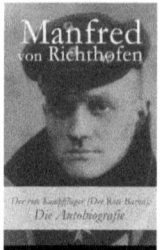

Manfred von Richthofen
Der rote Kampfflieger (Der Rote Baron): Die Autobiografie

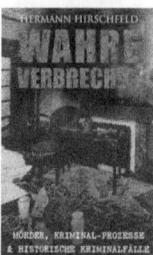

Hermann Hirschfeld
Wahre Verbrechen: Mörder, Kriminal-Prozesse & Historische Kriminalfälle

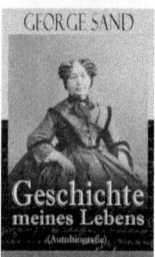

George Sand
George Sand: Geschichte meines Lebens (Autobiografie)

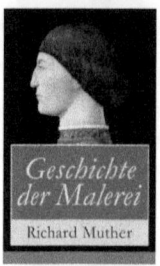

Richard Muther
Geschichte der Malerei

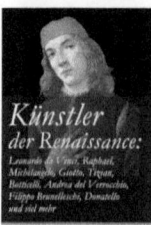

Giorgio Vasari
Künstler der Renaissance: Leonardo da Vinci, Raphael, Michelangelo, Giotto, Tizian, Botticelli, Andrea del Verrocchio, Filippo Brunelleschi, Donatello und viel mehr

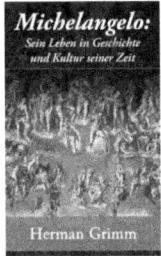
Herman Grimm
Michelangelo: Sein Leben in Geschichte und Kultur seiner Zeit

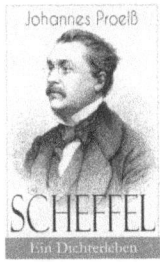
Johannes Proelß
Scheffel - Ein Dichterleben

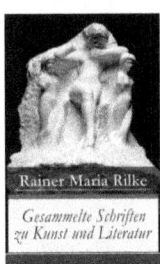
Rainer Maria Rilke
Gesammelte Schriften zu Kunst und Literatur

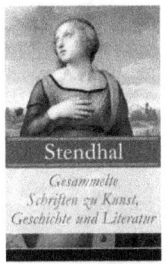
Stendhal
Gesammelte Schriften zu Kunst, Geschichte und Literatur

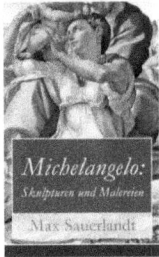
Max Sauerlandt
Michelangelo: Skulpturen und Malereien

Willy Pastor

Albrecht Dürer - Der Mann und das Werk

Illustrierte Biografie: Das Leben Albrecht Dürers, eines bedeutenden Künstler (Maler, Grafiker und Mathematiker) zur Zeit des Humanismus und der Reformation

e-artnow, 2018
ISBN 978-80-268-6391-5

Inhaltsverzeichnis

I. Zwischen zwei Welten	13
1	13
2	16
3	21
4	22
5	26
II. Die Offenbarung Johannis	29
1	29
2	33
3	35
4	46
III. Bei den Eltern	47
1	47
2	49
3	52
4	55
IV. In der Malerschule	57
1	57
2	59
3	62
4	63
V. Wanderjahre und Heimkehr	65
1	65
2	68
3	70
4	74
VI. Die neue Zeit	79
1	79
2	83
3	86
4	89
VII. Kirche und Welt	93
1	93
2	97
3	103
4	107
VIII. Der Malergentiluomo	111
1	111

2	113
3	115
4	118
IX. Venedig	123
1	123
2	125
3	128
4	131
X. Gesteigerte Größe	135
1	135
2	137
3	139
4	141
XI. Der Menschensohn	143
1	143
2	145
3	151
4	153
XII. Die Trilogie des Todes	155
1	155
2	158
3	160
4	163
XIII. Unter Kaiser Max	165
1	165
2	167
3	169
4	172
XIV. Stille Jahre und Weltlärm	175
1	175
2	177
3	181
4	185
XV. Die Erneuung	189
1	189
2	192
3	195
4	198
XVI. Dürers Ende	201
1	201

2	204
3	206

I. Zwischen zwei Welten

1

Die Weltuhr ging auf fünfzehnhundert. Über Deutschlands heiligem Boden lag prangende Sonne. Kathedralen funkelten in ihrem Licht, hoch gen Himmel ragende Bauten, derengleichen die Menschheit nie vordem gesehen. Welch ein Stil der Pracht und des Stolzes! Im endlosen Gefolge seiner Bildnereien und prunkvollen Formen stand solch ein Dom wie ein Fürst inmitten eines Triumphzugs. Glanz strahlte er aus, und Glanz empfing, was in seiner Nähe wurde. Der Brunnen am Marktplatz, sprudelnd in Formenreichtum, er selbst eine steinerne oder erzene Wasserkunst, das Rathaus dahinter, Kaufhallen, Gewandhäuser, Gildeheime, hoch gegiebelt sie alle, und bis in die schmalsten Gassen hinein Patrizierbauten mit Wappenschildern und Erkern, geschnitztem Gebälk und blitzenden Scheiben: so lag die deutsche Stadt in jenem Jahrhundert der Erwartung.

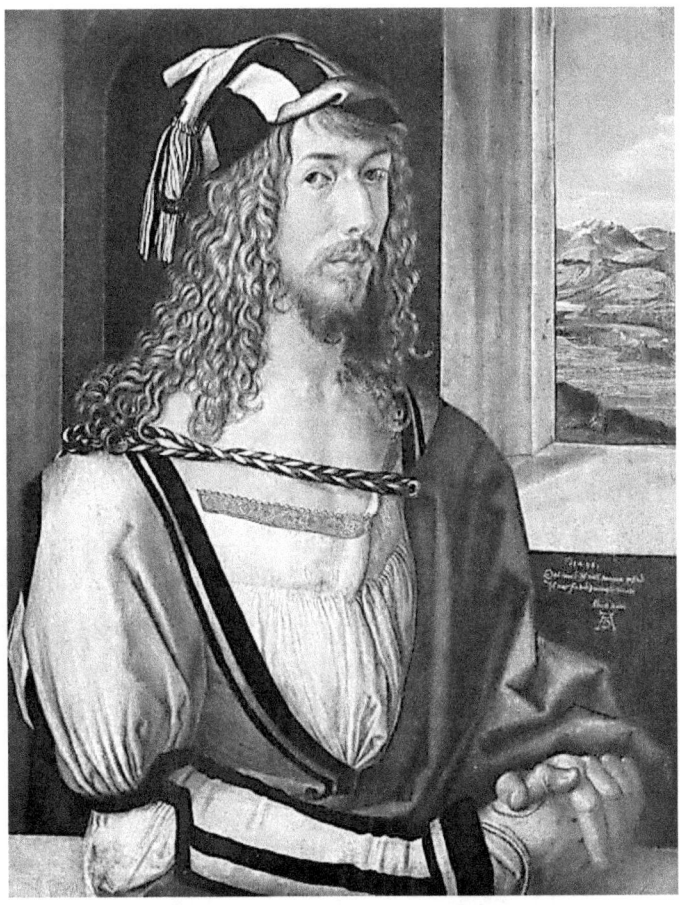

Selbstbildnis Dürers (1498) – Madrid, Prado-Museum

Vom Hochland zur Küste war es das gleiche Bild. Im ganzen Deutschland gab es keinen Gau, wo nicht behaglich sich sonnende Städte die Landschaft lichter machten. Im Norden war es die Hansa, von England bis ins Russische hinüberlangend in einer einzigen gestreckten Front, die der deutschen Kultur Vormacht und Stützpunkt war. Von allen Städtern damals hatten die Hanseaten vielleicht den weitesten Blick. Seeluft fegte durch ihre meisten Städte. Noch immer hat der Horizont des Meers den Menschen ein freieres Denken, Ausdauer und Kühnheit verliehen. Wie offenen Sinnes der Städter in Meeresnähe damals für die stummen Lehren des Urelementes war, das kündet seine Art zu bauen und zu wohnen. Ob wir an Brügge denken oder die Deutschenkolonie zu Bergen, an Lübeck oder Wisby oder Danzig – es sind die nämlichen hochragenden Werke, und alle reden sie die gleiche Sprache eines deutschen Jahrhunderts.

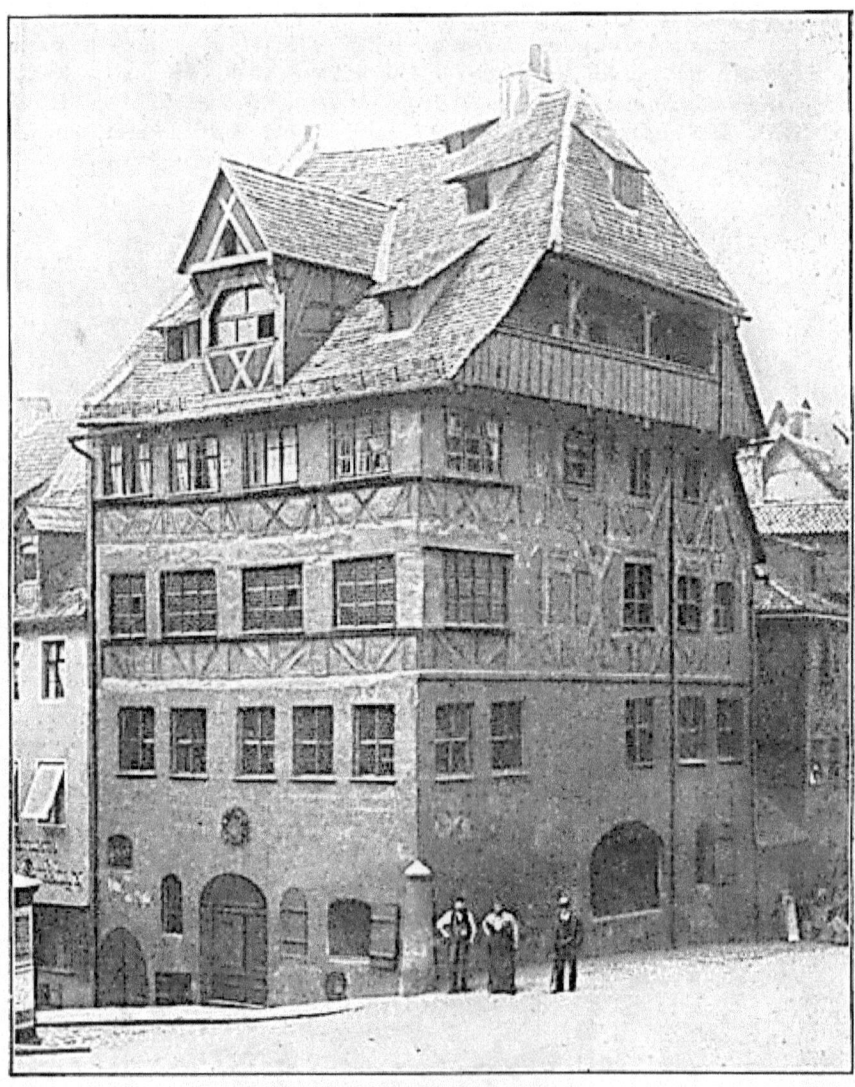

Dürers Wohnhaus in Nürnberg

Da ist ferner der germanische Osten, das Amerika der damaligen Welt. In unabsehbaren Zügen hatten sich einst, die »gen Oistland« ritten, aufgemacht, um das einer fremden Rasse verfallene Land wieder dem Deutschtum zu erstreiten. Wehrhafte Burgen hatten sie angelegt, stattliche Kirchen, und ihre Mauern und ihre Gesinnung waren ein Deich vor jeder Brandung. Das Land war gefestet, war deutscher Anbau geworden, ein fruchtbarer Boden für sonnendurchflutete Städte. Und sie blühten empor und ließen den Reichtum gedeihen, daß es in ihnen gar »vrolyk to lewen« war. Glanz und Macht und aufrechter Stolz auch hier.

Und wie erst steigert sich all das Schöne und Herrliche, wenn wir, dem Lauf des königlichen Stromes folgend, rheinauf die deutschen Lande überfliegen! So viel Städtenamen, so viel der hehrsten deutschen Erinnerungen werden wach im bloßen Klang. Vollends ins Unermessene steigert es sich im Lande der Franken, dem alten Kronland deutscher Geschichte. Alles strömt hier in eins, aus vergangenen Zeiten und entlegenen Weiten. Die alte Kaiserherrlichkeit hat ihr Wort mitgeredet beim Aufbau dieser Stadtgebilde, und ihre Sprache ist noch wohl vernehmlich inmitten des anderen. Wie in einem kunstgerechten Liede fügen sich verschiedene Stimmen zu einer einheitlichen Weise und geben ihr einen volleren Klang. Das ist es, was den Städten Mittel- und Oberdeutschlands ein Übergewicht schafft über die anderen. Ein reicheres Leben drängt sich in ihnen. Ihrer gedenken wir am ersten, wenn das Zauberwort von der alten deutschen Stadt erklingt, ein Wort, von dem einst Fichte sagte, daß ihm die Kraft gegeben sei, den deutschen Geist zu heben.

An welche aber unter ihnen allen sollen wir uns halten, wenn wir es nun wagen, die Fülle der Gesichte klarer zu erfassen?

Wir suchen nach einem einzelnen Städtebild, einem bestimmten Bezirk, und ein Name klingt auf, der über alle Namen deutscher Städte ist: »Wie friedsam treuer Sitten, getrost in Tat und Werk, liegt nicht in Deutschlands Mitten mein liebes Nürenberg!«

Nürnberg: wir heute sehen es gern durchs Ohr, erfüllt mit Orgelklang und Meistersang, Lehrbubengeschrei und minniglichen Liedern. Richard Wagner hat uns das gegeben, und sein Geschenk hat uns allesamt reicher gemacht. Wir wollen es in Ehren halten, wollen darüber aber doch jenes andere Nürnberg nicht vergessen, das nur dem Auge sich ganz gibt.

Königlich ist es gelagert. Auf Felsenhöhe die alte Burg; wie ein Adler mit scharfen Fängen den Stein umklammernd, und wie ein Adler Auslug haltend übers Land. Drunten die herrlichen Kirchen. Sankt Sebald, schwer und wuchtig gleich einem Gotteswort; Sankt Lorenz mit dem Sonnenauge seines Rosenfensters; die Kirche unserer Frauen, von Bildwerk umsponnen wie von wucherndem Efeu. Und zwischen dein viel stolzen Prachtgebäuden das Gewimmel der Häuser. Die Gassen ein ganzes Flußnetz für sich; die Plätze, in die sie münden, voll prächtigen Schmucks. Wenn es das Zeichen eines guten Künstlers ist, daß er »inwendig voller Figur« sei, dann ist auch Nürnberg eines dieser auserlesenen Wesen, die Königin der Städte – die deutsche Stadt selbst.

2

»Weißt du, wie das ward?« Die Frage der Norne raunt uns im Ohr. Die Stadt des späten Mittelalters hat Sonne gebracht in die Lande Mitteleuropas. Wir wissen, das ist ihr nicht leicht geworden. In harter Arbeit wollte errungen sein, was in seiner Vollendung wie ein Geschenk des Himmels anzuschauen ist. Wie ist diese Arbeit verlaufen? Wie haben Geschlechter und Zeiten, kommend und gehend, einander in die Hände gearbeitet, bis alles dann vollendet stand?

Vor dem Auge unseres Geistes versinken die Jahrhunderte. Wie sie fallen, eins um das andere, wird das heimatliche Bild uns immer märchenfremder. Das Land der Städte wird zum schattendüsteren Germanien, und dieses wandelt sich in nordisch rauhes Urland. Als ob es noch zu leiden hätte unter den Nachwehen einer Sintflut, so trüb sind seine Breiten hingelagert. Wildere Ströme wirbelten dem Meer entgegen, zwischen weiteren Ufern. Das Gewölk war drohender, und reichlicher ergoß sich aus ihm das Gewässer. Doch Urwald und Ursumpf und endlose Moore wehrten dem Regen den Weg. Der ganze Kreislauf der Wasser war anderer Art. Schwerer lösten sich die Nebel, seltener teilten sich die Wolken und gaben den Himmelsanblick frei.

Diese langen und bangen Zeiten, in denen der Mensch nur wie zu Gaste war in einer für ihn noch nicht bereiteten Umwelt, sie sind es, die uns die Grundlagen all unseres Denkens und Weltanschauens gaben. Damals geschah es, daß wir die Sonne lieben lernten, daß wir in ihrer Verehrung den ruhenden Punkt gewannen für unsere Geisteswelt. Erst der Leidende weiß das gesunde Glied zu schätzen. Nie hätten die Völker lichterer Himmelsstriche, des steten Anblicks der Sonne gewohnt, so ihrer achten können, wie es denen im sonnenarmen Nebelheim des Nordens eingegeben ward. Sie verfolgten die Bahnen des himmlischen Gestirns in Tag- und Jahreslauf, erfanden steinerne Jahressonnenuhren, die Wiederkehr bestimmter Tage zu sichten, der Zeit ein erstes Maß zu geben. All ihre Gedanken über den Menschen hinaus gingen aus von der Sonne, kehrten wieder zu ihr. Wie in ihrem Leben selbst und ihrem Schaffen, so auch war in ihrem Sinnen und Grübeln die Sonne das einzig Gewisse, das seine festen Bahnen ging durch den brauenden Wirrwarr einer dämmernd chaotischen Welt.

Wie der nordische Mensch seine Sehnsucht Willen werden ließ und Tat, wie er sich den Weg frei machte zur Sonne, wie er den Teufelsspuk zu seinen Häupten bannte: das ist der Inhalt unserer ersten Geschichte. –

Der Mensch, so sagen die Weisen, ist ein geologisches Tier. Geologische Tiere, das sind jene Wesen, die mit ihrer Arbeit das Bild einer ganzen naturgegebenen Landschaft ändern können. Die Korallen schaffen geologische Arbeit, wenn sie, Schicht um Schicht ablagernd, einen weiten Atollring über den Meeresspiegel heben. Die Termiten tun ein gleiches, wenn sie ihre zerklüfteten Steinkegel langsam hochtreiben, denn auch damit geben sie dem Bild der Landschaft einen neuen Zug. Vom schlichten Ameisenhügel bis zum Aufbau ganzer Dolomitengebirge gibt es der Abstufungen unendlich viele, die das geologische Tier bei der Arbeit zeigen. Gemeinsam aber ist allen die eine Fähigkeit, daß sie ein Wort mitreden können bei der Gestaltung der Landschaft.

Ein geologisches Tier, das also ist auch der Mensch; und unter allen, die gewesen sind, hat er die tüchtigste Arbeit geleistet. In wenig Jahrtausenden hat er der gesamten von ihm bewohnten Erde ein neues Aussehen geschaffen, und hat so einen neuen Stern am Himmel aufgehen heißen: den Stern des Menschen.

Man denkt wohl, indem man so spricht, zumeist an mächtige Erd- und Steinarbeiten; Werke, die hier Gebirge ebneten, dort Täler füllten. Mit Pyramiden und hängenden Gärten richteten wir uns ein nach eigenem Willen in der uns zugewiesenen Landschaft. In Deichen hielten wir der Sturmflut einen Schild entgegen, zwangen in graden Kanälen und einem anders geregelten Stromlauf die Binnenwässer Wege zu gehen, die uns gemäß sind. Faustisch groß ist all dieses. Und dennoch, was will es bedeuten verglichen mit dem, was der nordische Mensch geleistet hat! Sein Werk blieb nicht haften am Boden. Er hat es vermocht, den Lauf der Wolken selbst zu verändern, hat sich einen Weg geschaffen zur nebelgebundenen Sonne.

Und all das Titanische, das fortwirkt in uns bis zur lebenden Stunde, liegt einbeschlossen in der Geschichte der deutschen Stadt. Ihr Werden erkennen, heißt eines der stolzesten Kapitel im Buch der Menschheit lesen lernen.

*

Die ersten Blätter sind schwer zu entziffern. Nur mühsam und stückweise läßt es sich zusammenbuchstabieren. Der Spaten des Forschers gibt uns das Mittel. Da wirft er Schaufel um Schaufel beiseite, was spätere Zeiten darüberlagerten und legt uralte Feuerstätten frei. Der Geologe tritt hinzu und erklärt, wie diese jetzt tiefe Schicht einmal zutage lag, wie um die Feuerstätte her eine Hütte gebaut sein mußte, den Menschen Schutz zu geben gegen das Wetter, wie endlich um die Hütte her eine bescheidene Lichtung herausgerodet war aus dem Düster des Urwalds.

Diese elenden Leistungen, mit denen die Nordländer sich Inselchen schufen im Meer ihrer Wälder, sie stehen am Anfang. Und die Hütte inmitten der Lichtung, sie ist in all ihrer Kümmerlichkeit doch die triebesgewisse und unverwüstliche Keimzelle der späteren Stadt.

Auf eine andere Art als die im Süden rüstete der Mensch im Norden sein Heim. Der Südländer hauste in ausgeschachteten Höhlen, das Haus des Nordländers war von Anbeginn die über dem Boden errichtete Hütte. Noch in den stolzesten Werken späterer Zeit sind hüben wie drüben die Urelemente wohl zu erkennen; im einzelnen Haus, und im gesamten Stadtbild.

War es die gemeine Not des Daseins, die im Norden so zu bauen zwang? Im Land des ewigen Regens ließen sich nicht Höhlen graben, die zur Wohnung taugten, und der steile, jäh abfallende Giebelbau scheint eine ganz selbstverständliche Naturanpassung an den Kreislauf der Wasser, der uns damals umfing. Dennoch, wenn wir des Giebelbaues denken und alles dessen, was später aus ihm wurde, so will uns die einfache Stoff- und Noterklärung allzu eng erscheinen. Nicht das dünkt uns wesentlich, daß so ein gegiebelter Bau jäh abfällt zu den Seiten; bestimmend für ihn scheint vielmehr, daß er von den tiefen Seiten stolz zur Höhe strebt. Als den künstlerischen Ausdruck empfinden wir ihn einer freien, aufrechten Rasse, der dem geschichteten Erdbau des Südens, auch wo er über Tage sich erhebt, so überlegen ist wie der aufrecht schreitende Mensch den niederen Vierfüßlerrassen.

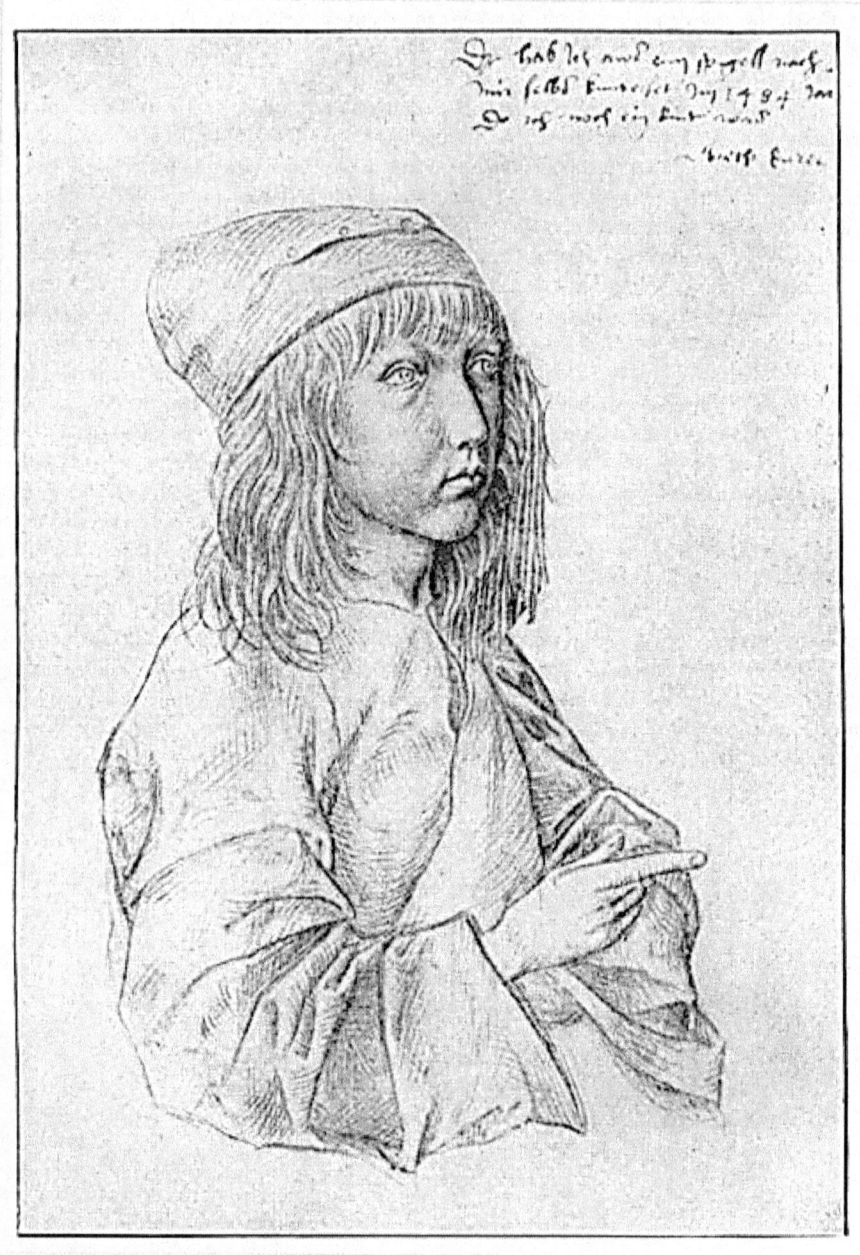

Selbstbildnis Dürers (1484) – Wiener Albertina

Gleichviel wie dem sei: aus dem Giebel- und Hüttenbau, der sich nicht mehr verkriecht in der Landschaft, sondern selbstbewußt sein Bild ihr aufzwingt und damit geologische Arbeit tut, aus diesem Bau heraus ist alles Folgende geworden. Sein Entwicklungsgang, er allein kann es uns zeigen, wie wir den Weg zur Sonne fanden.

*

Die Lichtungen nordischer Siedlungen griffen um sich, ihre Weiden und Äcker dehnten sich aus. Man zähmte Land, wie man gelernt hatte, allerlei Wild zum Haustier zu zähmen. Solche Tat zu vollenden war dem einzelnen unmöglich. Starke Menschensiedlungen mußten sich zusammenfinden, und willig mußte sich ein jeder dem Gemeinsinn fügen, dessen Werk zu leiten Einem überlassen blieb. So sehen wir über das Giebelgewirr der Siedlungen ein einzelnes Haus hochkommen, stolzer als alle die anderen. Es ist die Königshalle. Durch sie wurde der Organismus der Siedlung emporgehoben zu einer höheren Art.

Bilder aus Wikinger Tagen beleben sich uns, wo der Name Königshalle ausgesprochen wird. Wir sehen die Mannen beim Festgelage um ihren Häuptling geschart, der Barde tritt an den Hochsitz und singt das Lied der Waffen, die an den Wänden dort im Licht des offenen Herdes schimmern und blitzen. Gewiß, so war es im hohen Norden noch immer, als wir im Herzen Europas schon städtisch wohnten. So aber war es bei uns auch um viele Jahrhunderte früher. Königshallen bauten wir, noch ehe wir eherne Waffen kannten und uns behalfen mit dem geglätteten Stein. Noch finden wir in solchen Steinzeitsiedlungen ihren geweiteten Grundriß. Den gewichtigen Maßen am Boden entsprach ohne Zweifel ein Hochbau, der kühn sich schied von den Hütten ringsum. Die Königshalle leitet unser Heldenalter ein, die homerische Welt des Nordens, die der im Süden um Jahrhunderte voraufgeht.

Wie der Hütten- und Zeltbau noch nachklingt im spätmittelalterlichen Giebelhaus, so auch lebte das Raumgefühl der Königshalle, von zahllosen Geschlechtern gleichmäßig gepflegt, in ungeschwächter Kraft durch den Wandel der Zeiten. Burgenpallas und Kaiserpfalz, Kirchenschiff und Rathaus haben Hallenstil. Wer in eines dieser Werke sich innig einfühlt, der spürt zutiefst auch eine Erinnerung an jene entschwundene Zeit, in der es die Mannen zum Kongsgaard zog, heraus aus den entlegenen Einzechten und Farmerhütten, die überall verstreut dalagen in einem erst halb gebändigten Urwald.

*

Und wieder einmal ändert sich das Bild. Ein neuer Mittelpunkt ist den dichtesten Siedlungen geworden. Auf steilem Gipfel ragt der Bergfried, weit ins Land ausspähend. Aus Steinen ist er geschichtet, und steinern ist die weite Mauer um ihn her, in deren Schirm die Menschen aus den Hütten drunten flüchten in Stunden der Not. Was konnte sie bewegen, sich abermals so anders einzurichten? Was hat sie aus Bewohnern offener oder schwach bewehrter Siedlungen zu »Burgern« gemacht?

Den Kreislauf der Wasser lernten wir kennen, der die nordischen Lande beherrschte und allmählich ein anderer wurde. Doch es gab da noch einen anderen Kreislauf, unscheinbar erst, immer mächtiger schwellend sodann, und auch er dem Gesetz des Werdens und Sichwandelns untertan. Das ist der Kreislauf der Menschen.

Von jeher hat unser Land sich fruchtbar erwiesen für die höchste der Rassen. Es wucherte Menschen, und in den Menschen gärte ein Wandertrieb von elementarer Kraft. Aber so stark die Wucherungen auch waren und so stark ihr Trieb zum Wandern, regelte sich's doch immer wieder. Die Menschenströme hatten freien Abfluß nach Süden. Es war nicht wie bei den kreisenden Wassern, die keinen Abzug hatten im Lande der Wälder.

Das wurde anders, als die Länder des Südens mit Menschen gesättigt waren und der stete Zustrom nun nicht mehr absickern konnte. Die Mengen stauten sich, es kam zu Rückflutungen und Menschenwirbeln, Unruhen im Land. Damals war es, daß die offene Siedlung und das Wohnen in der Ebene gefährlich wurde, daß man Ausschau hielt nach besserem Schutz und ihn fand in der steinernen Burg auf Bergeshöh.

Den Römern sollen wir den Burg- und Steinbau zu verdanken haben. Das ist ein Irrtum. Gefragt müßte werden: Wer hat den Römern diese alte Kunst gelehrt? Wir suchen nach den Vorformen des römischen Turm- und Mauerbaus. Da sehen wir denn die stolzen Castra romana herausgestaltet aus schlichten Wallburgen; urtümlichen Festungsanlagen auf Hügeln. Der germanische Norden hatte sie in allen Einzelheiten ausgebildet gut ein Jahrtausend bevor es ein Rom am Tiber gab. Wir suchen weiter nach der Vorform der wallumzogenen Hügelfeste. Und siehe, aus der geräumigen Wallburg wird eine bescheidene Walburg, ein steingeschichtetes Heiligtum, das kaum erst kriegerischen Zwecken dienlich war. Die Walburg war das Heiligtum der Gemeinde, noch durchaus getrennt von der eigentlichen Wohnanlage, die um die Königshalle her am Fuß des Hügels als offene Siedlung sich breitete.

Wie die engen Walburgen dann zu umfassenden Wallburgen wurden für ganze Gemeinden und wann das geschah, das konnte einzig der Kreislauf der Völker bestimmen. Wo die Massen am ersten sich stauten, da mußte auch das Heiligtum zuerst zur Fluchtburg werden, den Siedlungsgenossen Schutz zu bieten; vorübergehend erst, dauernd dann. In den Mittelmeerländern geschah es am frühesten. Weit später in Mitteleuropa. Und bis ins zehnte Jahrhundert währte es, ehe auch Norddeutschland unter dem Druck der Normannenüberschwemmung sich entschloß, die offene Königshallensiedlung preiszugeben und hügelan zu ziehen, um dauernd innerhalb der Mauern zu wohnen, wo der aus dem Heiligtum gewordene Bergfried und die zum Pallas gewandelte Halle zusammenwuchsen zur deutschen Burganlage. Das ist die Urgeschichte der deutschen Burg, und ist die Urgeschichte unserer Stadt.

*

Von hier ab wird die Aussicht frei. An hunderten getrennter Stellen sehen wir die Burgen, eine jede für sich, ihren Entwicklungsgang durchmachen zur Stadt. Ihr Mauerring dehnt sich, die Menschenmengen schwellen an, reicher und straffer wird ihre gesellige Gliederung. Immer mehr ins Weite greift ihre gemeinsame Arbeit, legt Wälder nieder, entwässert Sümpfe, regelt Strom- und Flußlauf – bahnt sich einen Weg zur Sonne.

Das letzte geschah, als Burgstadt mit Burgstadt Fühlung suchte, als der Organismus des deutschen Volkes sich das Organ eines freien Handels schuf, der ein allumfassendes Netz ausbreitete über das Land, von stärkstem Leben durchflutet. Da hellte sich's auf. Das finstere Gemäuer des alten Gotteshauses, in das man zwischen den Flankentürmen hineinschritt wie durch ein trutziges, turmgesichertes Stadttor, dieses Gemäuer selbst wurde vieltausendfach gelockert und durchbrochen, bis jener Stil gewonnen war, den sie den gotischen nennen; ein Stil der Pracht und des Reichtums – der Stil eines Landes, dem Sonne ward.

3

Wir haben den Horizont abgesucht in die Runde. Nun wollen wir den Scheinwerfer wieder auf die ganz bestimmte Zeit einstellen, die wir zuerst gesichtet: das zur Neige gehende fünfzehnte Jahrhundert. Ein goldenes Zeitalter, so scheint es, war Deutschland geworden. Sonne lag über den Landen: war Sonne auch in den Herzen der Menschen?

Das ist ein merkwürdiger Gegensatz, den uns die schlichte Frage zeigt. Kunstwerke sind wir gewohnt als den klarsten Ausdruck eines Zeitgefühls zu begreifen. Hier aber scheinen die große Kunst und das Volksgefühl gegeneinandergestellt in einem unversöhnlichen Widerstreit. Das Land selbst war erlöst von dem lastenden Druck, der es wie ein Alb gemartert hatte, seinen Himmel hatte es sich freigemacht. Doch indem dies geschah, da gleichzeitig sehen wir es über der Seele der Menschen sich sammeln wie schleichende Nebel. Ein klarer und strahlender Sonnenglaube hatte den Menschen geleuchtet im Urwalddämmer. Nun aber, da sie wirklich Sonne hatten und offenes Land, nun war ihr Sinnen schwer geworden und banger Todesahnung voll.

Geheime Weissagung ging um. Die Zeiten sollten erfüllt sein, ein Ende qualvoller Schrecken nahe. Wenn es erst 1500 würde, oder einige Jahre später nach der Rechnung anderer (sie gingen bis 1534), dann war der Untergang der Welt gewiß. Alle Schichten des Volkes, ja selbst die stärksten Gegensätze, Christenheit und Judenheit waren des gleichen todesbangen Glaubens. Jene unheimliche Welle der Angst, die schon einmal durch das Volk gegangen war vor dem Jahre 1000, flutete zurück. Kabbalistische Prophezeiungen aus den Ghettowinkeln heraus begegneten denen der Christen und schienen volle Gewißheit zu schaffen. Das jüdische Weltjahr 5260, unserem 1500 entsprechend, sollte »das große Jahr der Buße« sein. Schon zog ein Rabbi, Ascher Lemle mit Namen, durch Deutschland und heischte einen allgemeinen Fasttag.

Im Volk wühlte der Aberglaube schlimmer denn je. Geheimnisschwere Dinge begaben sich am Himmel und auf Erden. Ein Komet war gesehen worden, Hagelschläge fielen; hier sollte es Steine geregnet haben, dort sogar Kreuze; ganze Heere hatte man in den Lüften gegeneinander angehen sehen. Zu solcher Fieberhitze war die Volksphantasie gestiegen, daß jede Mißgeburt gedeutet werden konnte als ein neues Zeichen des Unheils. Nicht besser als in den Niederungen des Volkes sah es aus auf seinen Höhen. An allen Höfen, weltlichen wie geistlichen, waren die Sternseher und Sterndeuter tätig im Dienste der nämlichen Sache. Ein mystischer Ratgeber Friedrichs III., Johannes Lichtenberger, kündete aus der Lage der Gestirne das Auftreten des großen Widersachers an, des »Sohnes des Verderbens«. Der Astrolog Johannes Müller sah eine neue Sintflut kommen. Maximilians Geheimschreiber Grünbeck sammelte sorgfältig alle Beobachtungen. Die Zeichen hatten Wissenschaftswert, prophetische Kraft wurde den Astrologen geglaubt selbst von den Fürsten des Geistes. Ein Erasmus, ein Melanchthon, ja sogar ein Luther waren befallen vom gleichen Massenwahnsinn.

So dachte und so fühlte das deutsche Volk jener Zeit, dasselbe Volk, das gotische Dome baute und in lichten Städten wohnte. Wie sollen wir den Widerspruch uns deuten?

Das zu ergründen, müssen wir noch einmal hinuntertauchen in die Zeiten.

4

Das Durcheinanderwogen von Sonne und Nebeln im nordischen Urland findet einen Wiederschein auch in der Mythologie der Germanen. Sie hat eine sehr lange Geschichte gehabt, unsere Mythologie, doch nur ganz ungefähr vermögen wir zu sagen, wie eins zum anderen wurde. Worte sind wie Flüssigkeiten, die sich gerne mischen. Nicht so scharf wie bei den festen Schichten des Erdreichs und ihrer klaren Lagerung trennt sich für unseren Blick bei sprachlichen Altertümern das Frühere vom Späteren. Immerhin treten gewisse Hauptzüge der Entwicklung klarer hervor. Wir wollen sie zu fassen suchen.

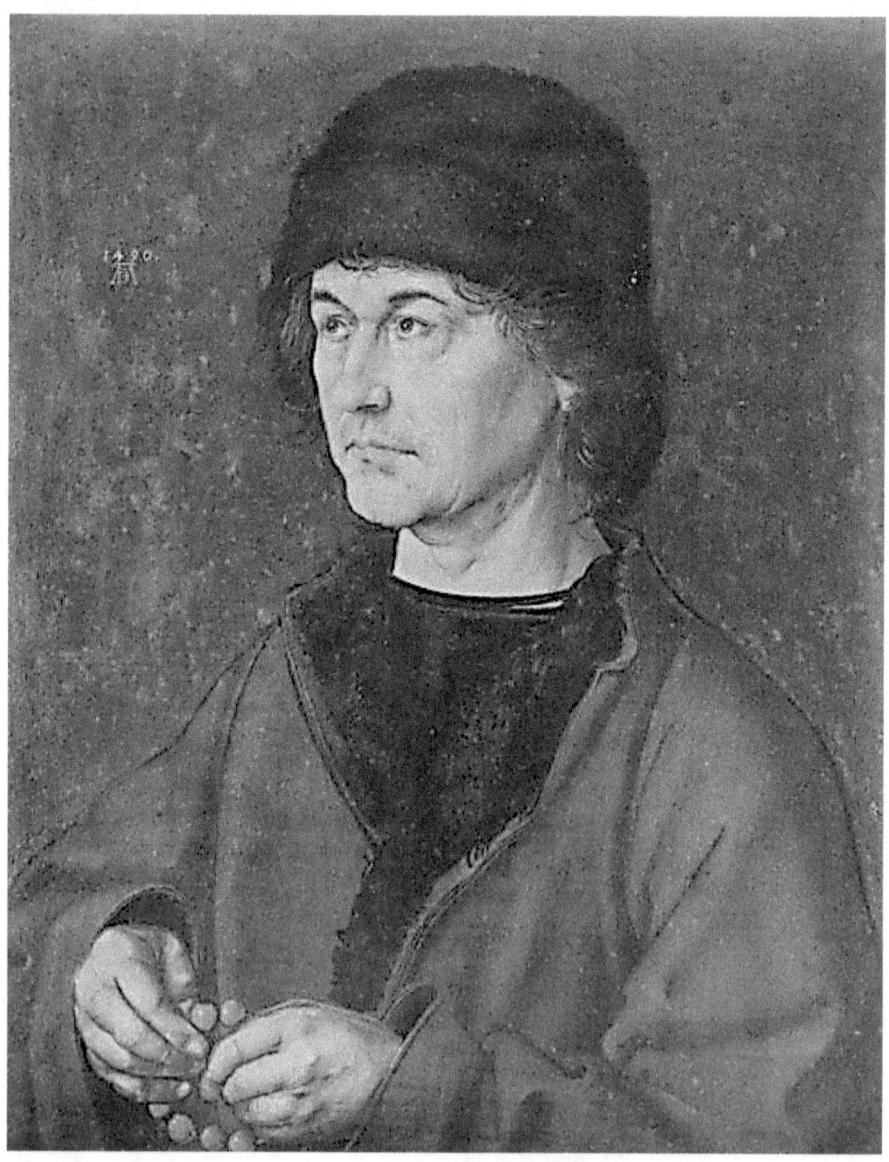

Dürers Vater (1490) – Florenz-Uffizien

Die niedere Welt der Dämonen und des Zauberglaubens leitet wie jede andere Mythologie auch die des Nordens ein. Solche kleinen, engsichtigen Gedanken sind wie eine erste Steppenflora, die ein noch unbebautes Land dem höheren Pflanzenwuchs bereitet. Was die nordische Dämonen- und Zauberwelt von der des Südens scheidet, ist einzig die führende Rolle, die in ihr der Sonnenbeschwörung zufiel. In den spiraligen Windungen der sogenannten Trojaburgen, die man mit Steinen am Boden zusammensetzt, wird der Lauf der Sonne nachgebildet. Und wie man im Bilde eines Tieres oder Menschen Gewalt hat über diese Wesen selbst, so auch meint man der Sonne Herr zu sein im Abbild ihres Laufs. Die unausrottbare Verehrung, die alle germanischen Länder Jahrtausende lang dem heiligen Zeichen der Spirale wahrten, ist ein Beweis, wie tief schon in der vom Zauber noch befangenen Urzeit die Vorstellung der Sonne als der alles andere ordnenden Macht dem nordischen Menschen eingewurzelt war. Der ganze Spuk der niederen Gewalten, die in Märchen und Sage noch ihr Wesen treiben, erscheint als etwas Untergeordnetes, das nicht dauernd Macht hat über die Sonne und ihren stets wieder siegreichen Lauf am Himmel.

Es folgt eine lichtere Zeit mit weiter greifenden Gedanken, deren schon kurz Erwähnung geschah. Die vom Norden über die Welt sich ausbreitenden großen Steinsetzungen und Walburgen reden von ihr. In der Sonne hat man eine von irdischen Zaubermitteln unabhängige Macht erkannt, und statt die Sonne zu beschwören, versucht man nun die Gesetze ihres Laufs zu ergründen. Aus einer verworrenen Astrologie wird so eine klare Astronomie des Nordens. In den Steinsetzungen wird der Schamane abgelöst vom Beobachter. Ein erstes Kalendarium hatte man gewonnen, und in den großen Festen, die ohne Ausnahme Jahreszeitenfeste waren, steckte man sich die Gezeiten ab.

Die wechselnden Bilder und Vorstellungen, mit denen die Mythologie diesen Entwicklungsgang begleitete, können wir nur erst in allgemeinen Umrissen erkennen. Fest steht, daß zunächst eine Gruppe höherer Gottheiten über die niederen sich erhebt, eine »göttliche Adelskaste« von einer freieren und gelasseneren Art als das Gewimmel der kleinen Dämonen. Wir wissen nicht, in welchem nordischen Land und bei welchem germanischen Stamm die freiere Erkenntnis zuerst durchdrang. Sie muß dann schnell ihren Weg gefunden haben. Den ganzen Norden machte sie sich untertan, das Denken in den alten Zauberformen schrumpfte zusammen zum bloßen Aberglauben, zu einem geistigen Bodensatz. Als Niederschlag freilich war die alte Denkform noch da, und als solche konnte sie, gewaltsam aufgewühlt, immer wieder einmal das Ganze trüben.

Das schien indessen kaum mehr zu befürchten. Je mehr das Denken sich klärte und die Heiligtümer auch Stätten des Wissens wurden, um so entschiedener war die Neigung der überkommenen Jenseitsgedanken, reine Kunst und Dichtung zu werden. War in den ersten Heldensängen noch das Streben, dem Gefeierten göttliche Züge zu geben, so wurden nun die Göttersagen heroisiert, ins menschlich Persönliche gedeutet. Was aber an den Helden als das im Tiefsten Heldische gepriesen wurde, das war nächst der Waffentüchtigkeit eine reine und große Gesinnung.

Abermals, wie beim Übergang von der niederen zur höheren Mythologie, hatte eine alte Denkform sich abgenutzt. Eine sittliche Weltanschauung wollte sich herausgestalten. Wäre ihr ein voller Sieg zuteil geworden, so wäre in das Denken des nordischen Menschen damals schon ein reines Sonnenlicht gedrungen, und mit den sich lichtenden Nebeln über dem Lande hätten auch die letzten Trübungen des Geistes sich gelöst.

Es sollte nicht sein. Das Christentum kam zu uns; die Vollkommenste der Weltanschauungen, ausgehend vom tiefsten, adeligsten Menschen, von dem uns jemals Kunde ward. Seine Bestimmung war es, den letzten Bann von uns zu nehmen, uns einer Reinheit des Denkens und Empfindens entgegenzuleiten, die höchster Taten fähig ist. Ein tragisches Verhängnis hat es gefügt, daß die reine Lehre Trübungen verfiel, und daß uns so auf lange Zeit hinaus zum Fluche wurde, was Segen schaffen konnte. Es war nicht der Weg des Lichts, den uns das Christentum in der vom Süden gewandelten Form lange gehen ließ. Den schlimmen Bodensatz der

Tiefe hat es vielmehr aufgerührt und damit die Entwicklung unseres Geistes um Jahrhunderte zurückgebracht.

*

Die Politik der Kirche bei jeglicher Mission soll es gewesen sein, daß sie zunächst einging auf die bestehenden Glaubensformen der zu Bekehrenden. Tat sie das wirklich auch bei uns im Norden?

Vielerlei Möglichkeiten fand das Christentum vor, sich dem germanischen Geist verständlich zu machen. Gute und schlimme. Es begann mit den guten. Dann aber nahm es seinen Weg in die Tiefe, und indem es hier die finstersten, halb schon entschlummerten Triebe zu neuem Leben aufstörte, hat es alle die Wirrnisse über uns gebracht, die schließlich zu solchen irren Wahnvorstellungen führten wie denen um Fünfzehnhundert.

Zwei Bilder, vom Anfang und vom Ende des großen Wegs, sollen uns die Gegensätze zeigen. Erstes Bild: der Heliand. Das war eine Gestalt zur Verkündung der frohen Botschaft, wie sie germanische Völker brauchen konnten! Mit seinen Degen zog der Heliand einher gleich einem Sachsenherzog. Sein war der Hochsitz beim Mahle, und wenn er vom Berge her sein Wort kundgab, dann thronte er dort an Richter Statt im Thing. Wie trefflich konnten sie einander verstehen, der Streiter Gottes und der Edelfreie! Und wie guten Willens waren die ritterlichen Menschen des Nordens, einmal der Bekehrung gewonnen, der neuen Lehre treue Gefolgschaft zu leisten! In diesem Geiste hätte die Kirche weiter wirken sollen, und sie hätte Licht gebracht in alle Menschenherzen. Allein sie war nicht willens, es nur mit solcher hohen Art zu halten. Sie begab sich hinab, sie schuf dem Gotteswort auch eine Form, den üblen Trieben der Tiefe gemäß, und damit wühlte sie all das Dumpfe und Böse wieder auf, das zu bannen sie berufen schien.

Zweites Bild, um ein paar hundert Jahre später: die Bußwallfahrt zu einer Weihkapelle. Ein langer Zug verschüchterter und scheuer Menschen naht sich dem Hügel, der die Weihkapelle trägt. Sie singen geistliche Lieder, und deren eintöniger Gang ist wie der schleppende Schritt der Bußbereiten selbst. Am Hügel fallen sie Mann für Mann auf die Knie. Selbst der Trauerschritt scheint ihnen noch zu stolz, zu aufrecht für die Nähe ihres Weihtums. So kriechen sie denn auf Händen und Füßen hügelan, Gebete stammelnd und plärrend, immer die nämlichen Gebete, die auch ihre Gedanken sklavisch niederhalten.

Und was harrt ihrer erst im Heiligtum droben! Es krönt den Hügel, und ist im Innern doch so schwer und düster, daß der sich Nahende in eine Höhle zu geraten meint. Ein trübe flackerndes Licht schwelt einsam in der Tiefe. Das Auge, das sich an die Höhlendämmerung gewöhnt hat, nimmt eine seltsame Anhäufung wächserner Gebilde wahr; Arme, Herzen, Ohren, oder an welchem Glied sonst einer litt, Tierfigürchen und ähnliches. Die Priester haben es den Gläubigen so beigebracht, daß diese Gaben zauberkräftig sind, und ihr benommener, in uralte Tiefen zurückgedrückter Geist kann es nicht mehr anders denken.

Diese beiden Bilder von den Enden des Wegs, das ist das Christentum, das uns hier hätte werden können, und jenes andere, das uns geworden ist. Nimmer ward auf Erden die Offenbarung eines lauteren Geistes furchtbarer entstellt, als es dem Christentum geschah in jenen Jahrhunderten, die uns von himmlischen Höhen heruntergezerrten in eine Höllensicht.

Völker können niedergerungen werden auch mit anderen Waffen als solchen aus Stahl. Rom hat es erfahren, als aus den Katakomben der Sklavenaberglaube zutage kroch, der sich das Christentum nannte, und doch nur dessen Widerbild war; als knechtische Seelen, der Bodensatz der Menschheit, mit vergifteten Mitteln sich zu Herren seiner Freiheit machten. Und wie Rom erfuhr es der Norden, der willig war, ein reines, geistiges Christentum entgegenzunehmen, und dem unter dem Vorwand eines solchen Glaubens dasselbe Gift wie Rom verabreicht wurde. Alles Grade wurde zu Boden geschleift, ins Büßerhemd wurde gezwungen, was adeligen Sinnes war.

Und dennoch: die Macht, mit der es die versklavte Religion im Norden aufnahm, war stärker als das alte Weltreich. Je unnachsichtiger die Kirche ihren Willen durchzusetzen trachtete, um so entschiedener kam auch bei uns zum Ausdruck, was noch gesund geblieben war. Das einfache Werden der Städte, die das Land aufhellten, ist schon ein Werden gegen die Kirche, gegen das Sklavische in ihr. Sie hielten Schritt, die Mittel Roms und die Mittel Alldeutschlands. Als unsere Bauten am stolzesten sich reckten, war die Antwort aus der Tiefe eine Ausbreitung des Teufelglaubens, mit Scheiterhaufen und Hexenverfolgung, ein unerhörtes Grausenmachen der Menschheit. Der Inquisitor siegte für eine Zeit. Aber schon stand es drüben von neuem auf und schloß sich zusammen, was dann als das Jahrhundert Luthers in die Welt kam.

5

Im Stadtbild Nürnbergs drängte sich uns alles Schöne und Hohe der mittelalterlichen Stadt in eins. Dasselbe Bild soll uns ein Spiegel sein für die geistig-geistlichen Kämpfe am Ausgang des fünfzehnten Jahrhunderts.

Unter allen deutschen Städten war Nürnberg der deutschesten eine auch in der Gesinnung. Treu hatte es zu einem freien, unabhängigen Kaiser der Deutschen zu jeder Zeit gestanden, voll Mißtrauen gegen das Papsttum jenseits der Berge. Was irgend sich gegen kirchlichen Sklavensinn regte und für ein frankes Denken, fand klaren Widerhall in dieser herrlichen Stadt. Die Geschichte der Waldenser weiß davon, und Huß gar, als er von Konstanz herüberkam, ward wie ein Fürst im Triumphzug empfangen. Eifersüchtig war man bedacht, daß das Bürgertum selbst die Wahl der Pfarrer und Pröpste im Stadtgebiet entschied. Bei den Kirchenmysterien, die das große Bangemachen fördern sollten, war es Nürnberg gewesen, das ein Gegengewicht fand in der Durchsetzung mit weltlich umdeutenden Zügen. Das Spottlied und der gesund überwindende Humor des Volkes waren nirgends ausgelassener als in der Frankenstadt. Bis nach Italien hin war der »Nürnberger Witz« bekannt und gefürchtet.

Nürnberger Witz, von einer überlegeneren Art nur als der im niederen Volke, war auch in den Humanisten wirksam, die eben damals, wenige Jahre vor Schluß des Jahrhunderts, in Nürnberg sich endlich durchsetzten. Antikischer Geist, antikische Welt- und Sinnenfreude erfüllte ihr Denken und machte sie standhaft gegen Wahngebilde. Wäre der Humanismus eine volkstümliche Sache gewesen, hätte eine geschlossene Fühlung bestanden zwischen dem Trutzgeist unten und dem Trutzgeist oben, so war es wohl möglich, daß jeder Anprall von außen an solchem Bollwerk zerschellte. Allein die Fühlung war nicht da. Die droben lebten ihr geistiges Leben für sich, und die im Volke desgleichen. Es waren Lücken dazwischen, offene Breschen, durch die die düsteren Wogen einfluten konnten.

Und sie fluteten ein. Die allgemeine Furcht vor einem nahen Weltenende ging mehr und mehr um auch in Nürnberg. Eine Spannung faßte die Geister, die kein gelehrtes Wissen und kein Übermut mehr löste.

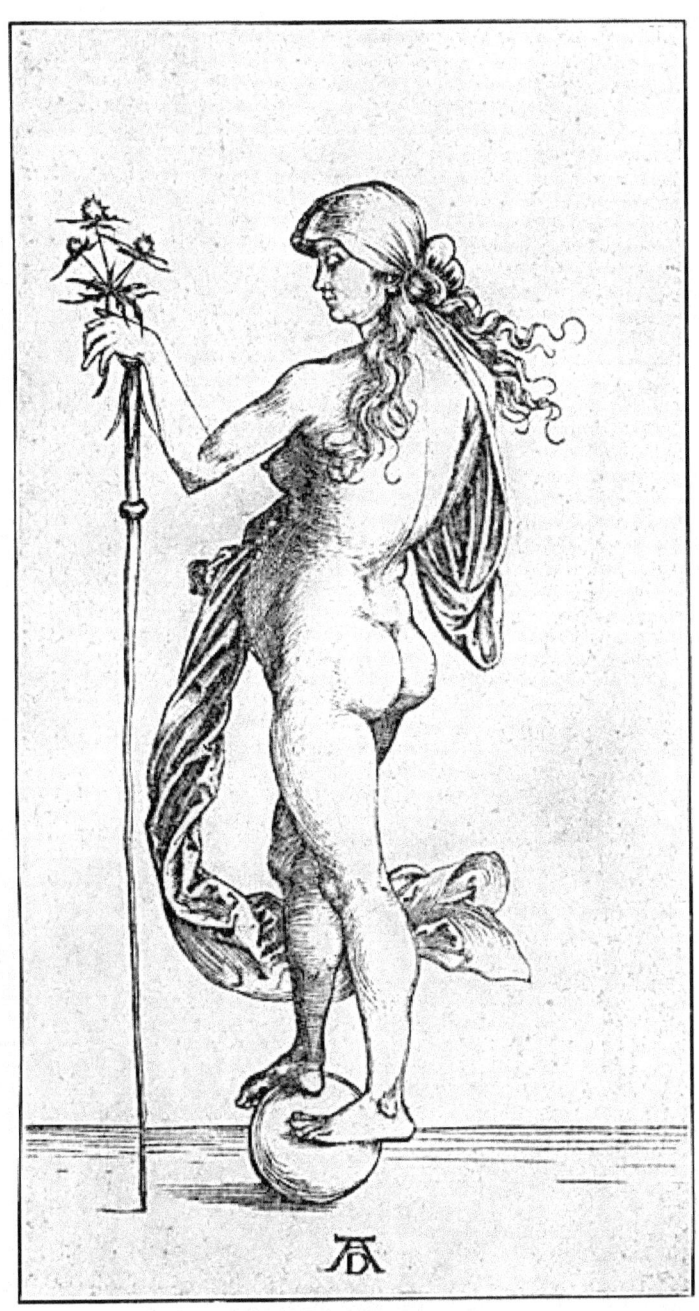

Das »kleine« Glück (von 1495)

In dieser schleichenden, alles letzte Denken bannenden Stimmung geschah es, daß ein junger Nürnberger Künstler, der eben anfing Namen zu bekommen, auf seine Art ein Bekenntnis gab zur Not der Zeit: Albrecht Dürer. Zwei Jahre vor Jahrhundertschluß ließ er ein Werk hinausgehen ins Volk, eine Holzschnittfolge in Buchform, die den Titel trug: »Die heimlich Offenbarung Johannis«. Es war das erste befreiende Wort der neuen Zeit.

II. Die Offenbarung Johannis

1

Die Offenbarung Johannis hatte in Deutschland den Ruf eines Wahrsagebuches bekommen. Man empfand die apokalyptischen Weissagungen als an die unmittelbare Gegenwart gerichtet. Von den unheilvollen Zeichen, in denen man das Ende angesagt wähnte, waren einige in der Apokalypse beschrieben bis ins letzte. Der Weltuntergang selbst wurde mit der nämlichen Bestimmtheit verkündet, die man von den berühmten Astrologen gewöhnt war. Wo so viel zutraf, da schien es vermessen, an Einzelheiten zu deuten. Dem ganzen Buch wurde geglaubt, und was von seinen großen Ereignissen noch nicht eingetreten war, das war gewiß noch zu erwarten. Soweit erklärt sich die breite Volkstümlichkeit der Apokalypse grade in der Zeit der Erwartung. In Tafeldrucken und ebenso in Blockbüchern, jenen überallhin verbreiteten Bilderfolgen mit kurz erläuterndem Text (Schrift und Bild noch auf demselben Block geschnitten; wir kommen darauf zurück), wurde der Stoff mehrfach behandelt. Die Kölner Bilderbibel von 1430 und die nach ihr in Nürnberg erscheinende begleiteten keinen Abschnitt der Schrift mit so viel Bildern als eben die Apokalypse. Das alte Buch war von brennendem Tageswert. Schon deshalb hatte ein junger Künstler von Dürers Schlag wohl Anlaß, klar zu ihm Stellung zu nehmen.

Dazu kommt ein anderes, zeitlich minder Begrenztes, was es zugleich begreifen läßt, warum die Apokalypse lange vor der Zeit der Erfüllung und lange vor der Erfindung des Buchdrucks bereits in den Bilderhandschriften so fleißig nachgeschildert wurde. Die Götterdämmerung des Neuen Testaments hat man die Apokalypse genannt, oder auch die nordische Apokalypse unsere Götterdämmerung. Mit vollem Recht. Die Übereinstimmungen beider Visionen sind aufdringlich klar. Elias steht gegen den Antichrist wie Thor gegen den Drachen oder die Weltschlange. Die Posaunen des Gerichts schallen wie das Gjallarhorn, mit dem Heimdal das große Wecken beginnt. Die Walstatt Wigrid (der in den einzelnen Gauen Deutschlands verschiedene Stätten zugewiesen wurden) entspricht der Ebene, »die da heißt auf hebräisch Harmogedon«.

Nun hatte sich zwar an schriftlichen Überlieferungen fast nichts germanisch Mythologisches mehr in Deutschland erhalten. Immerhin gab es noch von Ludwig dem Deutschen her das Muspillilied vom großen Weltbrand. Doch auch wenn das nicht gewesen wäre, hätte man um die allgemeinen Züge der Götterdämmerung noch immer gewußt. Das Volk hat ein gutes Gedächtnis. Ob das Erzählen und Wiedererzählen auch vieles verwischt und entstellt: das Wesentliche wird lange Jahrhunderte hindurch doch zäh noch festgehalten. Wir heute, im grellen Licht des zwanzigsten Jahrhunderts, haben in Sitte und Sage, Volksglaube und Kinderspiel noch hundertfache Fühlung mit uralt heidnischen Vorstellungen. Um wieviel stärker war die Fühlung im späten Mittelalter! Und wie mußte die Erinnerung an die Götterdämmerungssage je nach ihrer Kraft den apokalyptischen Vorstellungen Farbe und Charakter geben!

So flossen dem Künstler auch hier geheime Quellen zu. Von zwei Seiten her kamen ihm Anregungen, nach zwei Richtungen hin konnte er sich entscheiden. Und wie hat es Dürer genutzt?

Er konnte es halten wie der Apokalyptiker selbst, der die ihm von einer fernen Vergangenheit zugetragenen Gedanken einer Welterneuung umdeutet in ein trostloses Ende (denn das lichte Schlußbild wird verschüttet von dem voraufgegangenen Höllenlärm). Und wie der Apokalyptiker empfand ja schließlich Dürers ganze Zeit. Über die drohenden Schrecken vergaß sie es schier, zu welcher Herrlichkeit das alles führen sollte. Gab auch Dürer dieser Stimmung sich ganz hin, dann kroch und quoll es aus allen Winkeln seiner Blätter hervor als kleingotischer Spuk und kleingotische Fratze; er dämonisierte dann die Apokalypse, wie es andere mit der Versuchung des Antonius bereits getan.

Es hieße nun, sich den Dingen verschließen, wenn man behaupten wolle, Dürer sei den unheimlichen Weissagungen seiner Zeit innerlich ganz unzugänglich gewesen. Jeder, auch der größte Geist, ist noch zeitlich befangen. So wenig selbst Luther sich ganz losringen konnte von mittelalterlichem Teufelsspuk und Astrologenwahn, so wenig war Dürer völlig dem Glauben enthoben an die Wirklichkeit der Zeichen, und daß sie Schreckliches kündeten.

Wir lesen in seinem Gedenkbuch: »Das größt Wunderwerk, das ich all mein Tag gesehen hab, ist geschehen im 1503 Johr, als auf viel Leut Kreuz gefallen sind, sunderlich mehr auf die Kind denn ander Leut. Unter den allen hab ich eins gesehen in der Gestalt, wie ichs hernoch gemacht hab. Und es was gefallen aufs Eyrers Magd, der ins Pirkamers Hinterhaus saß, ins Hemd, in leinenes Tuch. Und sie war so betrübt drum, daß sie weinet und sehr klagte. Dann sie forcht, sie mußt dorum sterben. – Auch hab ich ein Komet am Himmel gesehen.«

Noch in ganz später Zeit, drei Jahre vor seinem Tod, hatte Dürer ein Traumgesicht, das er aquarellierte und mit der folgenden Beischrift versah: »Im 1525 Jahr nach dem Pfingsttag zwischen dem Mittwoch und Pfintztag in der Nacht im Schlaf hab ich dies Gesicht gesehen, wie viel großer Wassern vom Himmel fielen. Und das erst traf das Erdreich ungefähr 4 Meil von mir mit einer solchen Grausamkeit mit einem übergroßen Rauschen und Zersprützen und ertränket das ganze Land. In solchem erschrak ich so gar schwerlich, daß ich doran erwachet, eh dann die andern Wasser fielen. Und die Wasser, die do fielen, die warn fast groß. Und der fiel etliche weit, etliche näher, und sie kamen so hoch herab, daß sie im Gedunken gleich langsam fielen. Aber do das erst Wasser, das das Erdreich traf, schier herbeikam, do fiel es mit einer solchen Geschwindigkeit, Wind und Brausen, daß ich also erschrak, do ich erwacht, daß mir all mein Leichnam zittret und lang nit recht zu mir selbs kam. Aber do ich am Morgen aufstund, molet ich hier oben, wie ichs gesehen hätt. Gott wende all Ding zum besten.«

Wie stark solche Angstgesichte dem noch jungen Dürer zugesetzt haben, wie zum Greifen er sie wahrnahm, darüber hat er in Worten sich nicht geäußert; aber die Schilderungen der Apokalypse sagen es klarer als Worte. Die vom Himmel niederprasselnden Feuer, Gestirne, die zerplatzen wie – um dieses Bild der Gegenwart zu nehmen – ein wohlgerichtetes Schrapnell: das waren so gut Bilder nach der Natur, nach der Wirklichkeit, wie eine dem Leben nachgemalte Skizze.

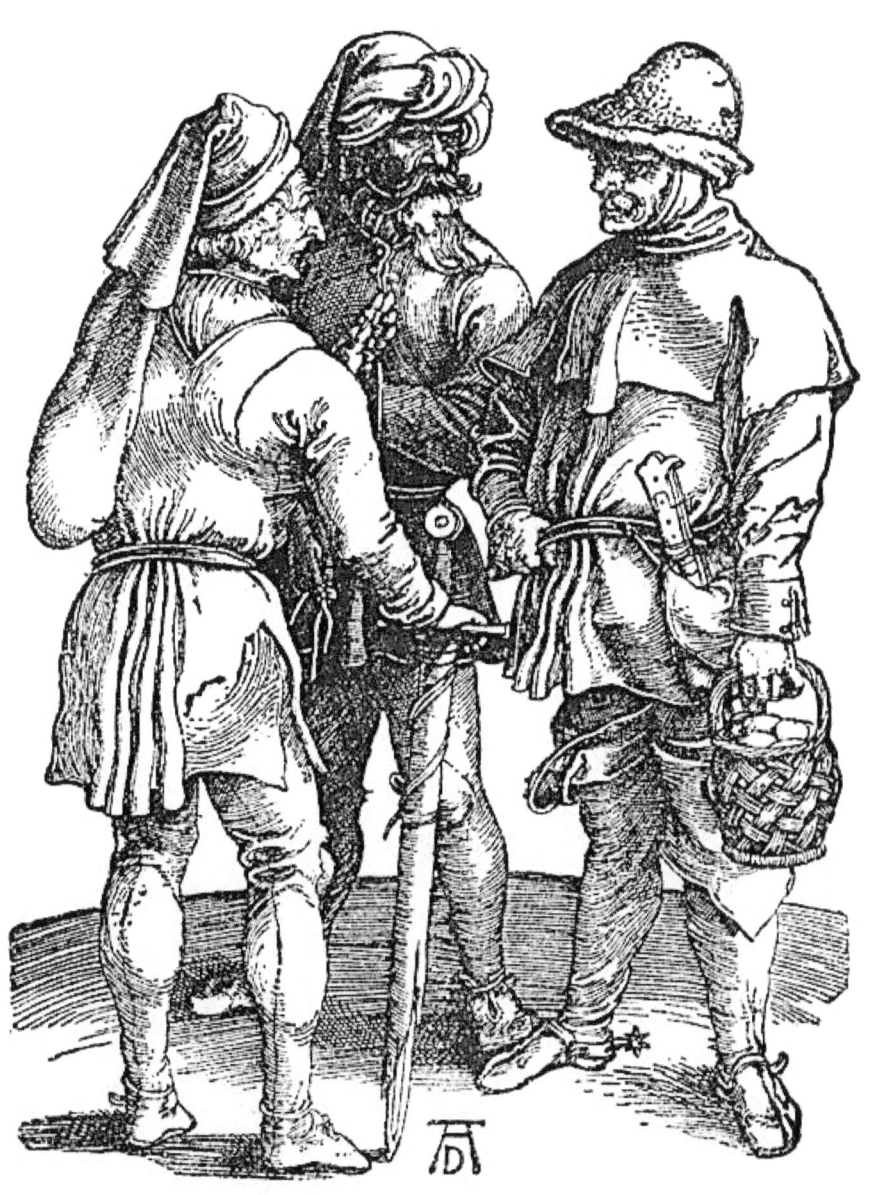

Drei Bauern im Gespräch (um 1495)

Zeitlich befangen war also Dürer. Was seine Größe ausmacht, das ist, daß auch das andere, das gut Nordische und Sonnengewisse in ihm wirkte, und daß es in ihm sich frei machen konnte inmitten selbst apokalyptischer Schrecken. Dürers ganzes Leben ist eine einzige Läuterung und Klärung, und so auch ist es das erste unter seinen Werken, das ihn den Großen beigesellt. In ihm wird er Herr über das Schwerste, mit dem seine Zeit ihm die Seele belastet. Der Gleichklang mit der noch unverdorbenen heimischen Volksüberlieferung ist es, dem er stärkeren Widerhall schafft als den verängsteten Stimmen des Apokalyptikers. Indem er so handelt, mehr triebhaft als absichtlich, bringt er zu seinem Teil Gesundung in eine krank gewordene Zeit. Ein bekanntes Wort abwandelnd können wir wohl sagen: die Offenbarung Johannis, wie Dürer sie gab, das war schon die Reformation unterwegs.

2

Wir greifen nun zum Buche selbst.

Für den Holzschnitt hatte Dürer sich entschieden. Das war für einen Künstler, der ins Volk dringen wollte, fast selbstverständlich. Auf allen Jahrmärkten und bei Heiltumsfahrten jeglicher Art war man gewohnt, solche Blätter und Bücher zu finden. Im Holzschnitt konnte der Maler Volksreden fürs Auge halten, oder auch, wenn er es danach hatte, Predigten fürs Auge. Dürer traute sich viel zu. Er ging erstaunlich ins Format. Einzelne Blätter von solchem Umfang kannte man wohl schon, ein ganzes Buch aber, ausschließlich aus ihnen zusammengesetzt, das war etwas Neues. Schon das war angetan, die Leute aufmerksam zu machen.

Wie aber: wenn sie nun das Buch mit dem fesselnden Titel aufschlugen und Blatt auf Blatt umwendeten, war dann das, was sie hier sahen, nicht eine starke Zumutung? Der Gegenstand war volkstümlich, daran war kein Zweifel. Konnte er aber seine Volkstümlichkeit behaupten auch bei der besonderen Art der Darstellung, die ihm hier gegeben war?

Ein nur an moderne Kunstwerke gewöhntes Auge kann kaum daran glauben, so viele Hindernisse bieten sich ihm. Wie soll man das wohl auseinandersehen! Das rankt und wuchert uns entgegen und verfilzt sich, so wild und so wirr, daß es uns fast undenkbar scheint, es könne jemals Menschen gegeben haben mit Augen, die das vom Blatt herunterlasen.

Tatsächlich ist der Dürersche Holzschnitt im Vergleich zu dem seiner Vorgänger zunächst unübersichtlich. Eine überstarke Instrumentierung läßt die führenden Stimmen schwer zur Geltung kommen. Es würde uns danach nicht überraschen, von Dürers Zeitgenossen zu hören, daß er bei seiner Apokalypse zu viel Linienlärm hineingebracht habe in die altvertrauten Schnitte; wie man später etwa beim angehenden Mozart oder Beethoven »zu viel Noten« und »zu viel Orchester« rügte. Aber nichts von solchen Klagen ist bekannt. In der Ornamentik der vergangenen Jahrhunderte hatten die Augen sich an ein noch ganz anderes Liniengedränge gewöhnt, und so bot der neue Mann von dieser Seite noch die geringsten Schwierigkeiten.

Wir aber, wie finden wir uns durch?

Die Antwort ist: wir müssen es halten wie bei der Gotik selbst. Wollten wir beim gotischen Dom so vorgehen, daß wir eine verkrauste Ranke um die andere entwirren und Stück um Stück dann aneinanderreihen, so kämen wir niemals zu Ende. Gehen wir aber umgekehrt aus vom Gesamtumriß des Bauwerks und der großen, sofort verständlichen Grundanlage, dann löst sich uns abwärts alles mühelos bis ins letzte.

Die Blätter der Apokalypse sind uns heute bei jeder aufzählenden Einzelbetrachtung heillose Bilderrätsel, die in die Worte der Bibel so wenig restlos aufgehen wollen wie die Bibelworte in ihnen. Gut, also lassen wir zunächst alles Aufzählen und suchen vorläufig nur die Architektonik der Blätter zu begreifen, ihren Grund- und Aufriß. Abgesehen von der Titelseite, die ein Stück für sich ist, haben nämlich alle Blätter eine solche sehr klare Architektonik gemeinsam, und das Auge ist nicht mehr führerlos, wenn es erst einen sicheren Halt hat in der Beherrschung dieses Gerüsts.

Mit dem Grundriß fangen wir an. Gleich hier erlebt der eindringende Blick eine Überraschung. Der erste Eindruck der Blätter ist für uns der des stark Flächigen; alles drängt zum Vordergrund, jede Tiefenwirkung scheint vermieden. Nun denken wir uns oben das Figürliche weg, oder – bei einigen Blättern geht das – wir decken es einfach ab. Was sehen wir? Landschaften, von einem hohen Augenpunkt genommen, so daß sie sich auf breiter Grundlage aufbauen können. Eine ganz entschiedene Tiefenwirkung wird hier erstrebt und auch erreicht. Wir lassen das Auge wandern in diesen Landschaften, und es findet weitesten Spielraum. Über Höhen und Burgen und türmereiche Städte gleitet es hin, es folgt dem vielgekrümmten Lauf der Ströme, die am Horizont drüben einmünden in Seen oder Meere. Hier in der Tiefe gibt es nur erst wenig Mystik. Das Auge findet Gelegenheit, sich einen ersten sicheren Grund zu schaffen.

Zwei Blätter nur scheinen sich auszuschließen von der allgemein durchgehenden Anlage. Das Blatt mit den sieben Leuchtern gleich hinter der Titelseite, und ferner das mit den vier Reitern. Doch bei den Reitern ist es ja Nacht, und wie deren Finster unter den grell lichten Wolken weit in die Tiefe hineinlangt, bleibt der breite Grund auch hier gewahrt. Dasselbe ist es beim Leuchterbild. Wohl fehlt hier die Landschaft ganz, aber die Anordnung der Leuchter deutet eine weite Tiefe an, einen breiten Untergrund, auf dem alles wie auf fest ansetzender Sohle sich erhebt.

So also steht es um den Grundriß der Blätter. Und wie schaut es aus am anderen Ende?

Auch da ist ein Gemeinsames. Breitet unten sich alles weit in die Runde, so drängt es sich oben zusammen zu einem steilen Spitzbogen oder auch der Kuppe eines Hügels. Mit vielerlei Mitteln wird der Zusammenschluß erwirkt. Ein beschwingter Engel kann die Bekrönung schaffen, oder der Sonnenball, oder – besonders häufig – das Strahlenkreuz des Weltenrichters. So folgerecht ist der architektonische Gedanke durchgeführt, daß die starken Massen hoch oben im Sinn der Schwere nicht bedrohlich wirken. Wie ein wohlgefügter Schlußstein halten sie vielmehr das Ganze nur um so fester durch ihre Wucht zusammen. Was bereits angedeutet ist in dem gotisch hohen Format der Blätter, das wird nachdrücklichst wiederholt in dieser Gruppierungsart einer spitzwinklig ansteigenden Gesamtanlage. Die uralt heilige Form des Weltenbergs oder der Walburg hält alle Einzelheiten zusammen. Wer es einmal erfaßt hat, der hat den festen Punkt gewonnen, von dem aus sich ihm alles nun entwirrt.

Wir wollen die Probe darauf machen, indem wir nun die Bilder eins ums andere so lesen, wie es wohl auch damals geschah.

3

Die Feuertaufe Johannis. Als Titelblatt vorangestellt ist die Geschichte vom Feuertod Johannis, wie sie in der Legende steht. Die Kirche hat viel Symbolisches hineingeheimnist in die alte Sage. Dürer nimmt nichts davon auf. Was er schildert, ist ein hochnotpeinliches Verfahren, das an einem zum Martertod Verurteilten unter Zulassung der Öffentlichkeit vorgenommen wird. Zwei Schergen vollziehen das Urteil. Der eine facht mit einem Blasebalg das Feuer unter dem Ölkessel an, in dem der Verurteilte hockt, der zweite gießt ihm, sich selbst vor der Hitze zurückbiegend, siedendes Öl auch über den Rücken. Der Richter spricht von einem prunküberladenen Thron herab mit ingrimmiger Wut auf den Mann des Todes ein. Zur Seite des Thrones und hinter der Brüstung drängt sich das Volk. Schutzleute im Harnisch halten auf Ordnung. In den Gesichtern der Leute und (das verfolge man ins einzelne) in der Sprache ihrer Hände sind alle Abstufungen gemeiner Neugier und inniger Teilnahme angedeutet; von einer rein geschäftsmäßigen Auffassung bis zu tiefem Nachdenken und Ergriffensein ist nichts ausgelassen. Ein Gesicht aber kündet mehr als sie alle: Johannes. Dem Richter und dem Volke abgewendet schaut er ins Ferne wie ein Christus, der sein »warum hast du mich verlassen« spricht. Es ist der ewige Schmerzensmann, der Wohltat gab und Leiden nahm.

Der Weltenrichter. Eine gewaltige Stimme ruft Johannes, und da er sich wendet, sieht er sieben Leuchter, und mitten unter ihnen Einen, angetan mit langem Gewande und goldenem Gürtel, dessen Auge ist wie Feuerflammen, und wie Sonne leuchtet sein Angesicht. Sieben Sterne hält er in der Rechten, und aus seinem Munde geht ein scharfes Schwert.

Das Blatt muß denen, die es zuerst sahen, wie eine Offenbarung sich erschlossen haben. Das Gegenständliche kannten sie schon. Die Darstellung der Bilderbibel enthielt es bis in die Einzelheiten; den thronenden Christus mit Sternen und Schwert, Johannes vor ihm kniend, die sieben Leuchter im Kreis. Aber wie anders wußte Dürer das zu beseelen! In die alte Schilderung, die er zunächst aus der Fläche übertrug in jene stolze Hügelform, brachte er die ganze Pracht der späten Gotik. Die Leuchter, jeder anders geformt, geben so funkelnde Goldschmiedearbeit, daß sie der Farbe nicht erst bedürfen. Die Sterne in der Hand des Gottessohnes strahlen und blitzen wie eine Feuerkunst. Und wie groß empfunden in Geste und Haltung ist dieser Christus! Das ist die Gottheit, die »mit gelassener Hand segnende Blitze über die Erde sät«; ist eine Ahnung jener Größe, die Michelangelo dann im schwebenden Gottvater frei werden ließ.

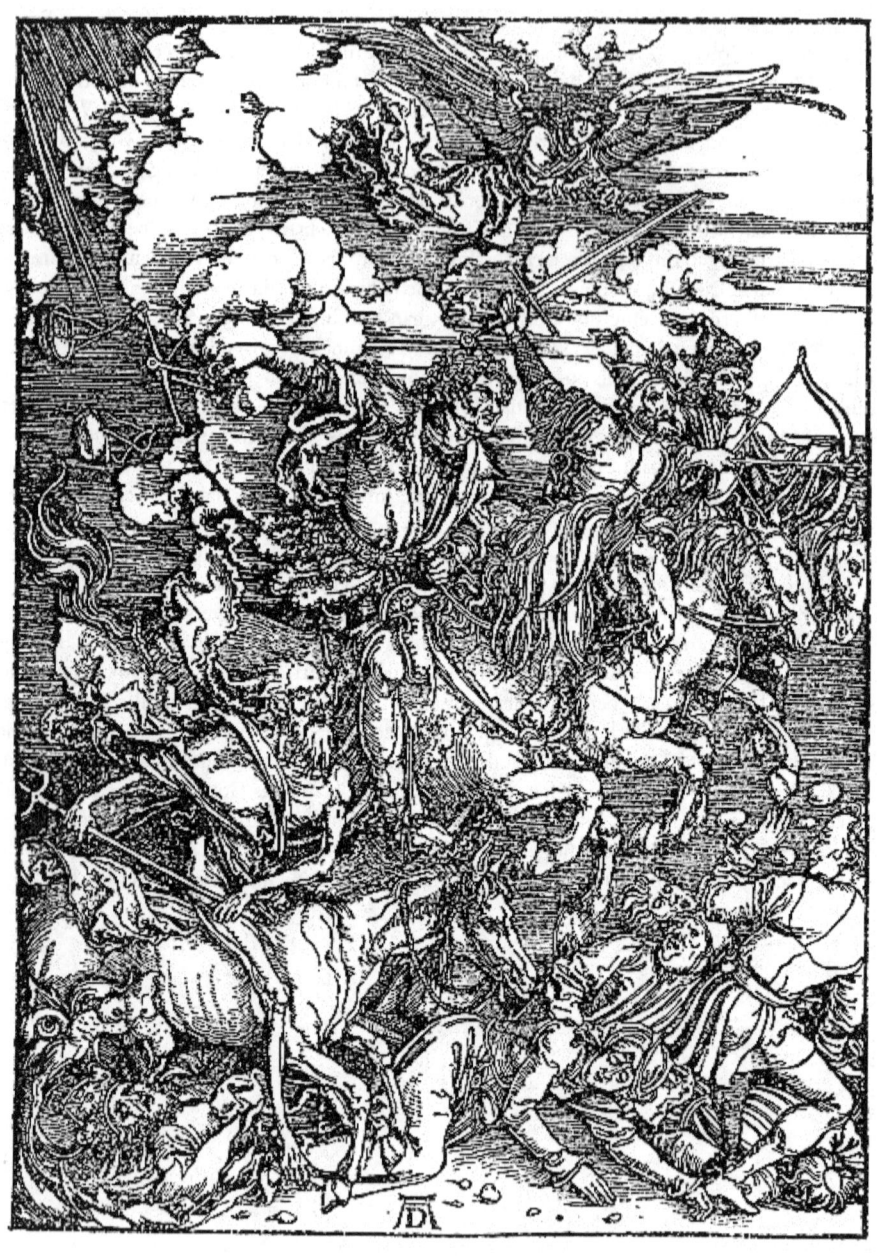

Die apokalyptischen Reiter (1498) Aus der »Offenbarung Johannis«

Aber da ist doch ein Unterschied. Michelangelo vermochte auch seine größten Gestalten nicht ganz ledig zu machen jener schweren Dumpfheit, die man das »Terribile« nennt, und die als etwas ungelöst Schmerzliches lastet. Dürer, wo er das Erhabene gibt, ist frei davon. Sein thronender Christus leuchtet wie die Sonne selbst, und damit hält er eine Überlieferung fest, die das Christentum aus seinen stärksten, germanisch reinsten Zeiten beibehalten hatte. Im Bild der

Sonne erst verlieh der junge Glaube seinen Heiligtümern die letzte Weihe. Die Umhüllung der Monstranz war dem Bild der Sonne nachgestaltet, und nordischer Künstlergeist ersann für solche Hüllen unermüdlich neue Formen. Das Bild der Maria war andächtiger Verehrung sicher, wenn es »in der Sonnen« stand. Die Prachtaufbauten hinter dem Altar umloderte das gleiche Bild, und die reiche Vergoldung, die sich hier ansammelte, empfand das Auge als sonnenhaft.

Wie ein Gläubiger vor solchem Altar, kniet Johannes hier vor seinem Herrn. Und so sicher als beim Eintritt in die Kirche das Altarbild zuerst die Blicke fesselte, war auch der thronende Christus auf diesem Offenbarungsblatt die Stelle, die zuerst das Auge faßte. Von ihr aus suchte es sich danach weiter. Gewiß war man sich dessen bewußt, beim Weiterblättern Schreckgesichten zu begegnen und fühlte sich bei solchem Bewußtsein im Bannkreis der sieben Leuchter wie in einer Krafthauptstelle, wo das verhaltene Blitzen wie ein leises Knistern ist, das leicht umschlägt in Prasseln und Lodern. Aber Dürer droht nicht damit, und nichts noch verfinstert den reinen Eindruck der Sonnengottheit, des Sonnengottes, der dieser Weltenrichter ist.

Das Buch der sieben Siegel. Das Himmelstor tut sich auf. Auf dem Throne sitzt der Richter im Schein von sieben Fackeln, das geheimnisvolle Buch im Schoß. Im Kreis umringen ihn gekrönten Hauptes die vierundzwanzig Ältesten. Ein Lamm naht dem Herrn, das Buch der sieben Siegel zu öffnen. Und die Ältesten knien nieder und preisen zur Harfe die Herrlichkeit des Lammes.

Zwei Stellen im Text, von Dürer in anderem Sinne gegeben, sind von Bedeutung. Es heißt: »Darnach sah ich, und siehe, eine Tür war aufgetan;« und weiter: »Vor dem Thron gingen aus Blitzen und Donner und Stimmen« (im Dürertext: »nach disen dyngen sah ich un seht eyn thür im hymel;« und: »von dem thron ginngen uß plitzen und stymmen unnd dünner«). Dürer wandelt beides, das ruhig Zuständliche des geöffneten Tores und die Unrast im Mittelbild, in das genaue Gegenteil. Donner und Lärm kann er nicht brauchen für eine Gottheit, wie er sie fühlt. In der nämlichen Ruhe wie sonst ist der Gott auch hier gebildet, das Haupt vom strahlenden Kreuz umspielt, die ganze Gestalt im stillen Licht des Spitzovals (beides altheidnisch heilige Zeichen schon in der Steinzeit).

Ist so im Mittelpunkt alles in sich selbst gesicherte Ruhe, so tobt es im Umkreis elementarisch ungebärdig. Das Tor ist nicht einfach »aufgetan«, gewaltsam wird es vielmehr gesprengt von den wüst vorbrechenden Flammen, die ins Freie rasen wie losgekoppelte Höllenhunde. Zur Tiefe drängt die Flammenmeute, der Erde entgegen, die in sonntäglicher Stille noch gebreitet ist, und doch schon dem Verderben preisgegeben. –

Die Textgrundlage dieses Bildes, das 4. und 5. Kapitel der Apokalypse, hat ganz besonders viel Traumverwirrtes. Tiere mit Augen über den ganzen Leib, ein Lamm mit sieben Hörnern, einen Vogel mit Menschenantlitz und ähnliches. Dürer unterschlägt nichts von dem im Bild kaum Festzuhaltenden, aber er weiß das störende Beiwerk so zu dämpfen, daß es fast ganz ausscheidet. Auch das ist eine Übertragung ins Einfache, eine Läuterung, die das verworrene Bibelwort nordischer Klarheit nähert.

Eine künstlerische Feinheit ist noch zu vermerken: die Anordnung der vierundzwanzig Ältesten. An Rafaels Disputa ist erinnert worden, die ähnlich gruppiert sein soll. Aber bei Raffael ist alles in ein strenges Rund gefügt, eine Übersetzung seiner Szene ins Plastische würde einen Kuppelbau ergeben. Anders bei Dürer. Die Reihen des himmlischen Gefolges sind bei ihm so geführt, daß die Linien, nach oben verlängert, gotisch zusammenlaufen müßten. Die geschilderte Gesamtanordnung ist hier besonders klar herausgebracht.

Die vier Reiter. Das Unheil hat die Erde erreicht. Vom Himmel hernieder donnern die schrecklichen Reiter, denen gegeben ist, den Frieden zu nehmen und zu töten den vierten Teil auf der Erde; mit dem Schwert und Hunger und mit dem Tode. Wie eine Sturmflut aus den Lüften prallen sie auf und schwemmen nieder, was sie finden. Noch ein fünfter Unhold ist da, ein gefräßiger Drache zur Seite des Todes. Er hakt die Zähne zusammen über dem Haupte eines Gekrönten.

Von den fünfzehn Blättern der Apokalypse ist dieses das berühmteste. Kein Zeitalter, das überhaupt zu Dürer stand, hat sich seiner Kraft entziehen können. Hier fühlt man, wie tief der junge Dürer die schwarzen Ansagen des Weltenendes empfunden haben muß.

Bei allem Wühlen in der Form und Ungestüm der Handlung bleibt Dürer doch der überlegene Künstler, der auf Klarheit hält und sichere Gliederung. Von dem schwebenden Engel abwärts verbreitet es sich in die Linie der vier Reiter, dann in die weite Fläche der nachtverhüllten

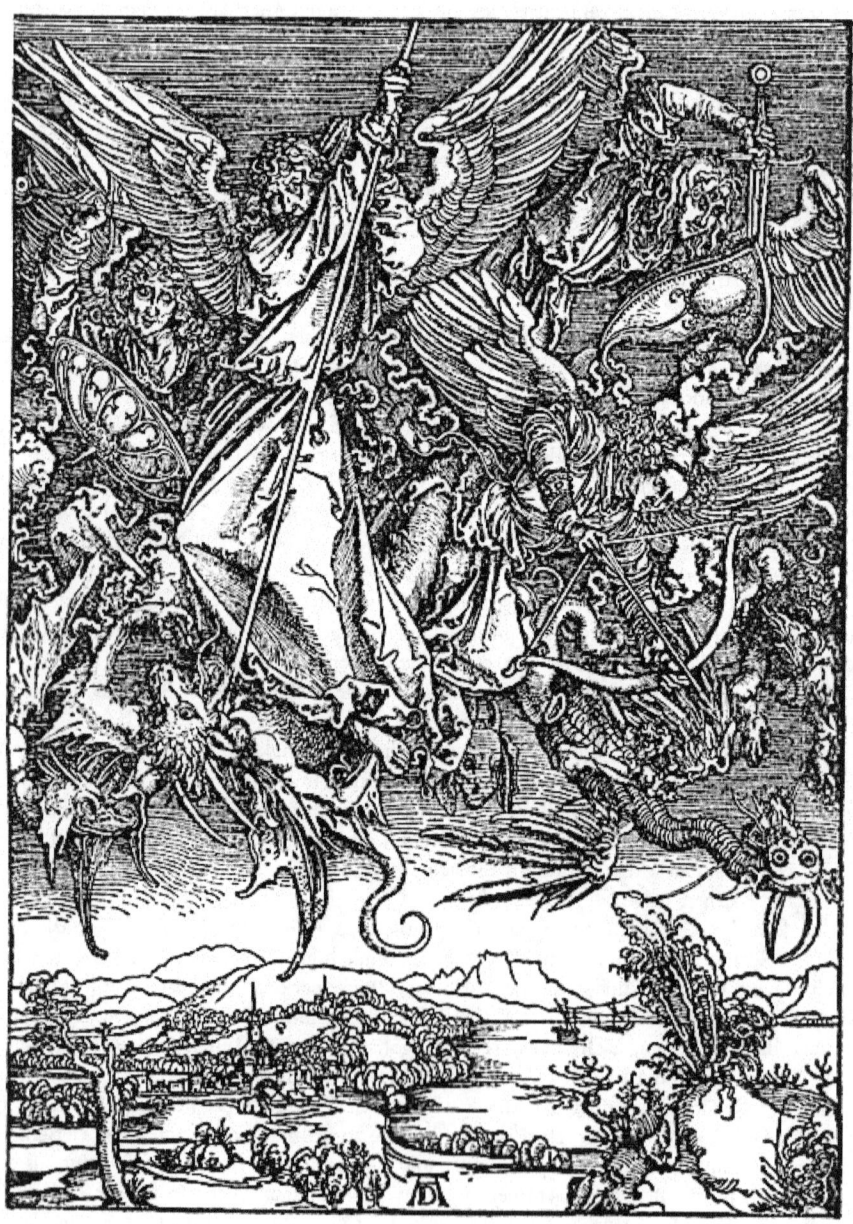

Michaels Kampf mit dem Drachen (1498)
Aus der »Offenbarung Johannis«

Landschaft. Doch die Wildheit des Ganzen vertrug keinen ruhenden Schwerpunkt. Er wird genommen durch das Strahlenbündel links oben. Wie ein Kanonenschuß kracht es durch die Lüfte, und das schlimme Geschoß, das Tod bringt und Verderben, das sind die wilden vier Reiter.

Der Sternenfall. Das Ende setzt ein. Vom Himmel fallen die Sterne, die Erde erbebt, in den Klüften verbergen sich so Herren wie Knechte, des Letzten gewärtig. In den Lüften aber erstehen unter dem Altar die Seelen der Erschlagenen. Weiße Gewänder werden ihnen angetan und Rache ihnen zugesagt.

Wieder ist Dürer unterscheidend am Werk, hier mildernd, dort betonend. Der Text schreibt vor: die Seelen der Erwürgten »schrien mit lauter Stimme«. In seinen lichten Höhen kann Dürer das nicht brauchen. Wie ruhig Erwachende, nicht aber wie schreckhaft Geweckte erheben sie sich. Weiter heißt es: »Die Sonne ward schwarz wie ein härener Sack« und »der Himmel entwich wie ein zusammengerolltes Buch«. Dürer erkennt dieses alles vernichtende Urteil nicht an. Die Himmelsfeste bleibt bei ihm unerschüttert, und auch der Sonne geschieht kein Leid.

Auf Erden freilich wird das Urteil vollzogen. Doch ob er es nicht wenden kann, gibt der Künstler auch hier seinen Spruch. Die wahrhaft Bösen, die Mächtigen der Erde in ihrem Übermut, stehen zur Linken des Richtamts, unter ihnen auch Träger der Mitra und der Tiara. Die halb unschuldig mit in den Abgrund Gezerrten sind rechts. Ergreifend ist hier ein Weib, das, sein Kind schützend, die Stimme erhebt zu gellender Anklage. Anders als die nur leidende Frau des Südens ist sie geartet. Eine Niobe des Nordens hat man sie genannt. Es ist dem nordischen Menschen nicht gegeben, ein als unrecht empfundenes Urteil sklavisch über sich ergehen zu lassen. Dem alles stumm auf sich nehmenden Hiob des alten Testaments steht entgegen der Recke der Saga, der Odin zur Rede stellt, weil er ihm die Söhne nahm. Aus einer ähnlich stolzen Empfindung, die Rechenschaft heischt selbst vom Höchsten noch, ist auch die »Niobe des Nordens« entstanden.

Die Engel und die Winde. Rücken an Rücken stehen die vier Engel des Schreckens, denen gegeben ist, zu verheeren die Länder und das Meer. Zuvörderst aber haben sie nur Auftrag, den Winden zu wehren. Sie sind dabei, da schwebt ein Himmelsbote herab mit neuem Befehl. Die Gerechten sollen, ehe weiteres geschieht, das feiende Zeichen des Kreuzes bekommen.

Von den vier pausbäckigen Windbubengesichtern sind die vorderen beiden schon abgeschlagen und die Engel können hier das Schwert sinken lassen. Indem sie es tun und den Winden nachschauen, gewahren sie den Himmelsadjutanten und heben ihm zum Gruß die freie Hand. Auch der dritte Engel hat ihn gesehen und entbietet gleichfalls den Handgruß. Nur der vierte, mit dem Rücken abgewandt, gewahrte noch nichts und schlägt sich, polternd, mit seinem Windschlingel herum. – Inzwischen ist die Gemeinde der Auserlesenen niedergekniet und empfängt auf der Stirn das heilige Zeichen.

Die Darstellung der vier Richtengel ist ungewöhnlich. Es sind nicht die üblichen leise daherwallenden Gestalten, sondern Männer mit derben Knochen und sehnigen Muskeln. Dürers Sachlichkeitssinn wußte mit den zarten Gestalten hier nichts anzufangen. Ihnen konnte die harte Arbeit später doch nicht zugemutet werden, und so bildet er diese hiebfeste Draufgängertruppe aus als eine himmlische Sonderklasse.

Im übrigen herrscht in diesem Blatt eine große Ruhe. Dürer hatte solch eine breite Generalpause nötig. Er mußte die Stimmung entlasten, um sie von neuem aufnahmefähig zu machen. Zwei Bilder des Schreckens sind vorangegangen, zwei weitere mit noch Schrecklicherem sollen folgen. In gerader Linie läßt sich eine derart gewaltige Steigerung nicht führen, es muß eine Pause eintreten, wie wir sie in der Ruhe hier fühlen. Solche künstlerischen Mittel sind uralt. Homer schon arbeitet damit, wenn er etwa die große Spannung in der Volksversammlung des ersten Iliasgesangs für einen Augenblick dadurch löst, daß er vor dem Szepterschwur das anheimelnde Bild einschiebt, wie dieses Szepter einst gefertigt wurde.

Die Posaunenengel. Das Vernichtungswerk setzt wieder ein. Die Posaunen des Gerichts werden ausgeteilt. Eben gibt der Mann am Sonnenaltar die beiden letzten aus der Hand. Von den drei Engeln, die zuvor bedacht wurden, hebt der eine erst das Tonzeug, während die beiden anderen sich einzublasen scheinen. Die zwei Zuerstgekommenen stehen schon an ihrem Platz; ihre erdwärts gerichteten Posaunen dröhnen die fürchterlichen Klänge in all das Gräßliche hinein, das sich vom Himmel nun über die Länder stürzt. Aus dem Rauchfaß am Altar werden Flammen geschüttet. Sie lösen sich in einen Feuerregen, der lodernde Brände entzündet. Gespenstische Hände drücken aus einem Berg Flammen heraus wie Wasser aus einem Schwamm und pressen den feuerspritzenden Koloß ins Meer. Ein Stern zischt (wie eine Fliegerbombe würden wir sagen) in den »Brunnen des Abgrunds«. Das Maß der Schrecken voll zu machen, stößt ein Raubvogel durch das Gewölk und kreischt sein schneidendes We-Wehe.

Es ist das lauteste Blatt der ganzen Folge. Das Tages- und das Nachtgestirn selbst, die beim Sternenfall noch unbehelligt zusahen, werden auswärts gewiesen und trollen eilends von dannen wie ein aus dem Paradies gejagtes Paar. Und dennoch: die höchste Sonnengottheit oben waltet unberührt und gibt dem Auge und der Seele einen Halt.

Der Kampf der Engel. Die fünfte und sechste Posaune haben ihre Stimmen eingesetzt. Auch am goldenen Altar wird es jetzt rege. Aus seinen vier Ecken tönen pfeifende Stimmen und geben die Losung. Eine wilde Jagd rast durch die Lüfte; der giftige Odem des Drachens, der das Dämonenturnei vor sich herschnaubt, nimmt Gestalt in ihnen an. Unten aber besorgen die Würger, Rücken an Rücken zu einem Karree geformt, ihr Nachrichteramt. Gnade wird nicht gegeben. Das Zuschlagen aus vollen Muskeln geht ihnen doch besser von der Hand als die ihrer kaum würdige Wehrarbeit bei den Winden vorhin. Abermals sind die Verurteilten standesgemäß verteilt. Dem Richter zur Linken stehen die Großen der Welt und der Kirche, rechts das gewöhnliche Bürgerpack.

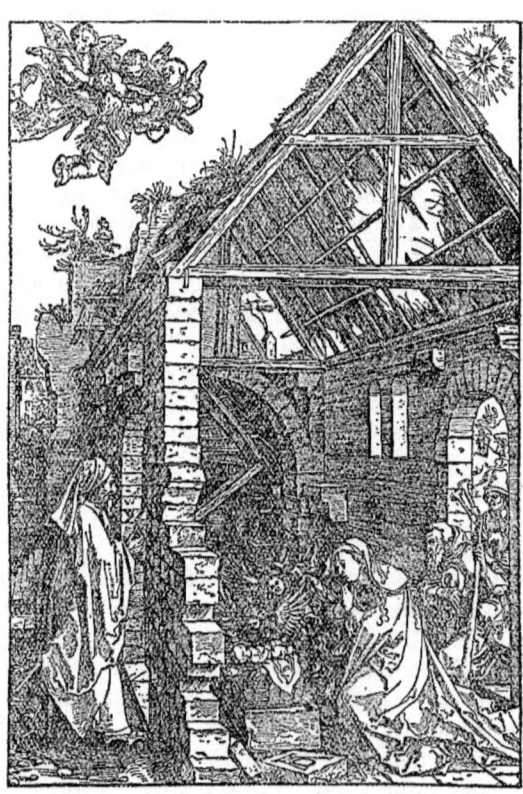

Die Geburt Christi – Aus dem Marienleben

Mit diesem Blatt des Massenmords ist der Höhepunkt der Schrecknisse erreicht. Von nun ab wird die Folge lichter.

Der Mann auf Säulenfüßen. »Und ich sah einen Mann, der war mit einer Wolke bekleidet, und ein Regenbogen auf seinem Haupt, und sein Antlitz wie die Sonne, und seine Füße wie Feuersäulen; und er hatte in seiner Hand ein Büchlein aufgetan.« Eine Stimme spricht zu Johannes: »Nimm hin das Büchlein, nimm hin und verschling es.« Die verschlungene Weisheit soll ihn weise machen.

Die Verworrenheit apokalyptischer Gesichte schlägt hier ins Ungeheuerliche. Aber die Stimmung der Zeit wollte diese halb wahnwitzige Stelle nicht ausgelassen sehen, und Dürer gab nach. Es ist ihm nicht gelungen, das geschlossen einheitlich zu schildern, was ihn selbst so wenig überzeugte. Kein Blatt hat darum später so viel Widerspruch gefunden als dieses. An die Einzelheiten muß man sich halten, um Dürer gerecht zu werden. Das Beste vielleicht ist das Sonnenhaupt, dessen Strahlen von einer wirklichen Kugel, keiner bloßen Scheibe, abstarren wie die Spitzen eines dichtbesetzten Morgensterns.

Die Sonnenfrau. Am Himmel erscheint ein Weib, mit der Sonne bekleidet, unter den Füßen den Mond und auf dem Haupt eine Krone mit zwölf Sternen. Sie ist schwanger und schreit in Kindesnöten. Und ein anderes Zeichen erscheint: ein siebenköpfiger Drache, zehnfach gehörnt, mit Kronen geschmückt. Den dritten Teil der Sterne reißt er mit seinem Schweif vom Himmel zur Erde. Dann kriecht er drohend dem Weibe näher, das Kind zu fressen, das sie gebären wird. Doch siehe da, das Kind wird gen Himmel entrückt.

Zu einem widerwärtigen Text wird ein Bild von strahlender Schönheit geschaffen. Gottvater im Sonnenglanz gibt sich nicht länger als finsterer Richter. Er hebt die segnende Rechte, und milde neigt er das Haupt dem Kinde zu. Schwebende Engel bringen es her, schon streckt es die Ärmchen dem lieben alten Mann entgegen. Aus den Wolken flattern andere Engel herzu, den neuen Gespielen zu grüßen. Ein größerer, links oben, hält flugfertig Acht, daß die Überführung ihren rechten Gang geht. Weihnachtsstimmung, heimeliger Krippengeist ist alles hier oben.

Dann die Sonnenfrau drunten. Dürer läßt alles quälende Beiwerk beiseite. Er bildet die Himmelskönigin, nach der das Volk Verlangen trug, die strahlende Göttin, der das Dunkel nichts anhat. Nur durch das Flügelpaar ist sie geschieden von der Gebenedeiten. An wie vielen Stellen in den deutschen Städten, den fränkischen zumal, gab es nicht ähnliche Gebilde zu schauen, holzgeschnitzt, vergoldet und von leuchtender Farbenpracht!

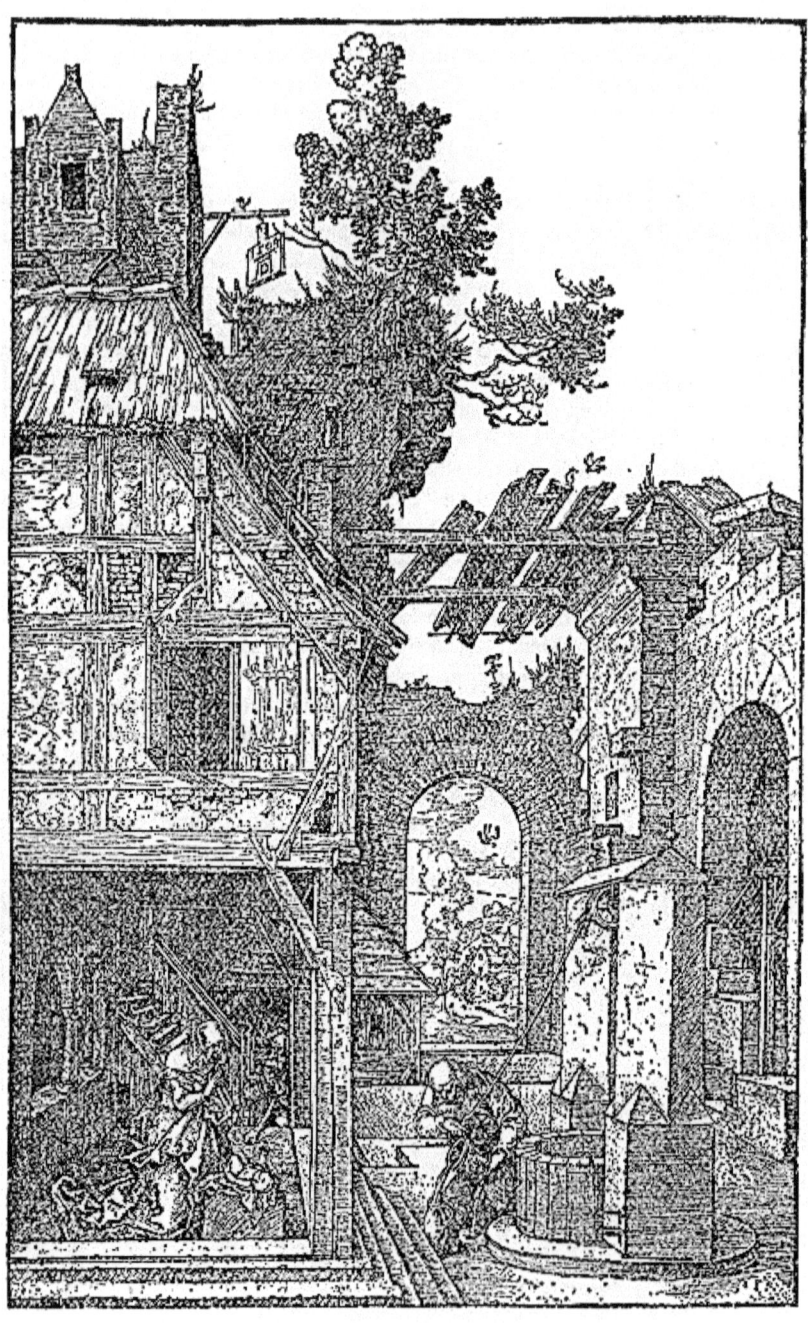

Christi Geburt
(1504)

Den nordisch lauteren Charakter kann dem Blatt auch das Ungetüm nicht nehmen, das einem dunklen Flammenloch entsteigt und in seinen verschieden gestalteten Köpfen ein ganzes

Naturalienkabinett in Bewegung setzt. Andere pflegen mit solchen Mißgeburten der Hölle gruseln zu machen. Dürer, meint man, müsse es wie ein Siegfried fast drollig empfunden haben. Sogar an dem mächtigen Schweif, der so viel Unheil anrichten soll, hat er noch seine reine Künstlerfreude. Er ringelt sich durch die Lüfte wie das Gekräusel einer Stabkirchentür. Die abgerupften Sterne aber liefern unterwegs ein Feuerwerk, das ganz entzückend anzuschauen ist.

Michaels Kampf. In den Lüften wird er ausgetragen, hoch über einer herrlich schönen Landschaft. Der Erzengel hat endlich das Drachengewimmel unter sich bekommen und setzt eben die Lanze an zum entscheidenden Stoß. Er muß sich wacker stemmen und seine Flügel weit entfalten, um das Gleichgewicht zu halten, aber es wird schon gehen. Drei Genossen stehen ihm bei, mit Schwert und Schild und Pfeil und Bogen. Auch sie führen ihre Waffen so sachgemäß, daß kein kritischer Landsknecht etwas dran auszusetzen finden könnte. Das Formgeschlängel des Drachens ist wieder mit einer Sicherheit geführt, die nur ein Gotiker mit der noch ganz lebendigen Überlieferung germanischer Tierornamentik haben konnte.

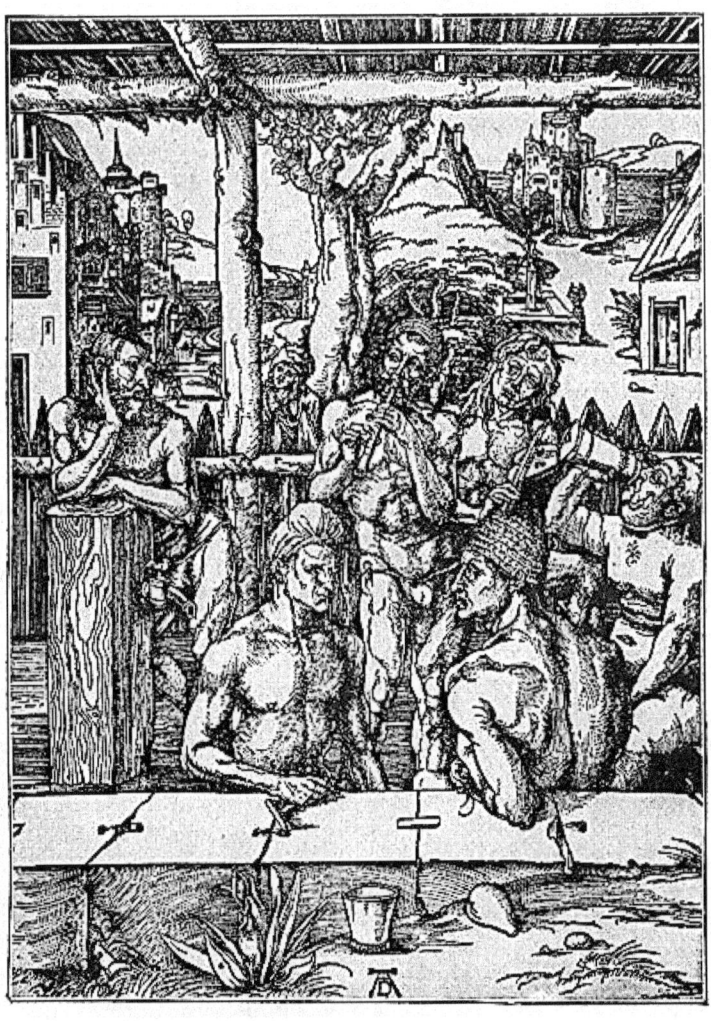

Die »Badestube« (um 1496).

Es ist hier anzumerken, daß dem Ringen in der Luft im Bibeltext nur wenige Worte gewidmet sind (Kapitel 12, Vers 7 bis 9). Während Dürer sonst mehrere Szenen zusammenfaßt, um sie zu einer ihm gelegenen Gruppe zu fügen, beschränkt er sich hier auf das eine und gibt es in breiter Ausführlichkeit. Steht dieser Kampf der Lichtgottheit mit ihrem Widersacher doch inmitten aller Sagen und Lieder des Nordens! Und da er so herrlich ausläuft, kann er schon die ganze Szene für sich in Anspruch nehmen.

Der Drachen auf Erden. In den Lüften ist das Siebenverband-Untier abgetan, nun ist es noch am Boden zu erledigen. Es kriecht aus dem Meere heran, wieder ganz stattlich, nur einer seiner Köpfe noch ganz und gar nicht ausgeheilt (es wird der sein, den Michael in Arbeit hatte). Noch glauben viele an seine Macht. Mancher Kronenträger sinkt vor ihm nieder, nur unter den Ungekrönten sind sie schon stutzig. Die Angst, mit wem es zu halten sei, ist wohl verständlich; denn dort ist noch ein zweites Scheusal mit dem ersten im Bunde – da ist es gefährlich, sich anders als wohlwollend neutral zu verhalten. »Wer ist dem Tiere gleich, und wer kann mit ihm streiten?« Sie haben keinen Blick für die wehrhaften Engel, die schon auf halbem Wege sind. Sie haben auch keinen Blick für die Sonnengottheit, die über den Wolken thront, ganz Pracht und Erhabenheit.

Lobgesang der Auserwählten. Palmen in den Händen naht aus der Tiefe der Zug der Auserwählten, die das Zeichen des Kreuzes empfingen. Bei Harfenklang singen sie das Loblied des sonnenumstrahlten Lammes. Ihnen voran, das Gesicht ihnen zugewendet, einer, der das Lied wie ein Chormeister leitet. In weitem Umkreis wieder die vierundzwanzig Ältesten, deren einer Johannes zuspricht, ganz wie beim Buche mit den sieben Siegeln, dem hier ein Gegenstück geschaffen ist. Auch die johanneischen Tiere um die Sonne her sind auf beiden Blättern tierkreisartig, kalendergerecht aufgefaßt. Nur fehlt beim Lobgesang, da es diesmal keine Schrecken einzuleiten gilt, sondern ein gutes Ende, jedes wildere Gegenspiel. Wie ein einziger ungetrübter Durakkord rauscht es uns an, eine Flutwelle von Tönen, und doch nur ein Klang.

Die Hure von Babylon. Sie reitet den Siebenverband. Ihre Rechte streckt der Menge ein kostbares Gefäß entgegen, und mit verheißendem Lächeln möchte sie sich Kundschaft locken. Die aber stutzt. Ein Gekrönter zwischen der Lustinne und den anderen erklärt den Leuten ihre Erscheinung. Man weiß nicht recht, ob er vermittelt oder warnt. Ist es Warnung, so hat er Erfolg. Ein Landsknecht schielt wohl mit Kennerblick verstohlen hinüber und weiß der schmunzelnden Magd an seiner Seite von der Dame zu erzählen. Die anderen sind gleichgültig, einer sogar herausfordernd ablehnend. Nur – armer Antonius! – ein Mönch ist hin aufs Knie gesunken und betet mit verzücktem Blick und begehrlich vorgeschobenem Unterkiefer Pandora an.

Das Weib auf dem Siebentier wirbt für Dinge, die sie gar nicht mehr hat. »Sie ist gefallen, Babylon die große.« Zum Himmel leckende Flammen tilgen ihre Reste fort, und was sich noch Lebendes findet, das ist den Scharen verfallen, die von oben her durch einen Wolkenhohlweg angesprengt kommen.

Das Blatt als Ganzes ist wie ein Tag im April, voll Sonne und Wetter zugleich. Der Engel mit dem Mühlstein, schleuderbereit, und jener andere, der segnet, sind beide am Himmel. Aber der Engel der Verzweiflung wird zuerst verschwinden. Das letzte Wort hat der, der da kommt »das ewige Evangelium denen zu verkünden, die auf Erden wohnen«.

Die Versenkung. Himmel und Erde sind frei geworden. Mit den abziehenden Vogelschwärmen droben wird der Himmel reingefegt. Zum ersten Male sehen wir ihn unbewölkt, ganz der Freiheit erschlossen. Die Landschaft, bisher noch immer geduckt, wie verhaltenen Atems, hebt sich entfesselt und brüstet sich ihrer Schönheit. Der Engel weist auf sie hin, und Johannes mag es kaum glauben, was aus ihr ward.

Und wie ist das geworden mit dem teuflischen Spuk, der nun für tausend Jahre nicht mehr der Erde Frieden stören soll?

»Nürnberger Witz« – es gibt kein anderes Wort für die letzte Lösung, die Dürer allem Schrecklichen der Apokalypse fand. Der Engel der Vollstreckung führt den Drachen zum Abgrund. Wie einen Hund, der wohl knurrt, doch aber folgen muß, verweist er ihn ins Loch. »Da legst dich nieder!« Und das Untier verschwindet in der Versenkung, einer regelrechten

Theaterversenkung. Sogar verschließbar ist sie, mit einem Meisterstück von Schloß. Der Engel hat den Schlüssel, ein gewaltig groß Ding, schon in der Hand. Er wird das Loch schließen, und die Erde hat Ruh auf tausend Jahr – von 1500 an gerechnet.

4

Wo immer der Germane kolonisierend hinkommt, da bringt er Zucht und Ordnung selbst in das verwildertste Land. Das gilt auch für die Bereiche des Geistes. Das biblische Buch, in dem der junge Dürer sich niederließ, ist solch ein verwildertes Gebiet mit polnischer Wirtschaft. Aber der ordnende Sinn des Deutschen ist fertig geworden mit den anarchischen Zuständen dort. Vergleichen wir dem Buch die Bilderfolge, so ist der Eindruck der einer stärksten Läuterung und Klärung.

Das macht sich bemerkbar schon in der Form, der äußeren Art der Schilderung. Bei Johannes treiben wir haltlos durch ein Meer der Schrecken, immer wieder von neuen Wogen umspült. Nur vor den flackernden Blicken eines, den das Entsetzen irr gemacht hat, konnten die Gesichte so sich überstürzen. Wohl hat auch Dürer das Grausen gespürt, aber es hat ihn nicht geworfen. Mit dem fest zupackenden Blick des nordischen Menschen durchdringt er das Wirrsal, und vor diesem Blick, der standhält, muß das Chaos sich ordnen.

Dürers Kulturarbeit in seinem Anbaugebiet bleibt nicht stehen bei der Form. Der ganze Geist der Offenbarung ist durch ihn ein anderer geworden. Die Vorstellung eines fast hoffnungslosen Unterganges wandelt sich ihm in die Verkündigung einer Erneuung. Er hält aus in Zuversicht, auch wo es ihn am furchtbarsten umbrandet. Die Gottheit droben wankt nicht. Bei Johannes hat es Augenblicke, wo es auch sie mitreißen will im allgemeinen Malstrom. Niemals bei Dürer. Der Thronende bleibt unberührt. Himmelan schlägt die Verwüstung, vor der Gottheit aber und ihrem Thron prallt sie ab.

Und diese Gottheit ist die Sonne des Nordens.

Viele Jahre nach der ersten Veröffentlichung hat Dürer sein Buch abermals herausgebracht und ihm ein neues Titelblatt gegeben. Der Apokalyptiker ist nicht mehr der Schmerzensmann, der wehrlos Qualen duldet, sondern ein einsam Schaffender, von tiefer Stille umgeben. Da er aufblickt, erscheint ihm ein Gesicht: die Himmelskönigin, das Christkind im Arm. Sonne strahlt von ihrem Haupte mit der zwölfsternigen Krone, Sonne strahlt auch vom Kinderköpfchen, und abermals Sonne umflutet die Erscheinung insgesamt. Das ist das letzte Wort, das Dürer zur Apokalypse hat, wie es sein erstes war im Siebenleuchterbild. Licht und Klarheit will er bringen in eine verzagende Welt, nicht Drohung und Qual. Das gab ihm Kraft, das dumpfeste der Bibelbücher frei zu machen von dem, was uns nicht taugt. Das gab ihm auch ferner die Kraft, das eigene Lebenswerk zu läutern, und damit seinem Volk ein Führender zu sein.

Wie ihm das glückte, wie er sich Bahn schaffen konnte durch eine drangvoll enge Zeit, dem nachzuforschen ist nun unsere Sache. Es ist nicht weltfremde Schwärmerei und nicht Gelehrtenneugier, einem längst Gewesenen so auf Schritt und Tritt zu folgen. Wir werden hinangezogen durch ihn, werden selbst der Läuterung teilhaft, die wir begreifen lernen.

Ehe wir indessen uns nun weiterwagen, zu sehen, wie Dürer sich den letzten in der Apokalypse noch merkbaren Beklemmungen entrang, müssen wir den Blick noch einmal rückwärts richten. Was lag vor dem Offenbarungswerk? Wie gewann sich Dürer jene Sicherheit, die ihn fest sein ließ gegen das nicht Lautere im Offenbarungsbuch und das nicht Lautere der eigenen Zeit!

III. Bei den Eltern

1

Wir kennen Dürer als Kind aus seiner eigenen Schilderung. Als Dreizehnjähriger hat er sich einmal mit dem Silberstift gezeichnet und später auf dem Blatt vermerkt: »Das hab ich aus eim Spiegell nach mir selbs kunterfeit im 1484 Jor, do ich noch ein Kind was.« Wenn man streng sein will, kann man kleine Verzeichnungen bei der Hand vermerken und die Starrheit der Pupillen, die er bei der gewählten Richtung nicht nach dem Spiegel zu zeichnen vermochte. Das Ungekonnte aber kommt nicht in Betracht gegen das, was schon gekonnt ist. Die Durchgestaltung des Gesichtes, Gewand und Haarbehandlung sind ganz überraschend gut. Das Wesentliche bleibt der Ausdruck des Gesichtes. Ein stilles, fragendes Knabenantlitz ist da aus dem Spiegel herausgeholt. Trotz des offenen Blickes ist es ein wenig scheu. Man möchte wohl die nähere Umgebung kennen, in die der Knabe blickte.

Ein Elternpaar war um ihn, ungleich nach seinem Alter, aber gleich in einem Wesen, das alles eher als Frohnatur war. Die Mutter eine schüchterne gedrückte Frau, in steter Sorge um ihr täglich Brot und um das Seelenheil der Kinder. »Geh in den Nomen Christi« war, ob eins der Kinder kam oder ging, »allweg ihr Sprichwort.« Der Vater ein Mann von wenig Worten, geduldig und ergeben, kein Freund der Geselligkeit und weltlicher Freude. Auch seine »täglich Sprach« zu den Kindern war, daß sie »Gott lieb sollten haben und treulich gegen ihren Nächsten handeln«. Ein ehrenfestes Paar in Treu und Glauben, nur bar des Frohsinns, der einem Kind so not tut. Man versteht doch wohl den unfreien Ausdruck im Gesicht des Dreizehnjährigen, wenn man sein Vaterhaus kennt und den steten Ernst der Kinderstube.

Von Dürers Hand besitzen wir eine »Familienchronik«, nach Aufzeichnungen des Vaters zusammengestellt, die uns die Vorgeschichte erzählen. »Als man gezählt hat nach Christi Geburt 1455 Johr«, kam der Vater, damals ein junger Goldschmiedegesell, nach Nürnberg. Aus Ungarn war er gebürtig, selbst eines Goldschmieds Sohn, hatte die Wanderjahre in Deutschland und den Niederlanden zugebracht und kam nun um die Mittsommerzeit (am 25. Juni) in die alte Frankenstadt. Es ging gerade hoch her. Einer aus der Patrizierschaft, Herr Philipp Pirkheimer, hielt Hochzeit. »Und es war ein großer Tanz unter der großen Linden.« Pracht und Glanz war entfaltet: hier schien die rechte Stätte für einen Goldschmied, sein Brot zu erwerben.

Er hatte Glück. Ein Wohlangesehener aus seiner Zunft, Meister Hieronymus Holper, nahm ihn auf. Zwölf Jahre war er bei ihm in Diensten. Seine stille Tüchtigkeit gewann den Meister so sehr, daß er ihm seine Tochter Barbara zur Ehe bestimmte. Es war im Jahre 1467. Der Eidam Holpers zählte damals vierzig Jahre, die Tochter, »eine hübsche grade Jungfrau«, fünfzehn.

Ein halbes Kind noch, ward sie einem den besten Jahren schon entwachsenen Manne anvertraut. Es scheint uns abstoßende Unnatur, was damals doch als selbstverständlich hingenommen wurde. Die Ehe war noch keine Sache, die unter den Ehebereiten selbst ausgemacht zu werden pflegte, und bei der die ältere Verwandtschaft nur ihre Zustimmung zu geben hatte. Das Alter traf die Auswahl für die Jugend, denn die Ehe war ein »Bund zweier Familien«, mit Verpflichtungen verknüpft, die über die Ehegatten hinaus bindend waren für die beiderseitigen Geschlechter. Nicht die Leidenschaft vermochte zu erkennen, was alles hier zu regeln und in eins zu fügen war. Das konnte nur weise Erfahrung, und so gab auch die Jugend sich willig in eine Entscheidung, die doch ihr ganzes Leben richtete.

Meister Holper hatte sich in seinem Eidam nicht getäuscht. Zu irdischen Schätzen zwar brachte er es nicht. Sein einziger Erfolg in dieser Hinsicht war, daß er im Mai 1475 aus dem Hinterhaus, das er bis dahin bewohnt, übersiedeln konnte in ein eigenes Haus unter der Vesten, der Straße, die zur kaiserlichen Burg hinanführte, und daß er 1430 einen Laden am Rathaus aufmachte. Große äußere Erfolge hat er nie gehabt. Er hat »sein Leben mit großer Mühe und schwerer, harter Arbeit zugebracht und von nichten anders Nahrung gehabt, dann was er vor sich, sein Weib und Kind mit seiner Hand gewunnen hat. Darum hat er gar wenig gehabt. Er hat auch mancherlei Betrübung, Anfechtung und Widerwärtigkeit gehabt«. Trotz alledem: er hatte doch »gut Lob« von allen, die ihn kannten, wurde 1482 geschworener Meister der Goldschmiedezunft und »Gassenhauptmann«, Vorsteher seines Stadtbezirks. In ihm also hatte Holper schon seinen rechten Mann gefunden. Ob freilich auch sein Kind, die Tochter Barbara?

Ein Bild nur haben wir von ihr, eine Zeichnung Dürers kurz vor ihrem Tode. Es ist ein erschütterndes Blatt, dieses ganz hoffnungslose, ins Nichts hinstarrende Gesicht. Und der Eindruck, der uns gebannt hält, spricht die Wahrheit. »Diese meine frumme Mutter«, sagt Dürer in seinem Gedenkbuch, »hat 18 Kind tragen und erzogen, hat oft die Pestilenz gehabt, viel andrer schwerer merkliche Krankheit, hat große Armut gelitten, Verspottung, Verachtung, höhnische Wort, Schrecken und große Widerwärtigkeit, noch ist sie nie rochselig gewest.«

*

Von der Geburt Albrechts, dem dritten der achtzehn Geschwister, meldet die Familienchronik: »Item nach Christi Geburt 1471 Jahr in der sechsten Stund an St. Prudentien Tag, an einem Erichtag (21. Mai, Dienstag) in der Kreuzwochen gebar mir mein Hausfrau Barbara mein andern Sohn, zu dem war Gevatter Anthoni Koburger, und nannt ihme Albrecht nach mir.«

Die beiden Zuvorgeborenen scheinen bald weggestorben zu sein (im ganzen haben nur drei von den achtzehn Kindern die Eltern überlebt). Was der Vater an Erziehungsplänen in sich hatte, konnte er zunächst an Albrecht proben. Es schlug zum Guten. Der Junge war geweckt und »fleißig in der Übung zum lernen«. Er ging zur Schule, lernte, was damals schon viel war, Schreiben und Lesen, vielleicht auch ein wenig Latein. (Als er in seinen venezianischen Briefen später zum Scherz gelegentlich italienisch schreibt, ersetzt er ihm unbekannte italienische Worte durch die entsprechenden lateinischen.) Dann kam er zum Vater in die Lehre. Wahrscheinlich geschah das in seinem dreizehnten Lebensjahr, also eben der Zeit, der die geschilderte erste Zeichnung entstammt.

Auch in der Werkstatt zeigt er sich anstellig. Der Vater, der immer schon »ein sonderlich Gefallen an ihm hat«, freut sich seiner »säuberlichen« Arbeit. Da tritt, nach fast dreijähriger Lehrzeit, der junge Dürer vor ihn hin und erklärt, daß ihn seine »Lust mehr zu der Malerei hintrüge dann zum Goldschmiedwerk«.

Der Vater war es »nit wohl zufrieden«. Es reut ihn die vertane Zeit. Aber der Sohn bleibt dabei, und schließlich gibt der Alte, endgültig vielleicht bestimmt vom Paten Koburger, seine Einwilligung. »Da man zählt nach Christi Geburt 1486 am St. Enderstag«, den letzten November, verspricht Albrecht Dürer der Ältere seinen Sohn dem Maler Michael Wohlgemut in die Lehre, auf daß er ihm drei Jahre diene.

Sie sind ihm nicht leicht geworden, die drei Jahre bei Meister Wohlgemut. Zum ersten Male war er außer Hause. Die Zurückgezogenheit des Vaters und seine eigene sinnierende Art ließen ihn nur schwer unter fremden Menschen sich zurechtfinden. Er vermerkt in der Chronik, daß er von Wohlgemuts Knechten »viel leiden mußte«. Das ist für ihn ein hartes Wort und läßt auf trübe Stunden schließen, die ihn der Übermut der Kameraden kosten ließ. Aber er hält durch. »Gott verliehe ihm Fleiß«, daß er wohl lernte. Ende 1489 ist er frei, und Ostern danach kann er die Wanderschaft antreten. –

So weit das äußere Leben des Künstlers bis nah an die Zwanzig. Wir halten ein, uns umzusehen, welches zur gleichen Zeit die Schicksale seiner Kunst gewesen sind.

2

Als Goldschmied fing Dürer an, in der Werkstatt seines Vaters. Es wäre für uns wertvoll, Genaueres von der künstlerischen Tätigkeit des alten Dürer zu wissen. Aber wir haben nichts in Händen. Kaum Mittelbares. Aus einer Urkunde geht hervor, daß die Goldschmiede Dürer und Hans Krug 1489 für Kaiser Friedrich III. einen Auftrag auszuführen hatten. Der Nürnberger Rat wird angewiesen, »bei dem Hans Krug und Albrecht Türer Fleiß zu thun, daß sie der kaiserlichen Majestät seine angedingte Trinkgefeß fürderlich verfertigen«. Und dann ist da noch ein Brief, den der Vater von einer Reise aus Linz an seine liebe Barbara schrieb. Sein »gnädiger Herr« habe nach ihm in die Herberge geschickt, da habe er ihm »die Bilder« gebracht, die ihm sehr wohl gefielen. Beim Abschied bekommt er ein paar Gulden mit der Weisung: »mein Goldschmied, ge in die Herberg und tu dir gütlich.« Der Brief stammt aus dem Jahre 1492, als der Sohn schon zwei Jahre auf der Wanderschaft war. Die »Bilder« können getriebene Goldschmiedearbeiten sein aus der Werkstatt des älteren Dürer. Ebensogut aber auch wirkliche Bilder, deren Verkauf der Vater nur vermittelte. Für den zweiten Fall besteht die Wahrscheinlichkeit, daß es Werke des eigenen Sohnes waren. Wir haben aus dessen Wanderzeit mittel- und unmittelbare Zeugnisse von Ölbildern, die auf Pergament gemalt waren, so daß sie sich leicht rollen und verschicken ließen. Eines (ein Selbstbildnis) hat mit ziemlicher Sicherheit den Weg von Straßburg zum Vater nach Nürnberg gefunden. Dürer kannte die bedrängte Lage zu Hause. Er kann gut öfters solche Sendungen gemacht haben, den Eltern das Geldverdienen ein wenig zu erleichtern.

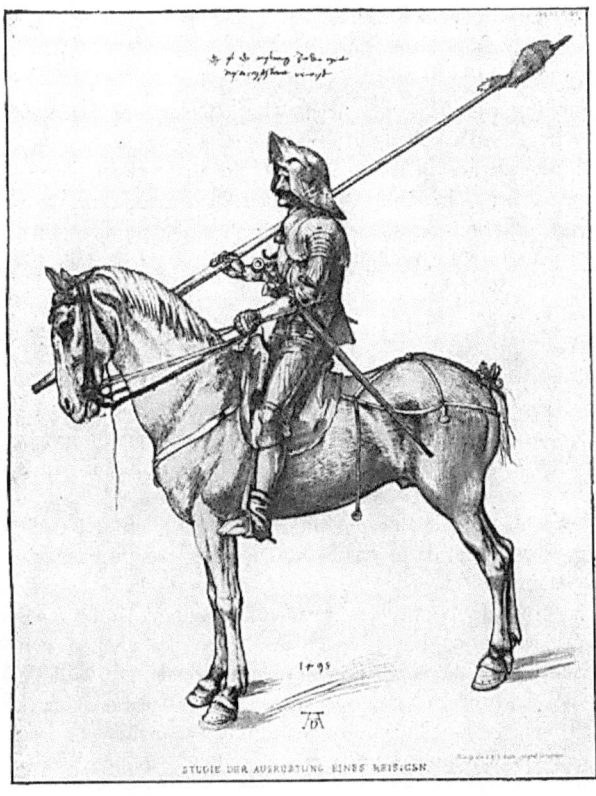

Studie nach einem Reisigen (1498) – Wiener Albertina

Indessen, es bleibt eine Sache für sich, wie man die Stelle deuten will. Irgendeinen Hinweis auf die Tätigkeit des Vaters enthält sie jedenfalls nicht, und wir müssen auf anderem Wege nach genaueren Vorstellungen suchen, was in der Werkstatt des alten Dürer gearbeitet wurde, welche Umwelt also den Sohn damals umgab. Zweierlei Arbeiten konnten den Goldschmied beschäftigen: kirchliche und weltliche. Innerhalb der kirchlichen Stücke ließe sich noch eine besondere, kulturgeschichtlich sehr bemerkenswerte Gruppe ausscheiden. Jener Geist des Spottes und verkappten Widerspruchs, der die Steinmetzen der Gotik oft recht derbe »Architektenscherze« in das Bauwerk einschmuggeln ließ, zeigt sich auch in der gleichzeitigen Goldschmiedekunst bei unaufdringlichem, aber wohl bemerktem Beiwerk. Grade dem Nürnberger Witz lag diese Art. Dem kernfrommen alten Dürer aber war sie ohne Zweifel so wenig entsprechend, daß sie hier nicht in Frage kommt.

Doch auch das ernste, streng kirchliche Kunstgewerbe dürfte im wesentlichen nicht seine Sache gewesen sein. Irgendwelche Nachrichten über Aufträge wären dann doch wohl überkommen. Da sie fehlen, können wir wohl von der Kundschaft, die im Dürerschen Kramladen am Rathaus ein und aus ging, annehmen, daß sie hauptsächlich weltliche Arbeiten dort suchte. Welcher Art die Dinge waren, auf die sich die Nachfrage richtete, zählt eine Art Verzeichnis auf unter einem Holzschnitt mit der Darstellung einer Goldschmiedewerkstatt:

> Ich Goldtschmid mach köstliche ding,
> Sigel und gülden petschafft Ring,
> Köstlich gehang und Kleinot rein
> Versetzet mit Edlem gestein,
> Güldin Ketten, Halß und Arm band,
> Schemen und Becher mancher hand,
> Auch von Silber Schüssel und Schaln,
> Wer mirs gutwillig thut bezaln.

Jede größere Sammlung zeigt uns in Beispielen, wie die Goldschmiede jener Zeit mit den mancherlei ihnen übertragenen Aufgaben fertig wurden. Das gotische Kunstgewerbe, kirchliches und weltliches, ist wie der gotische Dom selbst. Als ein Ausdruck strahlender Pracht erscheint es und verschwenderischer Fülle. Und hier, bei den kleinen Äußerungen der Gotik, kommt es uns zum erstenmal klar zum Bewußtsein, mit welchen Mitteln das erreicht wird. Es ist das gotische Ornament in seiner unerschöpflichen Triebkraft, das den ersten Eindruck bestimmt, und das auch das letzte Wort hat.

Warum nennt man es gotisch?

*

Ein italienischer Künstler, Giorgio Vasari, hat die Bezeichnung eingeführt. In seinem Munde klang es fast verächtlich. Die Begriffe gotisch und barbarisch mochten sich für ihn decken. Gewöhnt an eine kühle, antikische Klarheit, eine Kunst, deren Stimmen in wenigen, leichtfaßlichen Linien geführt wurden, hatte er keinen Sinn für die gotische Formenpolyphonie und ihre unendliche Linienmelodik. Wir verstehen es anders. Für uns ist das Gotische, wenn wir es seiner engeren kirchlichen Beziehungen entkleiden (und grade eine eindringende Betrachtung des Kunstgewerbes zwingt dazu), das Nordische selbst, nur wenig abgewandelt durch die Mundart einer bestimmten Zeit.

Klar unterschieden von der nordischen Ornamentbehandlung ist die des Südens. Die südliche reiht nebeneinander, die nordische bindet. Bei seinem perlschnurartigen Aufreihen ist es der Süden zufrieden, immer die nämlichen Glieder unverändert zu wiederholen. Im Norden dagegen, wo eins aus dem andern herauswächst, bleibt kein Glied dem andern gleich. Die Erfindung kann sich nicht genug tun, immer Neues hier hervorzuholen, das Auge mit immer anderen Wendungen und Windungen zu überraschen. Bis tief in die Bronzezeit, gut 1500 Jahre vor unserer Zeitrechnung, geht das zurück. In folgerechter Entwicklung setzt es sich fort durch alle Zeiten. In der Gotik hat es den Gipfel erreicht. Nie vorher, und auch nachher nicht ward jene Polyphonie fürs Auge so sicher und so vielgestaltig behandelt. Gleichviel, ob wir an einem kirchlichen Weihrauchbehälter oder einem weltlichen Pokal die Formung prüfen: es ist die nämliche Vollendung in beiden, ein Höhepunkt künstlerischer Entwicklung.

Gotische Formgebilde haben Dürers erste künstlerische Eindrücke bestimmt. Mehr als das: die in solchen Formen wirkende Kraft lag ihm im Blute, sie hatte ein Wort mitzusprechen bei allem, was er sann und bildete. Eine Darstellung der Kunst Albrecht Dürers ließe sich denken, die ihren Gegenstand behandelte wie ein Musiker die Aufgabe **Tema con variazioni**. Die Gotik und der ihr innewohnende Formwille ist das gegebene Thema, dem immer neue Abwandlungen geschaffen werden. Der Unterschied ist nur, daß bei einer Variationenfolge die Stücke gleichwertig nebeneinanderstehen und ihrer keins das Thema zu verleugnen sucht. Bei Dürer hingegen ist es ein stetes Darüberhinauswollen, ein ewiger Kampf mit der Gotik. Deutschlands größester Künstler hat zeitlebens gerungen mit Deutschlands ältesten Kunstüberlieferungen: das ist eine Erscheinung, die wohl besonnen und wohl ergründet werden will. Was wollte die Gotik? Was wollte Dürer?

3

Spiralige, sich rankende Gebilde bestimmen wie die Gotik, so jede andere Formkunst nordischer Herkunft. Was war es, was dieser herrischen Ornamentik die Kraft gab, daß sie buchstäblich durch Tausende von Jahren über eine ganze Rasse Macht behielt?

In den frühesten, steinzeitlichen Anfängen ist wohl alles klar. Die Spiralgebilde der Trojaburgen ahmten den Lauf der Sonne nach; dem schamanistisch denkenden Menschen lag daran, diese zauberischen Abwehr- und Beschwörungsmittel überall und immer um sich her zu haben. Warum aber ließ der Nordländer auch dann nicht von ihnen, als der Sichtkreis des Schamanismus längst unter ihm lag?

Wir nehmen ein beliebiges, nordisch ornamentiertes Gebilde der Bronzezeit in die Hand; die Sonnenscheibe von Trundholm, eine Zierplatte, ein Hängegefäß, gleichviel was. Es ist schön, ein solches Werk, es kann »noch heute ein Auge erfreuen, das auf den größten Kunstwerken der Welt geruht hat«. Angesichts solcher Erkenntnis, die jeder voraussetzungslosen Betrachtung sich gibt, begreifen wir es wohl, was der Spiralornamentik im Norden Macht gab über alle Zeiten. Das Strahlen und Flimmern der Sonne ist gebannt in jedem Werk von Menschenhand, das dieser Ornamentik zugänglich ist; rein sinnlich, nicht nur sinnbildlich; und das um so mehr, je lebhafter und wilder die Formen sich verschlingen. Sonne wollte man haben im Land der Nebel, und Sonne schuf man sich in dieser wildwuchernden, »gegenstandslosen« Kunst. Es ist soviel Helles, Freundliches, Lachendes in ihr, und so pflegte man sie unablässig, mochte in den Gefilden des Geistes kommen und gehen, was da wollte. Die Spiralornamentik hat neusteinzeitlichen Gräbern das Düstere genommen, sie hat den heidnischen Tempel verziert wie die germanische Hauswand, sie hat ihr gutes Hausrecht bewahrt in romanischen wie in gotischen Domen, und dort am Altar wie am Portal, an der Monstranz wie am Chorrock. Ja heute noch, da sie von neuem sich regt, scheint ihre Kraft so ungebrochen wie am ersten Tag.

*

Nun aber das andere: wenn die Schling- und Rankenkunst des Nordens dem Auge so viel Sonne schenkte, was konnte der Grund sein, daß immer wieder einmal Künstler auftraten, die gegen sie waren? Was hat Dürer bestimmt zu solchem erneuten Ringen gegen die älteste Kunst seiner Rasse?

Es war mit einem Wort dieses, daß die Ornamentik des Nordens bis auf Dürers Tage hinab wohl eine schöne, doch auch eine »eifrige« Kunst war, die keine andere duldete neben sich. Hier lag eine Gefahr, und Dürer als erster hat sie erkannt in ihrer ganzen Größe. Von einer Gefräßigkeit des Ornaments kann man sprechen. Das wuchernde Ornament, das einen Gegenstand ursprünglich nur umrankt, zehrt schließlich an ihm, ja, es vermag ihn beinah restlos aufzulösen, daß nur sein eigenes Gerank noch übrigbleibt.

Nirgends läßt sich diese zweite, schlimme Eigenschaft des Ornaments klarer beobachten, als in der Behandlung aller figürlichen Gestalt in der Kunst des Nordens. Der Bildzauberglaube hatte denen im Süden schon in der älteren Steinzeit eine erstaunliche Fähigkeit gegeben, Gestalten nachzubilden. Über diese Glaubensform war der Norden längst hinaus, und damit war er auch jener Fähigkeit verlustig geworden. Als dann ein reiner, nicht mehr religiös zweckhafter Kunsttrieb das Verlangen in ihm weckte, auch Gestalten zu geben, da war es jene Gefräßigkeit des Ornaments, die ihm immer wieder das halb schon Gewonnene auflöste in Nichts. Wir sehen es an den Tonfiguren der jüngeren Steinzeit, die sich Glied für Glied bestimmten Ornamenten anpassen, anarten müssen, bis endlich die ganze Figur nur noch ornamental etwas ist. Es ist dasselbe bei den Felsenzeichnungen und -gravierungen der Bronzezeit, beim Gerät der Hallstattstufe, der Tierornamentik, nordischen Schmuckstücken wie den Brakteaten, mittelalterlichen Miniaturen. Geradezu heldenhafte Anstrengungen werden von den unbekannten Künstlern oft gewagt, eine Überlieferung zu durchbrechen, die ihnen das höchste Gebiet der Kunst verschließt. Aber die Überlieferung ist schließlich stärker: die Künstler erliegen.

Die Stufe der Gotik zeigt neben der höchsten Blüte der Ornamentik auch das Ringen in einem Augenblick äußerster Spannung. Welche unheimliche Verdauungskraft entwickelt gerade jetzt die wuchernde Form! Ganze Kirchen konnte sie verschlingen. Das kriecht die Pfeiler hinan, setzt sich fest an den Kapitellen, den Schlußsteinen, nistet im Maßwerk, verästelt Rundstäbe und Rippen, läßt keiner Strebe mehr ihren ungebrochenen Zug, und den Turm vollends hat es ganz und gar ausgezehrt und aufgelöst.

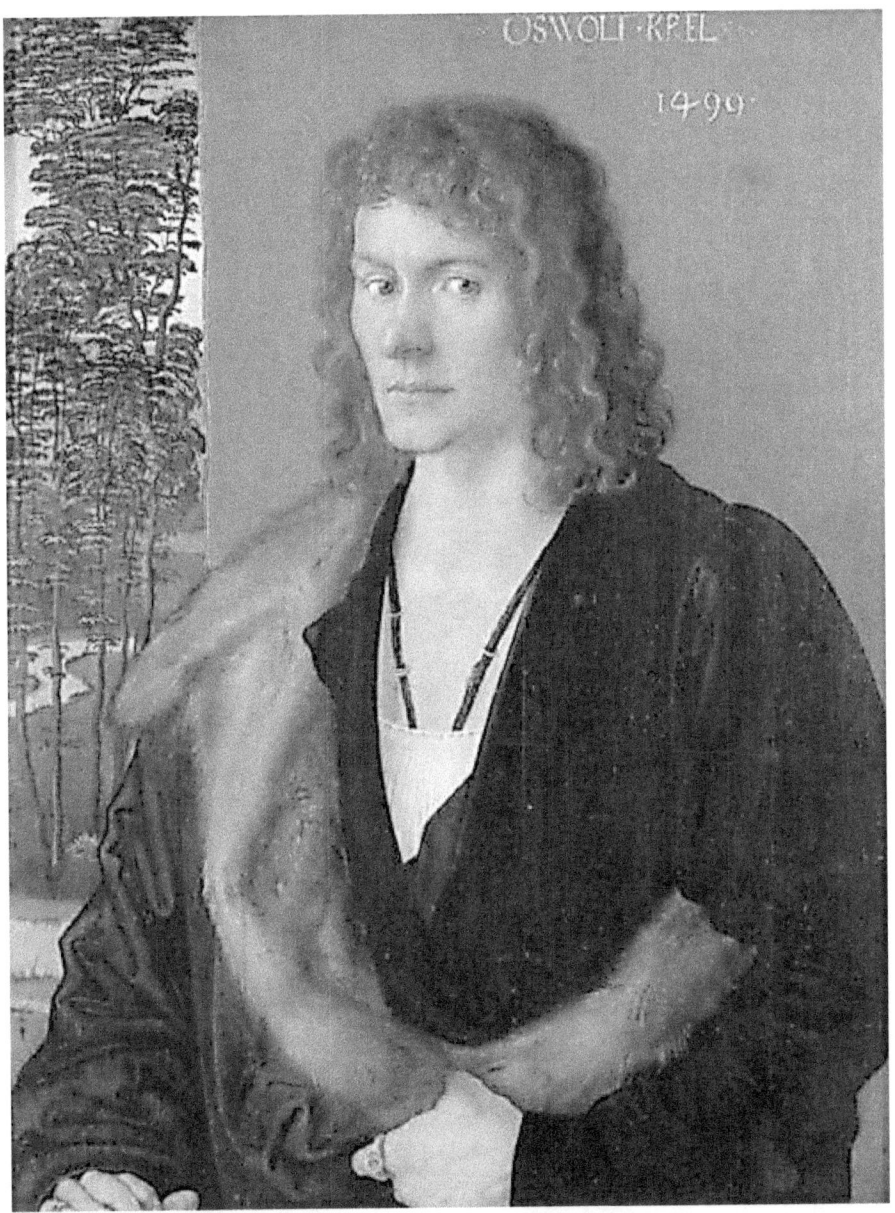

Oswolt Krell (1499) – München, Alte Pinakothek

Die Künstler, die »voller Gestalt« waren, gingen wacker dagegen an. Ihre Gebilde, tierische wie menschliche, heilige und unheilige setzten sie hinein in das Geheck, wo es am dichtesten war. Das aber ist stärkeren Triebes. Die deutsche Kunstgeschichte des 15. Jahrhunderts ist, wie im Ornamentalen ein steter Aufstieg, so im Figürlichen bis nahe ans Ende ein steter Niedergang. Eine Künstelei greift um sich, die alle mühseligen Errungenschaften bildlicher Gestaltung wieder wanken macht. Folgen wir dem Gang der Dinge, so meinen wir, nur wenige Jahrzehnte der Entwicklung damals müßten hingereicht haben, auch den letzten Rest noch zu vertilgen.

4

Das ist der Augenblick, in dem der junge Dürer einsetzt, und mit ihm eine Kraft, die nicht zu brechen ist. Von Anfang an zeigt er den unbeugsamen Willen zur Gestalt. Es beherrscht ihn wie ein Schicksal. Wo irgendein Mittel in Sicht kommt, gegen die Gefahr der Ornamentik anzugehen, da stürzt er sich drüber. Mit heißem Bemühen ergründet er, was die Kunst seiner Zeit, die nahe und ferne, an Andeutungen hergibt und baut es aus. Er geht unter die Gelehrten, wird selbst ein Gelehrter, die Gesetze des Figürlichen sich eigen zu machen. Das läßt ihn nicht los bis an sein Lebensende, hier ringt er, wie nur je ein Mensch mit einer unsichtbaren Kraft gerungen hat. »Ich lasse dich nicht!«

Dürer stand nicht allein. Es wäre unwahr, die Arbeit anderer Künstler, die Entsprechendes wollten, zu übersehen oder zu verkleinern. Allein in Nürnberg haben wir treibende Mächte wie Adam Krafft, Veit Stoß, Peter Vischer. Unabhängig von Dürer, vor allen Dingen vor ihm sind sie in die gleiche Richtung eingelenkt. In allen Kunstmittelpunkten bereitete sich um die Wende des 16. Jahrhunderts ähnliches vor. Was Dürer unterscheidet ist dieses: es wäre ihm nicht schwer geworden, eine bestimmte Renaissanceformel für sich zu gewinnen und auf ihr ein Lebenswerk zu gründen. Die anderen hielten es so. Wohin es hätte führen müssen, zeigt die flämische Malerei, die in Massys, Gossaert, und weiter Scorel und anderen dem von außen übernommenen Schönheitsideal sich so willig fügte, daß sie schließlich dem Ausland hörig wurde, eine der nordischen Art verlorene Provinz.

Das hat Dürer vermieden. Er hat sich nicht verschrieben, über dem neu Erworbenen vergaß er nicht das Gute des Überkommenen. Er ist deutsch geblieben im Empfinden und Gestalten, das Gefühl für das Herrliche der Gotik starb ihm nie dauernd ab. Das aber wurde ihm nur möglich dank jener weisen Fügung des Schicksals, die ihn zunächst in die Schule desjenigen Gewerbes gab, wo die nordischen Formen am unumschränktesten herrschten. In der Sättigung mit ihnen, in ihrer Bewältigung grub sich ihm auch deren Verständnis zutiefst in die Seele.

IV. In der Malerschule

1

Dürer hatte seinen Willen durchgesetzt. Es ehrt den Vater, daß er sich drein gab. Im scheidenden Sohn verlor er eine Kraft, die ihm aus Not und Sorge helfen konnte. Auch ohne des Vaters ausdrückliches Zeugnis wüßten wir es aus dem Werke Dürers selbst, welches Verständnis und welche Erfindungsgabe ihm als Goldschmied eigneten. Was an Einzelheiten allein im Beiwerk der »Offenbarung« steckt, würde hingereicht haben, eine Goldschmiedewerkstatt auf viele Jahre mit Arbeit zu versorgen. Aber der junge Dürer mochte sich dem nicht widmen, sein »Verlangen trug ihn zur Malerei«. Der Vater, des Entsagens gewohnt, sah es ein und gab die beste Hilfskraft seines Lebens fort in fremde Hände. –

Der Werdegang eines Malers war in Deutschland damals wie der jedes anderen ehrlichen Bürgers streng geregelt. Das erste war, daß er sich auf längere Zeit als »Knecht« einem Meister verdang, zunächst das Handwerk zu erlernen, dann ihm verdienen zu helfen.

Von allen, die Dürers Gesichtskreis damals umfassen konnte, wäre der geeignetste Meister Martin Schongauer gewesen. Er hatte eine Feinheit der Beobachtung und eine Behutsamkeit, die Dinge künstlerisch zu nehmen, die einzig in Süddeutschland war. Gewiß kreiste der Zaubertrank der Gotik auch ihm im Blute. Gestalten gibt es von ihm, die einem unsichtbaren Maßwerk eingepaßt scheinen, so unfrei ist ihre Haltung, so geziert fassen sie mit spitzigen Fingern irgend etwas Halbstilisiertes. Schlichte Tierstudien selbst, Aufnahmen nach der Natur unmittelbar, scheinen doch heraldisch angesteckt. Immerhin, der Sieg des rein Ornamentalen war noch nicht entschieden, eine Aussicht blieb offen, ein Weg ins Freie, den eine frische, unverbrauchte Kraft wohl finden konnte. Dürer mochte sich's zutrauen und damals schon sich hingezogen fühlen zu dem Meister, dem er als Wanderer dann wirklich nachging. Jetzt aber durfte er noch nicht daran denken. In Nürnberg hatte er zu bleiben, hier aber gab es für ihn nur den einen Wohlgemut.

Wohlgemut – das war nun einer, der sich wirklich die Folgerungen der Gotik vom Leibe zu halten wußte. Aber mit welchen Mitteln hatte er es erreicht! In allem fast ist er Schongauers gemessenes Gegenteil. Die ganze Menschheit um sich her und alle Heiligen dazu hat er wie in Knittelverse gebracht. Vierschrötige Gestalten, übertrieben in allem Absonderlichen, wirklich kennzeichnend nur, wo sie so recht drauflos häßlich sein können. Ist in Schongauers Werk etwas Stilles und Feines, so benimmt sich die Gesellschaft Wohlgemuts fast wie jene vorauguslichen Deutschen auf der Reise, die durch ein lautes und aufdringliches Benehmen das Gefühl der eigenen Unbeholfenheit zu übertäuben suchten.

Ein gerechtes Urteil darf nicht übersehen, daß in Wohlgemuts betonter Nüchternheit allerdings auch ein gut Teil Gesundheit lebt. Die Vornehmheit nach gotischem Muster griff bereits aus den Bildern über ins Leben, änderte die Tracht und gab sich gewiß auch in mancher Ziererei und Verstiegenheit des Wesens kund. Das mußte Wohlgemut, nach seiner Kunst zu schließen, widerlich sein, dagegen ging er an. Nur so erklärt es sich, daß ihn das nüchterne, weltkundige Nürnberg auch gern gewähren ließ. Ebenso erklärlich aber ist es, daß eine Natur wie Dürer hier in eine menschlich falsche Umgebung geraten war, und daß er schon darum von Wohlgemuts Knechten viel leiden mußte.

Die Schule, die den Malerknaben im November 1486 aufnahm, war nicht Wohlgemuts eigene Schöpfung. Ein älterer Nürnberger Maler, der angesehene Hans Pleydenwurff hatte sie begründet. Als er 1472 starb, heiratete Wohlgemut die Witwe Barbara und kam so in den Besitz des Unternehmens. Unternehmen, so muß man es schon nennen. Wie es heute noch bisweilen in Bauämtern vorkommt, daß »die Firma denkt« und der Vorsteher Arbeiten seiner Angestellten als seine eigenen hinausgehen läßt, so war es damals die Regel in den großen Malerschulen.

Kamen die Aufträge reichlich, so mußte der Betrieb vergrößert werden, und bei der Verschiedenartigkeit der angeworbenen Gesellen konnte dann auch recht verschieden Gemaltes aus der Schule hervorgehen. Dinge, tief unter dem Durchschnitt des Meisters, aber auch solche darüber.

Das Wohlgemutunternehmen hat Beispiele für beides. Die Sammlungen enthalten eine ganze Anzahl auf Wohlgemuts Namen gehender Machwerke, für die man ihn selbst nicht verantwortlich machen kann. Daß er sie überhaupt fortgab, beweist nur, daß entweder die Lieferfrist zu kurz bemessen war, oder der Preis zu niedrig. Daneben aber gibt es ein Werk wie den »Peringsdörffer Altar« (jetzt im Germanischen Museum zu Nürnberg), von einer solchen Feinheit der Arbeit und des Formgefühls, daß Wohlgemut, darüber herrscht nur eine Stimme, als Schöpfer nicht in Betracht kommt. Der Versuch, das Werk einem bestimmten Künstler zuzuweisen, ist bis jetzt nicht geglückt. Gleichviel, ob er nun Wilhelm Pleydenwurff heißt (der Sohn des Hans, in die Werkstatt schon von seinem Vater eingestellt und von Wohlgemut bei der Einheirat mit übernommen) oder sonstwie: wesentlich ist, daß der Peringsdörffer Altar, um 1487 abgeliefert, eben in Dürers Lehrzeit zur Ausführung kam. Irgendeine künstlerische Kraft war also da, von der er mehr lernen konnte als nur das Handwerk. Er hat, wie das Bild seines Vaters dann zeigte, die Gelegenheit genutzt.

Und noch etwas anderes, für seine spätere Arbeit unendlich Wichtiges wurde ihm vermittelt: die genaue Kenntnis der Formschneidekunst, die Vertrautheit mit allen Mitteln und Ausdrucksmöglichkeiten des Holzschnitts.

Auf diesem Gebiet hat nun Wohlgemut ohne allen Zweifel etwas zustande gebracht, das mehr ist als bloßes Unternehmertum, und das ihm seine eigene Bedeutung auch in der deutschen Kunstgeschichte sichert. Den Wert seiner Leistung zu begreifen, müssen wir weiter ausholen und uns die Entwicklung der deutschen Holzschneidekunst bis zu diesem Punkt vor Augen führen.

2

Das Lesenlernen ist dem Nordländer nicht leicht gefallen. Es bedurfte für die Kirche, die im Buche einen ihrer besten Werber wußte, vieler Mittel, die nordischen Barbaren an das Pergament zu fesseln. Was dieses Bestreben allein aus den Schriftzeichen hierzulande gemacht hat, ist jeder Beachtung wert. Die Buchstaben an sich, die Runen waren eine uralt nordische Erfindung. Nur die weltliche Ausnutzung dieser heiligen Zeichen, ihr Massenverbrauch war unbekannt. Um die schnelle Aufnahme ganzer Wortbilder, dem Süden seit zwei Jahrtausenden geläufig, dem Auge zu erleichtern, wandelte man die runengraden Zeichen ab durch jene Schnörkel und Haken, die den großen Vorteil hatten, die Schriftteile untereinander zu binden, wirkliche Wortbilder statt bloßer Buchstabenreihen zu schaffen, und die zudem etwas von der dem Norden eigenen Kunstempfindung in die starren Buchstabengruppen hineinbrachten.

Das gewandelte Schriftbild aber allein hätte es noch nicht getan. Hinzukommen mußte die Kunst des »Illuminierens«. In buntfarbigen Anfangsbuchstaben, Zierleisten und Kleinbildwerk wurden dem Auge Ruhepunkte auf seinem schwierigen Wege geboten. In diesen Oasen fand es nicht nur seine altvertrauten Formenspiele, sondern auch bildliche Bestätigungen des Gelesenen. Und wenn der Illuminierer seiner Feder ganz freien Lauf ließ und aus Eigenem scherzhafte oder auch bissige Anmerkungen gab, so war eine solche Unterhaltung gewiß danach angetan, das Auge mit frischen Kräften wieder eine Strecke Weges weiterwandern zu lassen.

Diese ganze Entwicklung war bereits feste Überlieferung geworden, als in der allgemeinen Spannung jener Volkshunger nach Wissen um sich griff, der schließlich zur Erfindung der Buchdruckerei führte. Noch war das Lesen eine seltene Kunst. Aber man konnte ja anfangen mit dem Bild und der Bildfolge und solchen Blättern, bei denen kurze Beischriften genügten, die leicht einer dem anderen vorlas. Das Schwierige war, ein Mittel zu finden, mit dem sich solche Blätter so zahlreich und so wohlfeil herstellen ließen, daß sie auch wirklich in die breiten Massen kamen.

Die erste Anregung nach dieser Richtung kam von ganz unbeteiligter Seite. In der Weberzunft hatte man gelernt, auf Holzmodel beliebte Stickmuster nachzuschnitzen, die Model zu färben und mit ihnen die kostspieligen Muster einfacheren Stoffen aufzudrucken. Hier sah die Lehr- und Lerngier eine Möglichkeit. So gut wie Stickmuster ließen sich in die Model auch Bilder und Inschriften schnitzen, die dann leicht auf den volkstümlichen Ersatzstoff des Papyrus, das Papier, zu drucken waren.

Für die Zeichnung der Vorlagen kamen in Betracht nur die Illuminierer. Sie wurden herangezogen, und so kam die merkwürdige Verbindung zustande zwischen dem behenden Federspiel der Buchzeichner und dem noch ganz ungeschlachten, eckigen Handwerk der Formschneider. Diese Mischung hat den Stil der ältesten Holzschnitte bestimmt. Der Zeichner mußte sich beschränken auf die Umrisse und die wichtigsten Innenlinien. Schatten ließen sich nur andeuten in wenigen gleichlaufenden Linien, körperliche Rundungen so gut wie gar nicht. Die Drucke sahen wie nackt aus, und nur die kostspieligeren Blätter, denen der Illuminierer mit Farbe einzeln nachhalf, ließen noch etwas ahnen von der vornehmen Herkunft der Schnitte aus dem handgeschriebenen Pergamentbuch.

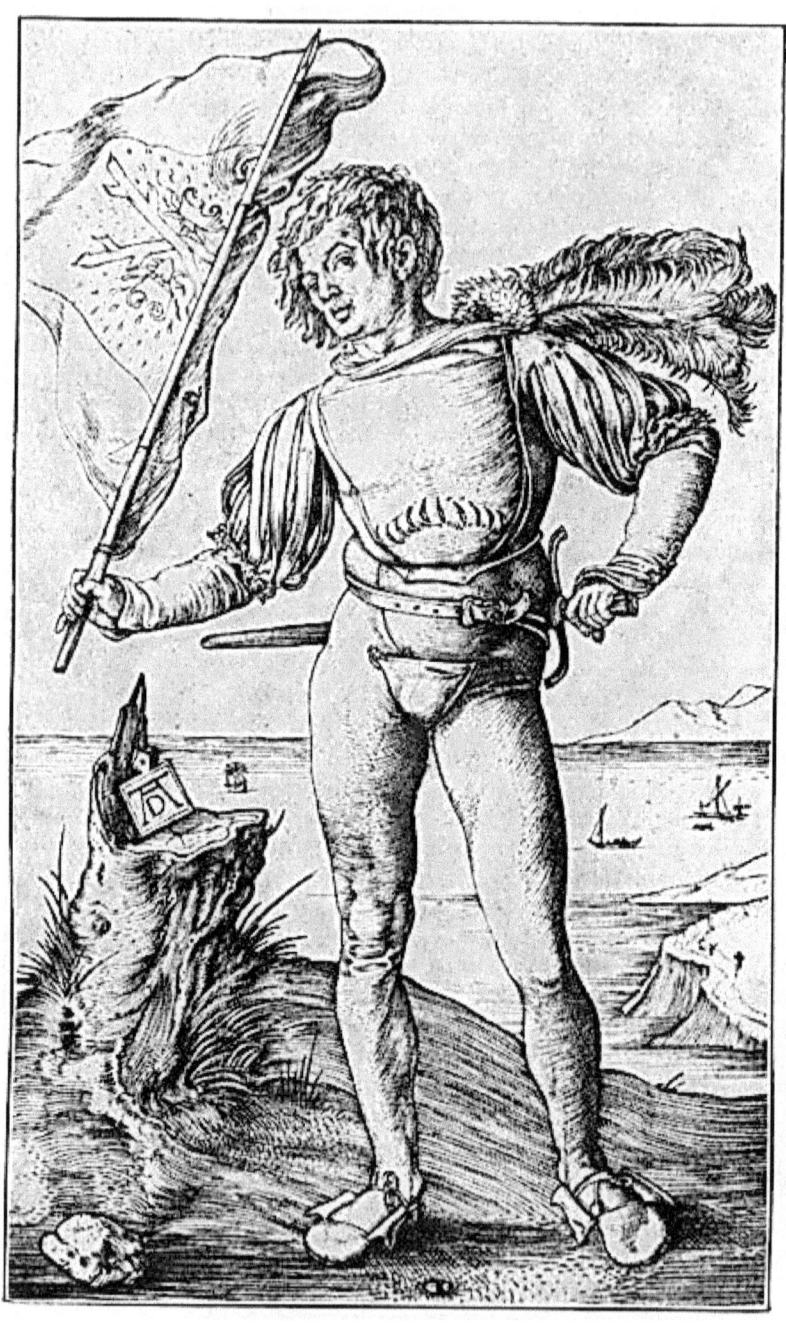

Der Fähnrich (vor 1500)

Es war um 1400, daß das alles geschah. Gewiß waren es nur erst unbeholfene Anfänge, aber der Wille zum Lernen durch Bild und Buchstaben war mächtig, und das Druckgewerbe gedieh. Gegen 1440 war man so weit, daß man schon ganze Reihen von Holztafeln zu »Blockbüchern«

zusammenstellen und dem Volke »Armenbibeln« und Erbauungsschriften, von weltlicher Seite her Unterrichtsbücher und Ähnliches bieten konnte. Weiter waren besonders begehrt Totentänze, die **ars moriendi**, die Kunst zu sterben, im Gegensatz zur heidnischen **ars amandi**, und, wie wir schon wissen, die Apokalypse.

Zehn Jahre später, und Johannes Gutenberg hatte in Mainz seine Chalkographia oder Metallschrift erfunden, dm Druck mit beweglichen Buchstaben. Eine Zeitlang kam die Erfindung nur seiner Vaterstadt zugute. Dann aber machte der Erfolg die Unternehmer rege. In Bamberg, Straßburg, Köln, Augsburg entstanden Druckereien, und jedes neue Werk suchte durch eine besser geschnittene Schrift den Wettbewerb zu überholen. Bis 1480 haben wir bereits in 23 Städten Druckereien, davon allein in Basel 20, in Augsburg 22 Betriebe.

Nürnberg nahm es erst ziemlich spät mit den anderen auf. Die ersten Drucke erschienen um 1475. Sie hatten auf dem großen Büchermarkt kaum höhere Geltung. Da nahm sich der Sache ein Mann an von solcher Tatkraft und solchem Scharfblick für das Wesentliche, daß Nürnberg mit einem Ruck in die vorderste Reihe kam. Es war Anton Koburger, der Pate Albrecht Dürers. Was ihm den Vorsprung vor den anderen sicherte, war nicht der Umfang seines Unternehmens (wiewohl es mit seinen 24 Druckerpressen, von 100 Gesellen bedient, nicht seinesgleichen hatte), und auch nicht die gute Schrift allein. Es war vor allem, daß er im Bildwerk umgestaltend eingriff, indem er diesen Teil der Arbeit den herkömmlichen Handwerkern entzog und mit einem Maler gemeinsam auf neue Wege ausging. Der Maler aber, mit dem er sich zusammentat, hieß Wohlgemut. Das erste seiner wirklich Neues bringenden Bücher war der »Schatzbehalter oder Schrein der wahren Reichtümer des Heils und ewiger Seligkeit«.

3

Die Tat des Wohlgemut auf dem Gebiet der Formschneidekunst ist, daß er die Farbe entbehrlich machte. Noch war die Nachfrage nach farbigen Bildern so stark, daß man ihr das Zugeständnis doppelter Ausgaben machte; »rohe«, das heißt solche in einfachem Schwarz-Weiß, und um das Dreifache teurere »illuminierte«, die farbig ausgetuscht waren. An der sehr oberflächlichen und rohen Weise des Farbenauftrags (es war mehr ein Anstreichen als ein Tönen) ist leicht zu erkennen, wie sehr die Farbe sich überlebt hatte, die bei Dürer dann überhaupt nicht mehr in Frage kam.

Vergleichen wir einen ungetönten, aber noch bunt gedachten frühen Holzschnitt mit einem farblos-malerischen später, so ist auffallend zunächst, wieviel leere weiße Stellen der erste enthält. Der Formschneider konnte eben noch nicht mehr geben als Umrisse und die nötigste Schraffierung. Bei diesem Stand der Entwicklung war die Farbe wirklich kaum zu entbehren. Die Schnitte sind ohne diesen Zusatz nur erst halbfertig.

Ein erstes Mittel, malerisch zu wirken, fand man darin, daß man dem vielen Weiß der leeren Flächen mehr Schwarz gegenüberbrachte. Beim Schuhwerk, Fensterlöchern, dem Laub und Ähnlichem faßte man die dunkleren Stellen zu schwarzen Flocken zusammen, die schon ein gewisses Gegengewicht boten. Die neuere Kunstgeschichte hat im Fall Valloton erwiesen, daß man bei folgerechter Durchführung dieser Arbeitsweise tatsächlich stark malerisch sein kann. Indessen bleibt die Anwendungsmöglichkeit beschränkt, für das erzählende Bild ist sie zu schwerfällig. Da aber das Erzählen das Wesentliche war, geriet man hier auf einen toten Strang.

Viel wichtiger waren die gleichzeitig einsetzenden, nur nirgends recht zu Ende gebrachten Versuche, mit dünneren und dickeren Strichen abzuwechseln. Es war, als ob man in ein bis dahin gleichmäßig laut vorgetragenes Musikstück den Unterschied des **piano** und **forte** hineingebracht hätte. Die Möglichkeit war damit erreicht, den Blick auf das Wesentliche zu lenken, der starren Fläche Tiefen und Rundungen abzugewinnen, eben das, was man dem ergänzenden Illumimerer mit seiner Farbe hatte überlassen müssen.

Hier setzte Wohlgemut ein. Was er und seine Werkstatt dem Holzschnitt Neues gaben, das ist: das An- und Abschwellen der Linien, ihr **Crescendo** und **Diminuendo**. Indem der Formschneider sich gewöhnte, diesen Absichten zu entsprechen, konnte er auch der kleinsten noch leeren Flächen, wo es nötig war, malerisch (im Gegensatz zu farbig) Herr werden. Jetzt erst konnte der Holzschnitt Tiefe bekommen, konnte aus einem nur halbkünstlerischen Verständigungsmittel herangezogen werden zu einem Kunstwerk.

In den 91 Tafeln des »Schatzbehalters« hat Wohlgemut sein Ziel erreicht. Das Buch steht in der deutschen Kunstgeschichte an einem Wendepunkt. Erst 1491, als Dürer schon bei Wanderung war, kam es heraus. Aber die Verbindungen Wohlgemuts mit Koburger reichen nachweisbar zurück bis 1483. Dürer kam also als Lehrling in einen vollen Betrieb hinein und ging die ersten Schritte aufwärts mit.

Wohlgemut blieb in der Ausnutzung seines Verfahrens nicht auf der Höhe des Schatzbehalters stehen. Zwei Jahre später konnte er mit Koburger die Schedelsche »Weltchronik« herausbringen. Der Vergleich mit einem ungefähr gleichzeitigen Holzschnitt Dürers zeigt, daß Wohlgemut dem Schüler auch zu jener Zeit noch etwas geben konnte. Auf eine sprechende Einzelheit wäre besonders hinzuweisen. Allgemeiner bekannt ist Dürers Mittel, den Glanz eines Auges dadurch anzudeuten, daß er ein Fensterkreuz im Augapfel sich spiegeln läßt. Das Mittel ist den Schnitten der »Weltchronik« entnommen. Eins der Leitstücke dort zeigt einen Reichsapfel, als glänzenden Gegenstand dadurch gekennzeichnet, daß er das Bild eines Fensterkreuzes in entsprechender perspektivischer Abrundung auffängt. Von Wohlgemut und den Seinen konnte also der Holzschneider Dürer noch nach 1493 lernen. Und das nicht nur in solchen Einzelheiten, sondern, wie wir noch sehen werden, im Ganzgroßen.

Dann freilich ging er selbständig weiter, in einem Schrittmaß, daß keiner der anderen ihm nachtun konnte.

4

Die Lehrzeit eines Malerknaben war nicht danach, sich viel in eigenen Werken auszusprechen. Das früheste Bildchen Dürers sahen wir. Nur weniges ist von da an bis zur Wanderzeit erhalten. Aus dem Jahre 1485 stammt die Zeichnung einer thronenden Maria mit dem Christkind, zwei musizierende Engel zu seiten des Thrones, im Vordergrund Andeutung von Rasenwerk. Eine Vorlage aus dem Schongauerkreis, vielleicht ein Kupferstich scheint bei dem Blatte anzunehmen. Es ist eine gewissenhafte Arbeit, etwas besonders Dürerisches aber enthält sie noch nicht.

Gleichfalls nach Vorlage gearbeitet ist wohl eine jetzt in London bewahrte Kreidezeichnung, eine stehende Frauengestalt mit einem Falken. Eine unbekannte Hand hat daruntergeschrieben: »Das ist och alt, hat mir Albrecht Dürer gemacht eh er zum Maler kam in des Wolgemuts Haus auf dem oberen Boden in dem hinteren Haus im Beisein Conrat Lomayers seligen.« Möglicherweise stammt das Bildchen, das so heimlich »auf dem oberen Boden« entstand, aus der Zeit, als der Vater mit solchen Versuchen »nit wohl zufrieden« war.

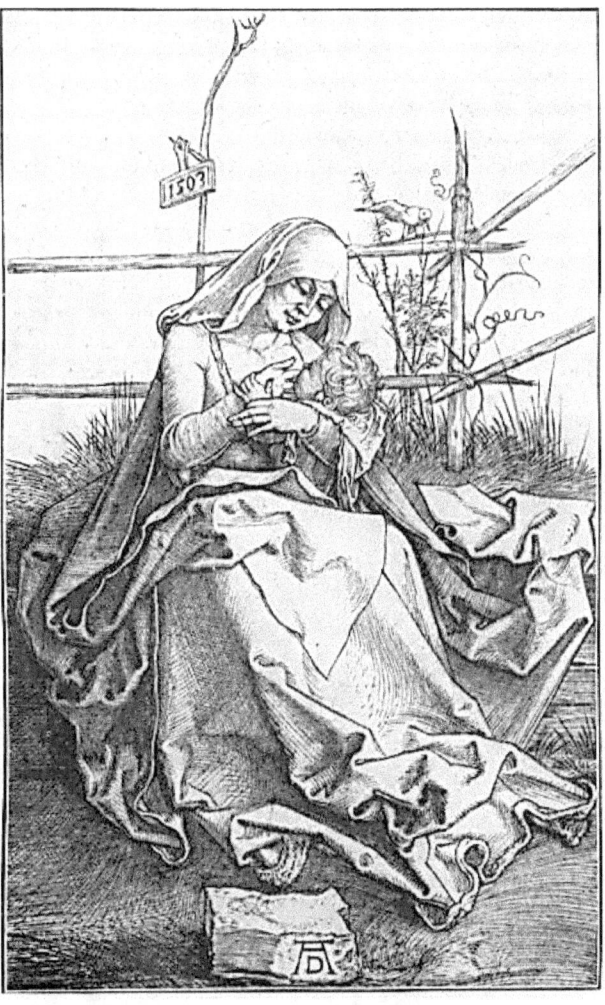

Säugende Maria (1503)

Damit setzt die Reihe der sicher beglaubigten Arbeiten aus bis 1489, dem Jahre, mit dem die Lehre bei Wohlgemut zu Ende ging. Zwei Zeichnungen, ein Reiterstück (jetzt in Bremen) und eine Landsknechtsszene (Berlin) sind Gelegenheitsarbeiten. Bemerkenswert ist einzig die scharfe, kupferstichartige Linie, die eine Andeutung gibt, wohinaus dieser Zeichner eigentlich wollte. Dann aber, kurz vor der Ausfahrt, nimmt Dürer zum erstenmal all seine Kraft zusammen für ein Bildnis seines Vaters (Florenz, Uffizien), ein richtiges Gemälde. Er wollte dem Vater doch zeigen, daß er seinen Entschluß nicht zu bereuen habe. Der alte Goldschmied konnte stolz sein auf die Tafel, denn sie war mehr als alles, was die Nürnberger Maler bis dahin im Bildnis erreicht hatten.

Das nordische Bildnis hat sich entwickelt aus jenen der Kirche geweihten Tafeln, auf denen sich die Stifter selbst in kniender Stellung vor ihrem Heiligen oder vor der Mutter Gottes abkonterfeien ließen. Wirklich charakterisiert sind bei diesen frühesten Bildnissen nur das fromm aufschauende Gesicht und die zum Beten erhobenen Hände. Es waren Gestalten, die nur aus »Kopf, Händen und Falten« bestanden. Kopf und Hände blieben das Wesentliche für die Bildnismaler auch dann noch, als das erwachende Persönlichkeitsbewußtsein nach Bildnissen ohne heilige Umgebung verlangte. Die Hände sollten mit, selbst wenn es nur ein Brustbild war. Sie beteten nicht mehr, sondern hielten irgend etwas in den Fingern oder legten sich auch ruhig übereinander. Aber fehlen ließ man sie nicht gern, denn sie wirklich gut schildern zu können, so persönlich wie auch das Gesicht, war der Stolz des Malers.

Wie einem Stifterbild entnommen scheint auch das Bildnis des alten Dürer. Er hält einen Rosenkranz in den Händen, dessen rote Kugeln der Sohn wohl oft durch diese Finger gleiten sah. Der Blick ist aufwärts gewendet. Man kann ihn sich gut auf ein Muttergottesbild gerichtet denken. Aber es ist doch noch etwas anderes in ihm als nur Andacht. Sehen wir zurück auf den Gesichtsausdruck des dreizehnjährigen Knaben: es ist eine Ähnlichkeit in beiden, die über das bloß Familienhafte hinausgeht. Dieselbe gedrückte, unfreie Stimmung, das Wesen von Menschen, die im Schatten leben. Dürer hat seine Eltern aufs innigste geliebt, in jedem Wort, das er von ihnen spricht, ist das zu fühlen. Und dennoch mag es ihm, dem Neunzehnjährigen, eine Erleichterung gewesen sein, als sich ihm die Tür des Vaterhauses und das Tor der Stadt öffneten und er ins Freie trat – seinem eigenen Schicksal entgegen.

V. Wanderjahre und Heimkehr

1

Und da ich ausgedient hatt, schickt mich mein Vater hinweg, und bliebe vier Jahr außen, bis daß mich mein Vater wieder fordert. Und als ich im 1490 Jahr hinwegzog nach Ostern, darnach kam ich wieder, als man zählt 1494 nach Pfingsten.«

Das ist alles, was der Chronist Dürer von seiner vierjährigen Wanderschaft zu sagen hat. Seine Wortkargheit grade an dieser Stelle muß Neuere befremden. Vier Jahre war er als Wanderbursch draußen, ganz auf sich selbst gestellt, ein junger Mann um die zwanzig. Man denkt sich, das müßten doch die großen Ferien seines Lebens gewesen sein, voll von Erlebnissen, die als Erinnerung ein Leben vorhielten.

Eine solche Vorstellung aber ist falsch. Zur Erholung schickte man die jungen Leute nicht auf die Fahrt, und Wandervogelstimmung kam nicht auf bei einem, der sich sein täglich Brot suchen mußte. Auch eine Studienreise, in der man auf Bildstoff ausgeht wie der Botaniker auf Pflanzen, war die große Wanderzeit nicht. Sie war vielmehr in den meisten Fällen kaum etwas anderes als die Fortsetzung der Dienstzeit in neuer Umgebung. Es konnte sein, daß der Geselle durch viele Städte kam, ehe er die rechte Arbeit fand. Dann aber blieb er auch auf lange Zeit fest, vielleicht für immer. Dürers Vater und ebenso seinem Lehrer Wohlgemut war es nicht anders ergangen. Er selbst wäre vielleicht irgendwo in Deutschland oder in der Schweiz ansässig geworden, wenn der Vater ihn nicht wieder nach Nürnberg »gefordert« hätte.

In welchen Städten aber und bei welchen Meistern hat er die vier Jahre zugebracht?

Wir sind nicht ganz ohne Hinweis. Da ist zunächst das Zeugnis eines Mannes, der Dürer so nahe stand, daß er seine Aussagen wahrscheinlich bei ihm selbst einholte. Es ist der Humanist Christoph Scheurl. In seiner Lobrede auf Anton Kreß bemerkt er, nach beendeter Lehrzeit habe Dürer Deutschland durchwandert und sei dann 1492 nach Kolmar gekommen. Dort hätten ihn Schongauers drei Brüder, die Goldschmiede Kaspar und Paul und der Maler Ludwig, wohl aufgenommen. Ebenso habe er es danach in Basel beim vierten noch lebenden Schongauer, dem Goldschmied Georg, getroffen (»**tandem peragrata Germania cum anno nonagesimo secundo Colmariam venisset, a Caspare et Paulo fabris et Ludovico pictore, item etiam Basileae a Georgio aurifabro, Martini fratribus sumptus sit benigne atque humane tractus**«).

Das wären die ersten festen Punkte: 1492 Kolmar und Basel.

Die zweite Spur leitet nach Straßburg. In einer Bestandaufnahme der Imhoffschen Kunstkammer ist die Rede von zwei mit Ölfarbe auf Pergament gemalten Dürerbildnissen. Das eine: »Ein alter man in ein tefelein ist zu Straspurg sein meister gewest – auf pergamen fl. 4.« Das andere: »Ein weibspild auch in ein tefelein olifarb so dazu gehört gemalt zu straspurg 1494 fl. 3.« Danach war Dürer also 1494, als der Vater ihn einforderte, in Straßburg in fester Stellung bei einem uns unbekannten Meister.

Von den drei Städten Kolmar, Basel und Straßburg kann die erste ihn nicht lange gefesselt haben. Aus demselben Jahr, in dem er dort war, besitzen wir den Stock eines Holzschnittes von Dürer, in Straßburg gefertigt, auf der Rückseite gezeichnet: »Albrecht Dürer von normergk.« Der Schnitt war zum Titelblatt einer Ausgabe der »**Epistolae Sancti Hieronymi**« bestimmt, die 1492 in Basel erschien. Für Auftrag, Ausführung und Buchausgabe müssen wir schon einige Zeit ansetzen, so daß vom genannten Jahr für Kolmar nicht viel mehr übrigbleibt; jedenfalls nicht genug, um die Kupferstichkunst erst zu erlernen, in der er sich also vorher schon ausgebildet haben muß. Die letzten zwei Jahre der Wanderzeit verteilen sich dann auf Basel und Straßburg.

Wo aber war er die beiden Jahre vor 1492?

Ganz kurz: wir wissen nichts als das eine, daß er sich in Deutschland aufhielt, wahrscheinlich (**peragrata Germania**) an verschiedenen Stellen. Er muß vor allem in der Werkstatt eines

Kupferstechers gearbeitet haben, das beweist seine Sicherheit im Stechen gleich im ersten von ihm herausgegebenen Blatt. Bei Wohlgemut wurde der Kupferstich nicht geübt. Der einzige, bei dem er in Nürnberg vielleicht hätte lernen können, war der Bildhauer Veit Stoß, der in den Jahren 1486 bis 88 sich in Nürnberg aufhielt. Es sind zehn Kupferstiche von ihm bekannt, in denen er sich mit allen damals bekannten Mitteln des Handwerks vertraut zeigt. Bei dem großen Altersunterschied (Veit Stoß, geboren um 1440, war ihm um einunddreißig Jahre voraus) ist es indessen nicht wahrscheinlich, daß der Ältere sich mit dem nicht bei ihm arbeitenden Lehrling viel abgab, selbst wenn dieser seinen Unterricht aufgesucht hätte. Andererseits war Wohlgemut viel zu geschäftstüchtig, um eine so gute Hilfskraft wie den jungen Dürer nicht voll auszunutzen. Dürers Erlernung des Stecherhandwerks fällt danach in die ersten beiden Jahre der Wanderzeit. Wo er aber die Kunst erlernte, ob in Franken oder irgendwo am Rhein, läßt sich nicht sagen.

Das eigentliche Rätsel bleibt: warum wandte sich Dürer nicht sofort von Nürnberg nach Kolmar, wo Schongauer (gestorben 1491) damals noch lebte? Zeitlebens hat Dürer eine innige Verehrung für Schongauer gehabt, hat Blätter von ihm noch gesammelt, als er ihn längst künstlerisch überwunden hatte. Seine Anfänge gar sind ganz verwurzelt in Schongauers Art. Die Angabe Scheurls, der alte Dürer habe 1486 erwogen, ob er den Sohn nicht nach Kolmar zu Schongauer geben solle, mag unzutreffend sein: sie bleibt aber gleichwohl ein Zeugnis, welches Verständnis der junge Dürer für den Kolmarer Meister hatte. Warum aber ging er dann, endlich frei geworden, nicht sofort zu ihm nach Kolmar? Wollte er dem Meister nur unter die Augen treten, wenn er das Handwerkliche von dessen eigenster Kunst ganz inne hatte? Auf alle solche Fragen gibt es nur die eine Antwort: Zuverlässiges wissen wir nicht.

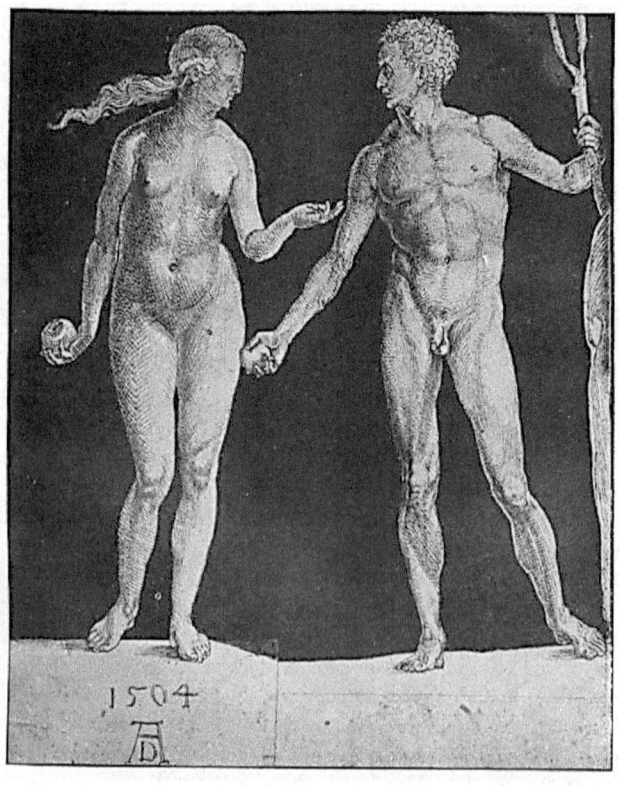

Studie zu »Adam und Eva« (1504) – Sammlung Pierpont Morgan

Die äußere Lebensbeschreibung Dürers hat nach alledem hier Lücken. Sie sind jedoch nicht sehr empfindlich, da uns das beste Teil, die nun einsetzenden selbständigen Arbeiten des Künstlers, im wesentlichen erhalten blieben. Ihnen wenden wir uns zu.

2

Die sicher bestimmbaren Werke aus Dürers Wanderzeit sind nicht zahlreich. Es ist trotzdem nicht leicht, sie entwicklungsgeschichtlich zu ordnen. Wir beginnen mit den zeitlich einwandfrei gesicherten. Es sind ihrer drei, alle gegen Ende der Wanderschaft, unter der Jahreszahl 1493. Die Wiener Albertina besitzt die Deckfarbenmalerei eines lächelnden Christkindes mit goldener Kugel; wie die verschollenen Imhoffschen »Täfelein« ist es auf Pergament gemalt. Das zweite ist ein weiblicher Akt (Paris, Sammlung Bonnat), nach der Natur gezeichnet. Das dritte und wichtigste Stück ist ein auf Pergament mit Ölfarbe gemaltes Selbstbildnis (heute, auf Leinwand übertragen, in Paris bei Leopold Goldschmidt). Von ihm wollen wir ausgehen.

Als Goethe in der Sammlung des Hofrates Beireis in Helmstädt eine ältere Wiedergabe des Bildes sah, die er für das Urstück hielt, beschrieb er es folgendermaßen: »Unschätzbar hielt ich Albrecht Dürers Porträt, von ihm selbst gemalt, mit der Jahreszahl 1493, also in seinem zweiundzwanzigsten Jahre, halbe Lebensgröße, Bruststück, zwei Hände, die Ellenbogen abgestutzt, purpurrotes Mützchen mit kurzen, schmalen Nestelen, Hals bis unter die Schlüsselbeine bloß, am Hemde gestickter Obersaum, die Falten der Ärmel mit pfirsichroten Bändern unterbunden, blaugrauer, mit gelben Schnüren verbrämter Überwurf, wie sich ein feiner Jüngling gar zierlich herausgeputzt hätte, in der Hand bedeutsam ein blaublühendes Eryngium, im Deutschen Männertreue genannt, ein ernstes Jünglingsgesicht, keimende Barthaare um Mund und Kinn, das Ganze herrlich gezeichnet, reich und unschuldig, harmonisch in seinen Teilen, von der höchsten Ausführung, vollkommen Dürers würdig, obgleich mit sehr dünner Farbe gemalt, die sich an einigen Stellen zusammengezogen hatte.«

»Bedeutsam«, sagt Goethe, hält Dürer sein Mannestreu-Blümchen. Was mag es sein, was er mit ihm hat andeuten wollen? Er selbst gibt halbe Antwort in der Inschrift rechts neben der Jahreszahl:

    My sach die gat
    Als es oben schtat.

»Mein Sach die geht, wie's droben steht.« Halten wir alles zusammen, diesen merkwürdigen Spruch, die bedeutsame Blume, die übersorgfältige, fast stutzerhafte Tracht, die so wenig zum Wandergesellen paßt, das versendbare Pergament des Malgrundes, und nicht zuletzt die Jahreszahl 1493, kurz vor der Rückkehr, so ist die von Thausing zuerst ausgesprochene Annahme, die seither in alle Bücher überging, wohl sehr berechtigt, daß der junge Dürer mit diesem Bild sich der Familie seiner künftigen Frau vorgestellt habe. Einen pergamentenen Werbebrief sandte er mit ihm in die Heimat. Eben damals mochte der Vater mit den Schwiegereltern verhandeln, und das eintreffende Bild war vertrauenerweckend. Dürer der Vater forderte den Sohn von Straßburg ein, und gleich nach der Heimkehr wurde Hochzeit gehalten.

Soweit die Bedeutung des Bildes für Dürers Erdenwallen. Nun wollen wir die Stelle suchen, die es in der Reihe seiner Werke einnimmt, und was etwa in seine Nähe gehört. Da ist zunächst bedeutsam wieder »Eryngium, im Deutschen Männertreue genannt«. Es gibt einen früheren Kupferstich Dürers, ein nacktes Weib auf einer Kugel, das linke Handgelenk auf einen langen dünnen Stab gestützt, zwischen den Fingern die genannte Blume. Es ist Fortuna (»die kleine« bezeichnet zum Unterschied von einem entsprechenden späteren Werk). Schon das äußerliche Merkmal der verheißungsvollen Blume, hier wie dort eine Frage an das Schicksal, muß dazu anregen, dem – undatierten – Kupferstich dieselbe Jahreszahl zu geben wie dem Selbstbildnis. Dazu kommt etwas anderes. Wir halten die kleine Fortuna neben die erwähnte Aktzeichnung von 1493: die Übereinstimmungen sind schlagend. Dieselbe Art der Modellierung, des Körpergefühls etwa in den Händen, der verschiedenen nicht grade schönen Körperteile. Geht man ins Einzelne, so ist es kaum zu viel gesagt, nicht nur dasselbe Modell für beide Blätter anzunehmen, sondern sogar in derselben Sitzung die Zeichnung sowie die Vorlage für den Stich sich entstanden zu denken. Nicht einmal das Kopftuch wurde abgenommen, nur eine Schlinge vom Kopf gelöst, so daß es das Modell nun mit dem linken Unterarm (auf der Gegenzeichnung des Stiches ist es der rechte) aufnehmen konnte.

Mit dieser Feststellung haben wir viel gewonnen. Der kleinen Fortuna gehen andere volkstümliche Blätter Dürers voraus; eine Reihe von Kupferstichen, bei denen allen die bestimmte Jahreszahl fehlt. Die feste Einordnung des Fortunablattes läßt sie uns endlich zeitlich genauer bestimmen: sie entfallen sämtlich auf die Wanderjahre. Bevor wir sie im einzelnen durchgehen, muß indessen noch eine kleine kritische Erörterung abgetan werden.

*

Können wir überhaupt von Kupferstichen Dürers vor seiner Heimkehr nach Nürnberg sprechen? Man hat die Frage lange aus einem äußerlichen Grund verneint. Albrecht Dürers berühmtes Zeichen, die ineinandergestellten Anfangsbuchstaben des Namens, taucht in den Handzeichnungen erst auf um 1496, und man nahm an, daß er erst damals es sich gebildet habe. Danach war für die Stiche scheinbar eine untere Grenze gegeben. Höchstens mochte noch der ganz schongauerische erste Stich, »Maria mit der Heuschrecke«, vorausgehen, da hier das eingezeichnete d noch in einer anderen, mehr geschriebenen Form auftritt.

Wenn wir für einen Augenblick einmal ganz absehen von dem Zeichen selbst, so ist die späte Ansetzung schon deshalb unwahrscheinlich, weil die Arbeiten dann mit den sicher um diese Zeit entstandenen arg ins Gedränge kämen. Doch selbst, wenn man das mit einer aufs höchste gesteigerten Tätigkeit Dürers erklären wollte: wie löst sich der Widerspruch im formalen Empfinden mit den Werken Dürers um 1496? Er hatte damals, wie sich noch zeigen wird, seine sehr bestimmten künstlerischen Ziele, die in vollstem Gegensatz stehen zu dem in den frühen Stichen Gewollten. Beides gleichzeitig erstreben konnte er nicht, und so muß das frühe Auftreten des Namenszeichens bei den Stichen, das späte in den Zeichnungen einen anderen Grund haben.

Er ist unschwer zu finden. Die Namenszeichen waren ursprünglich bloße Schutzmarken, aus reinen Rechtsbesitzgründen auf Metallplatte oder Holzstock angebracht. Erst später kam der stolzere Gesichtspunkt des geistigen Eigentums auf, von Italien her den Künstlern übermittelt. So erklärt es sich, daß erst bei der Berührung mit Jakobo dei Barbari, dessen Selbstbewußtsein er als Deutscher nicht nachstehen mochte, Dürer seinen Namenszug auch den Zeichnungen verlieh, während er es vorher in einer bescheideneren Form nur den Stücken für den Markt beigab.

In bescheidenerer Form: das ist wesentlich. Vergleichen wir das stolze Zeichen um 1504 mit dem der ersten Zeit, so erweist es sich nicht nur als räumlich kleiner, sondern auch schüchterner in der Form. Die Schenkel des A laufen oben mehr zusammen, während sie nachher breitspurig auftreten. Eine ganze Chronologie ließe sich ableiten aus diesem rein äußerlichen Merkmal, und sie deckt sich mit dem, was auch der Stilvergleich im Großen sagt.

Gefragt könnte noch werden, warum unter solchen Umständen nicht auch der Baseler Holzschnitt (Hieronymus) gezeichnet sei. Die Antwort ist: hier handelte es sich nicht um ein selbständiges Werk, sondern ein bloßes Titelblatt, bei dem die Schutzmarke überflüssig war. Aus Dürers Meisterzeit kennen wir einen entsprechenden Fall. Als er 1520 das Wappen der Stadt Nürnberg auf den Holzblock zeichnete, fügte er gleichfalls nicht sein Monogramm hinzu, da die Arbeit als Buchtitel (für das Gesetzbuch »Reformation der Stadt Nuremberg«) gedacht war.

In neuerer Zeit hat sich denn auch ein Kunsthistoriker, Jaro Springer, über das Namenszeichen einfach hinweggesetzt und vier frühe Stiche in Dürers Wanderzeit verwiesen. Wenn wir hier die Reihe erweitern bis zur »kleinen Fortuna«, so glauben wir uns dazu berechtigt aus den angeführten Gründen.

3

Mit einem vollen Akkord setzt Dürer ein: »Maria mit der Heuschrecke«. Er muß in der Werkstätte des noch unbekannten Kupferstechers wacker gearbeitet haben, ehe er diesen seinen ersten Wurf gewagt hat. Zwei Zeichnungen sind noch erhalten (in Erlangen und in Berlin), in denen er sich das Stoffliche erst sorgsam überlegte. Die heilige Familie auf und an der Rasenbank ist noch ganz in Schongauers Art. Wo aber hätte der Frühere eine Landschaft gegeben, die so ins einzelne geht! Kerndeutsches Land, in ferne Weiten sich erstreckend, und doch zum traulich engumschlossenen Paradiesgärtlein gewandelt. Gottvater schaut mit Wohlbehagen drein in dieses Tal des Friedens. Man kann es wohl nachfühlen, wie Dürer sich während der Arbeit freute, das dem Meister in Kolmar zeigen zu können. Eine »Auch-ich«-Stimmung wird es schon gewesen sein, nur war sie bescheidener und freundlicher als das **Anch io** des stolzen Italieners.

Zwei Blätter folgen, recht für die Masse gedacht, und doch von einem Künstler, der sich nicht fortwirft. »Das Buhlgeschäft« und die »sechs Krieger«. Der Schwank von dem tölpelhaften Alten, der seinen fragwürdigen Reizen durch Geld nachhilft, und von der geschäftstüchtigen Liebhaberin, die den alten Kerl um seine Groschen prellt, war ein oft behandelter Stoff. Dürer mildert das Possenhafte, er lächelt mehr über den Alten, als daß er lacht. Die bloße Szene wird aus einer Geschichte herausentwickelt. Der alte Kaufherr war zu Pferde unterwegs nach der Stadt da drüben am See, als er die galante Dame am Wiesenrande sitzen sah. Ihre Blicke wirken. Er bindet das Pferd an einen Ast, sitzt zu ihr nieder und tritt in die Unterhandlungen ein. So bekommt das Ganze zum landschaftlichen auch einen erzählerischen Hintergrund.

Dasselbe wiederholt sich beim Blatt mit den sechs Kriegern. Verschiedene Uniformen werden in Beispielen vorgeführt. Die bloße Marktnachfrage hätte sich wohl begnügt mit einer sachlich zuverlässigen Schilderung. Dürer gibt darüber hinaus nicht nur eine »Sammlung von Stehmotiven«, sondern begründet sie auch in einer Erzählung. Je drei Kriegsleute, darunter ein berittener Türke, von hüben und drüben herkommend, treffen sich an der Landstraße. Sie begrüßen sich und tauschen ihre Erlebnisse aus. Zwei Gruppen haben sich dabei gebildet. Der Türke und der Lanzenträger links berichten sich nur, bei den anderen vieren rechts aber spitzt es sich zu einem Meinungsaustausch. Der bärtige Mützenträger in Frontansicht hat sein letztes Wort gesagt und begleitet es mit einer ruhig bestimmten Handbewegung. Gespannt sehen die Leute rechts und links von ihm hinüber, was wohl der mephistophelische Kerl im Federbarett darauf zu sagen hat. – Ein künstlerisch langweiliges Trachtenbild hat sich so unter Dürers Händen verwandelt in eine spannende Szene.

Es folgen drei Blätter voll stillen Ernstes, in denen sich wohl bei jedem anderen Künstler damals viel aufgeregtes Leben gedrängt haben würde: »Der verlorene Sohn«, »Chrysostomus« und »Hieronymus«. Zum Blatt des verlorenen Sohnes ist als kennzeichnend schon früher bemerkt worden, daß Dürer den Verlorenen nicht beim üppigen Gelage geschildert habe, oder als bußfertig Heimkehrenden, sondern in der Einsamkeit (Anton Springer). Er ist dabei, am Trog der Dorfgemeinde die Schweine zu tränken, als es wie eine Erleuchtung über ihn kommt. Mit gefalteten Händen kniet er nieder zum Gebet. Welche Innigkeit in den fest sich umspannenden Fingern, und welche Hingebung in dem verfallenen Gesicht! Wie wird die Ruhe des Büßenden gesteigert durch das hastige Wühlen der Tiere um ihn her! – Beim Betrachten des Dorfidylls mit seinen vielen Einzelheiten von den Vögelchen links oben bis zu den Ferkeln vorn am Bottich soll man eine Kleinigkeit nicht übersehen: die Behandlung der Bäume. Die belaubten sind, ebenso wie bei den vorangegangenen Blättern, noch recht ungeschickt und allgemein, während das sich windende kahle Bäumchen auf dem Gemäuer schon festen Charakter hat. Der Gotik war das unbelaubte Geäst mit seinem zackigen Formendurcheinander verständlicher als die volle Krone. Es ist dem jungen Dürer schwer geworden, sich dahineinzufinden. Er suchte noch, als er beispielsweise im Kleinleben eines Rasenflecks sich schon recht gut auskannte.

Für das Chrysostomusbild ist es bezeichnend, daß man diesem Stich lange die Bezeichnung »Genoveva« beilegte, bis man sich auf den absonderlichen Heiligen besann, der im Mittelgrund links am Boden kriecht. Es ist Sankt Chrysostomus, der Einsiedelmann in der Wüste. Eine

Königstochter verirrte sich einst in seine Höhle. Er tat ihr Gewalt an, und aus Reue über seine schlimme Tat legte er sich die Buße auf, fortan wie ein Tier auf allen Vieren zu kriechen. Dürer hat das Peinliche, das die Leute geschildert haben wollten, zur Nebensächlichkeit herabgestimmt. Er sah nur die einsame Königstochter, die das Vergangene vergangen sein läßt und als junge säugende Mutter ihr Glück im Winkel fand. Die gab er, so still und märchenfriedlich, wie eben eine Genoveva. – Um den Blick offenzuhalten für das rein Formale, sei das eine angemerkt, daß Dürer in der Schilderung des Felsens noch unsicher scheint. Solche wolkenartigen Gebilde wie die Steinmassen rechts hätte er sich später nicht hingehen lassen.

»Der heilige Hieronymus.« Kein Heiliger hat Dürer mehr und tiefer zu denken gegeben, als Sanktus Hieronymus, der, uralte Mann, in Einsamkeit versunken, den nahen Tod vor Augen. Die erste Schilderung ist der schon erwähnte Titelholzschnitt aus der Baseler Zeit. Sie ist noch ohne tieferen Belang. Von der Straße einer gotischen Stadt her, die wir durch die offene Tür gewahren, ist der Löwe mit dem Dorn in der Tatze ins Zimmer gekommen; wie ein Kranker, der gehorsam die Sprechstunde abgewartet hat. Der Heilige empfängt ihn in seinem behaglichen Gelehrtenheim und untersucht den Fall. Damals erst scheint Dürer, angeregt durch die Hieronymusausgabe, sich genauer mit dem Heiligen beschäftigt zu haben, dessen Wesen er dann in seelisch immer tieferer Weise nahekam. In unserem Kupferstich (der wohl auf 1493 anzusetzen ist) bleibt er noch halb anekdotisch äußerlich. Die Kasteiung mit dem Stein ist dargestellt. Doch weder Zerknirschung noch ein Wühlen im Schmerz mag Dürer schildern. Ein gütiger Alter, ganz Hingebung an das Kruzifix vor ihm, das ist der Heilige, wie er ihn fühlt.

Das letztemal, daß Dürer uns ganz auf altgotisch kommt, ist eine Maria auf dem Halbmond. Ein Heiligenbildchen, ins Gebetbuch einzukleben, kaum mehr. Die Mondsichel trägt ein menschliches Gesicht, das von den Füßen der Maria zertreten wird. Dürer hat diesen aus der vergangenen Kunst übernommenen Zug später nur noch einmal angewendet: in einem Marienbild vom Jahre 1508 (in Klammern wäre zu bemerken: es ist ein Irrtum der späteren Kunst, wenn sie die Mondsichel umdeutet in einen Thronschemel der Maria; Maria zertritt vielmehr den Mond nicht anders als auch Michael den Drachen; für den nordischen Volksglauben ist der Mond stets eine feindliche, von der Sonne zu vernichtende Macht).

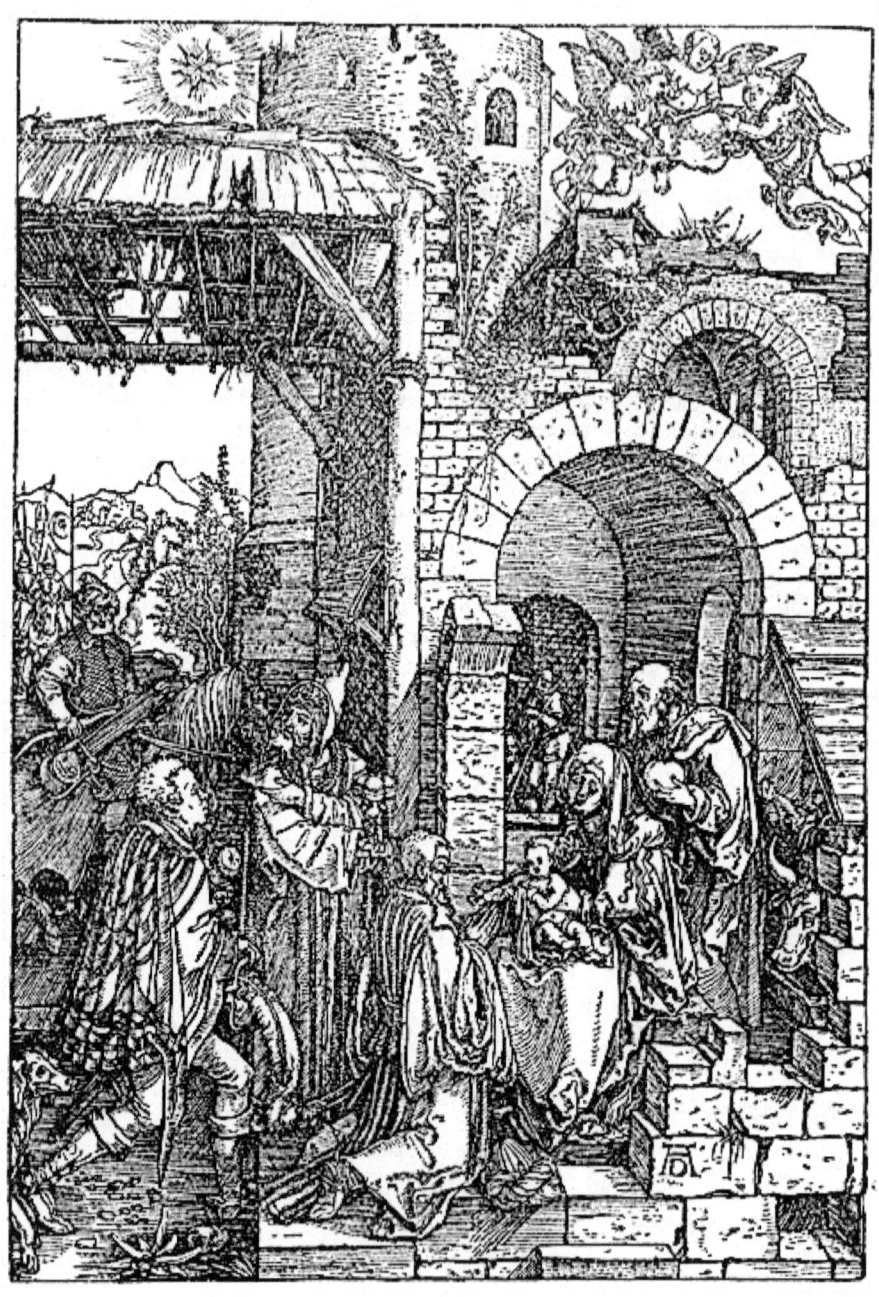

Anbetung der Könige
Aus dem Marienleben

Gotisch, schongauerisch ist alles auf dem Blättchen; die scharfkantige Sichel, die Fragezeichenhaltung des Körpers, und nicht zuletzt der Lichtkranz. Die Strahlen sind noch wie in ein Schnitzwerk eingesetzt. Auch beim Gottvater des ersten Blattes und beim Chrysostomus sind sie nicht anders. Später hat Dürer die Gestalt oder das Haupt mit einem freien Lichthof umgeben, aus dem die Strahlen, nun frei von allem gröber Stofflichen, mit voller Leuchtkraft ausgehen.

*

Das ist der junge Dürer bei der Arbeit. Und nun bleibt noch ein Blatt zu nennen, das ihn uns selbst zeigt; nicht in feierlichem Sonntagsstaat, sondern wie er wirklich daherging durch die deutschen Gaue als junger, Beschäftigung suchender Malergesell. Den Kopf in die Hand gestützt, in einem Augenblick des Mißmuts muß er zufällig sein Spiegelbild gesehen haben. Wie eine fremde Erscheinung sah es ihn an. »Was dachtest du dir, Ewiger, als du mich schufest?« Auch Dürer hatte Stunden dieser Art, und in einer solchen griff er zur Feder, das ihm selbst halb rätselhafte Wesen im Bilde festzuhalten. Es ist das erste Bild des großen Seelendeuters Dürer.

4

Als gehorsamer Sohn kam Dürer zu Pfingsten 1494 nach Nürnberg zurück, und gehorsam fügte er sich in das Schicksal, das ihm hier bereitet wurde. »Als ich wieder anheim kommen war, handelt Hanns Frey mit meinem Vater und gab mir seine Tochter mit Namen Jungfrau Agnes, und gab mir zu ihr 200 fl. und hielt die Hochzeit, die war am Montag vor Margrethen im 1494 Jahr.«

Zwei Familien hatten wieder einen Bund geschlossen. Ohne weiteres verständlich scheint der Entschluß beim alten Dürer. Hans Frey, seines Sohnes »Schwäher«, war ein Mann von Vermögen und Ansehen, Genannter des größeren Rates. Für die Familie Dürer war der Bund sehr ehrenvoll, und Albrecht insbesondere würde es nicht fehlen als Eidam solch eines stattlichen Handelsherrn. Auf der anderen Seite gab den Ausschlag die Persönlichkeit Hans Freys. Er hatte seine künstlerischen Neigungen, liebhaberte in Musik und Bildnerei und bastelte als Erfinder sich allerlei zurecht. Eine Renaissancenatur im Kleinen, die sich schon hingezogen fühlen mochte zu dem wirklichen und großen Renaissancemenschen, der in der Familie Dürer heranwuchs. Fand doch Hans Frey unter seinesgleichen für seine Absonderlichkeiten mehr Spott als Verständnis. Er mußte »unmöglich Widerwärtigkeit erdulden«. Bei den Dürers galt er unbedingt, und der Umgang mit dem Eidam würde ihn wohl dafür entschädigen, daß die Welt ihn so verkannte.

Die Rechnung stimmte wieder einmal für das alte Geschlecht – und wollte wieder einmal nicht aufgehen beim jungen. Glücklich kann man die Ehe Albrecht Dürers mit seiner Agnes nicht nennen. Möglich, daß sie sich an ihrem Lebensabend mehr ineinander schickten. Wenn Dürer 1524 in einer Bittschrift dem Nürnberger Rat vorhält, er und sein Weib wollten alle Tage älter, schwächer und unbehelflicher werden, so ist das die Sprache eines Mannes, der treu zu seiner Ehefrau zu halten willens ist, zugleich aber auch die Sprache eines, der verzichtet hat. Die glücklichste Zeit in Dürers Leben waren ohne Zweifel die anderthalb Jahre in Venedig, die er getrennt von seiner Frau verlebte. In einem seiner Venezianischen Briefe an Pirkheimer beantwortet er einen unflätigen Scherz über seine Frau in einer häßlichen Art, die den Freund noch übertrumpft. Auch wenn man den derben Ton der Zeit in Abzug bringt, spricht diese Stelle doch mindestens von kalter Gleichgültigkeit.

Das Urteil wird bestätigt, wenn man genauer zusieht, was Dürer selbst in Wort und Bild von seiner Frau zu sagen hat. Der Bericht über die Eheschließung ist geschäftsmäßig trocken. Dürer hat sehr warme Worte gefunden für seinen Vater und seine Mutter, ja selbst die »liebe Schwieger« und den »lieben Schwäher«. Nimmt man alles zusammen, was er über seine Hausfrau sagt, so ist nächst der Erwähnung in jenem Ratsbrief das Freundlichste die Beischrift zu einer Zeichnung im niederländischen Tagebuch: »Das hat Albrecht Dürer nach seiner Hausfrau konterfeit zu Antorff in der niederländischen Kleidung im Jahr 1523, da sie einander zur Eh gehabt 27 Jahr.« Es klingt ein wenig wärmer, aber bleibt doch die Sprache eines, der sich abgefunden hat.

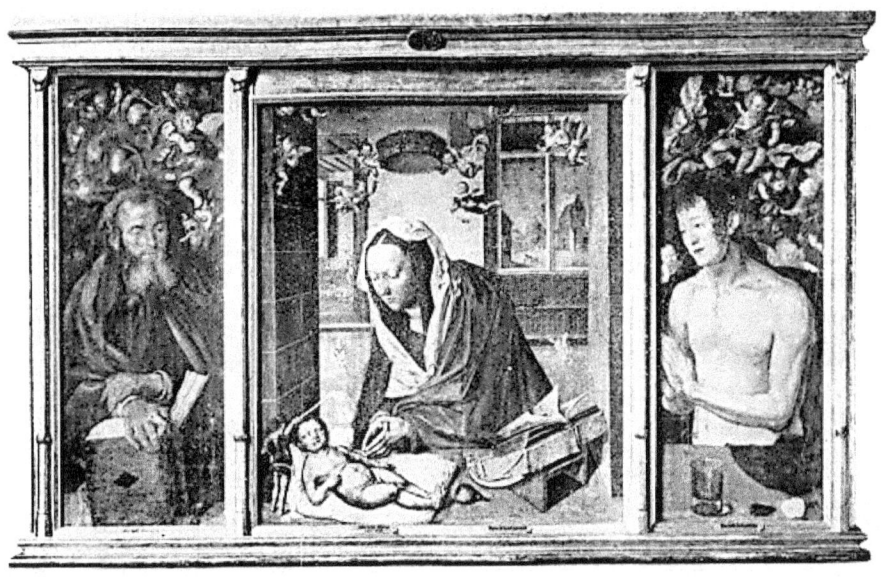

Maria mit dem Kinde, Antonius und Sebastian (etwa 1504) – Dresdner Galerie

Die Bildnisse reden kaum eine andere Sprache. Das liebenswürdigste ist noch das erste, Agnes als ganz junge Frau, vielleicht noch als Braut, an einem Tische sitzend (Wiener Albertina). Die Federstriche sind ganz flüchtig hingesetzt, wie ein scherzhafter künstlerischer Überfall wirkt das Ganze, fast denkt man an die Handschrift Wilhelm Buschs. Dann gibt es drei Zeichnungen aus dem Jahre 1500 mit den Erläuterungen: »Also geht man in Häusern Nürnberg«, »also geht man zu Nürnberg in die Kirche«, »also gehen die Nürnberger Frauen zum Tanz«. Wie schon die Inschriften sagen, war es Dürer hier mehr um die Trachten der Frau Agnes zu tun als um diese selbst. Ein weiteres Blatt, vier Jahre später, meldet von der zunehmenden Rundlichkeit der Frau Agnes. Schließlich die Skizze von der niederländischen Reise, das Bildnis einer gealterten Frau mit strengem Blick und harten Zügen – das ist die Hausfrau Albrecht Dürers.

Macht man den Überschlag, so ist es kaum nötig, die Zeugnisse anderer einzuholen. Die Lebensbeschreibungen machen viele Worte von einem Brief Pirkheimers nach Dürers Tod, in dem er gegen Johann Tscherte, kaiserlichen

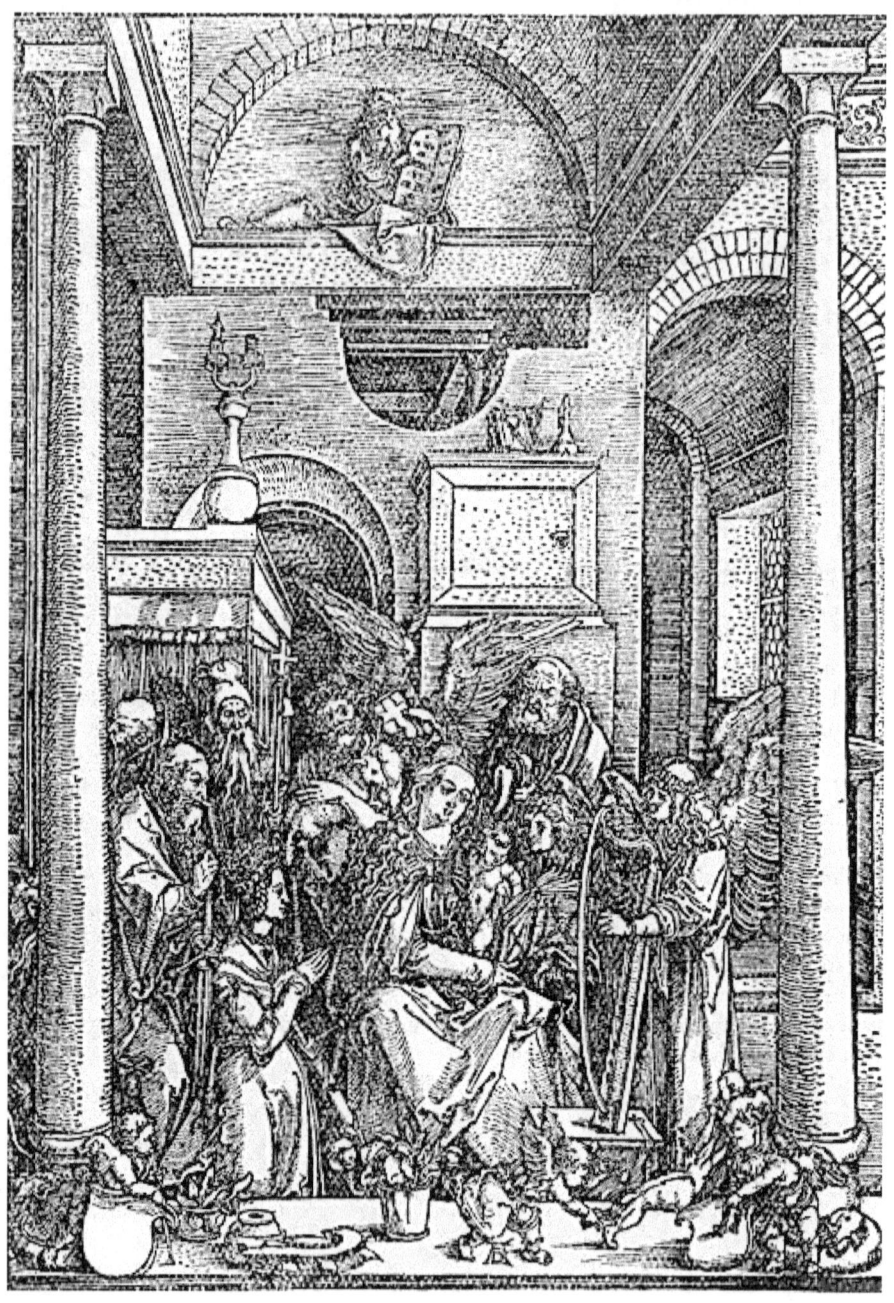

Verehrung der Maria
Aus dem Marienleben

Baumeister zu Wien, bittere Klage führt wider die Dürerin. Nebenher wird erwähnt, daß sie ihm zwei Hirschgeweihe aus dem Nachlaß ihres Mannes verweigert habe. Es besteht kein Grund, Pirkheimers Bemerkung, daß ihm an dieser Kleinigkeit schließlich wenig gelegen sei, zu verdächtigen. Es ist die reine Wahrheit, wenn er sagt, kein anderer Verlust auf Erden habe ihn so schwer getroffen als Albrecht Dürers Tod. Nur aus dieser Liebe heraus fand er so schwere Worte gegen eine Frau, die durch ihre Ungeselligkeit den Mann dem Freundeskreis entfremdete. Aber war darum, trotz allem und allem, Frau Agnes wirklich nur die böse Sieben, die Xanthippe, als die sie die geschäftigen Deuter des Allzumenschlichen sie immer wieder schilderten?

Auch kleine Naturen haben ihr Schicksal. Dürer hatte nicht den richtigen Lebenskameraden gefunden in Frau Agnes, das ist gewiß. Aber auch die Dürerin hatte es verfehlt. Tüchtig, ehrbar und auf ihre Art das Gute meinend, ist sie immer gewesen. Es war nicht ihre Schuld, wenn ein Familienbund sie in die falsche Bahn zwang. Auch sie hat am Leben gelitten. Kinder, die ausgleichen konnten, sind dieser Ehe nicht geworden. Albrecht Dürer sowohl wie seine Frau übernahmen eine Pflicht, als sie am 7. Juli 1494 in das Haus unter der Vesten ihren Einzug hielten. Sie sind ihrer Pflicht treu geblieben bis ans Ende, beide Teile, das muß uns genug sein.

VI. Die neue Zeit

1

Es war ein anderes Nürnberg, in das Dürer nach seiner Wanderfahrt eintrat. In einem schnelleren Zeitmaß als früher hatte man inzwischen dort gelebt, vieles war entwertet, anderes ins Licht gerückt. Auch stumpfere Augen als Dürers hätten es wahrnehmen müssen, daß vier Jahre des Fernseins hier etwas Besonderes waren.

Es ging hart auf 1500, die Geister schieden sich. Der Fanatismus der Kirche hatte sich erhitzt bis zu den Schrecken der Ketzergerichte. Innozenz VIII. ließ gegen Deutschland seine zornerfüllte Bulle los »**summis desiderantes**«. Das Buch vom Hexenhammer, 1439 erschienen, verwirrte die Geister vollends. Inquisitoren wie Sprenger, Krämer und Gremper machten sich an die Arbeit; den Rhein entlang loderten Scheiterhaufen empor. Es war dieselbe Zeit, da Savanorala in Italien wütete und in Flammen aufgehen hieß, was denen im Süden das Leben schön und begehrenswert machte.

Scheiterhaufen für die Kunst, das blieb dem Norden wohl erspart. Auf eine andere Art aber drohten die Mächte der Tiefe bei uns das Schöne zu vernichten: die Kunst wurde dämonisiert. Wir haben ein Werk, das wie ein Sinnbild die ganze Bewegung in eins zusammenfaßt: die Versuchung des heiligen Antonius, ein Kupferstichblatt Martin Schongauers. Wie die neun Unholde da die edle Gestalt des Heiligen von allen Seiten anfauchen, an ihr zerren und kratzen und sie mit Knütteln bedrohen, so grimmig wurde der ganzen deutschen Kunst und ihrem Willen zur Reinheit und zur Größe zugesetzt. Schongauer war der lautersten einer. Daß es auch ihn erfaßte und schon seinen künstlerischen Stil zu ändern begann (welche Unruhe und welche Kleinigkeit ließ er selbst in ein so stilles Blatt hinein wie den »Tod der Maria«!), das zeigt, welchem Verfall die ganze nordische Kunst preisgegeben war, wenn sie erst das Gruseln lernte und an Gespenster glaubte.

Doch schon war die Läuterung bereitet. Sie ging vom nämlichen Lande aus, das soviel Unheil in die Welt entsandte. Es gab ein zweifaches Rom. Jenes eine düster brütende, das die Geister niederhalten wollte und Mönche ausschwärmen ließ wie eine schwarze Rattenplage. Daneben aber war noch ein anderes Rom, ein scheinbar seit Jahrhunderten schon ausgestorbenes, das doch im Geist und in der Wahrheit noch lebendig war: das Rom der alten Welt, die alte Welt selbst. Auch das hatte geistige Kräfte zu entsenden. Sie wirkten in den großen Gedanken der Antike, die aufgezeichnet standen in den Büchern, und in ihrer großen Art, Natur zu sehen und zu fühlen, von der ein jedes überkommene Bau- und Bildwerk Zeugnis gab.

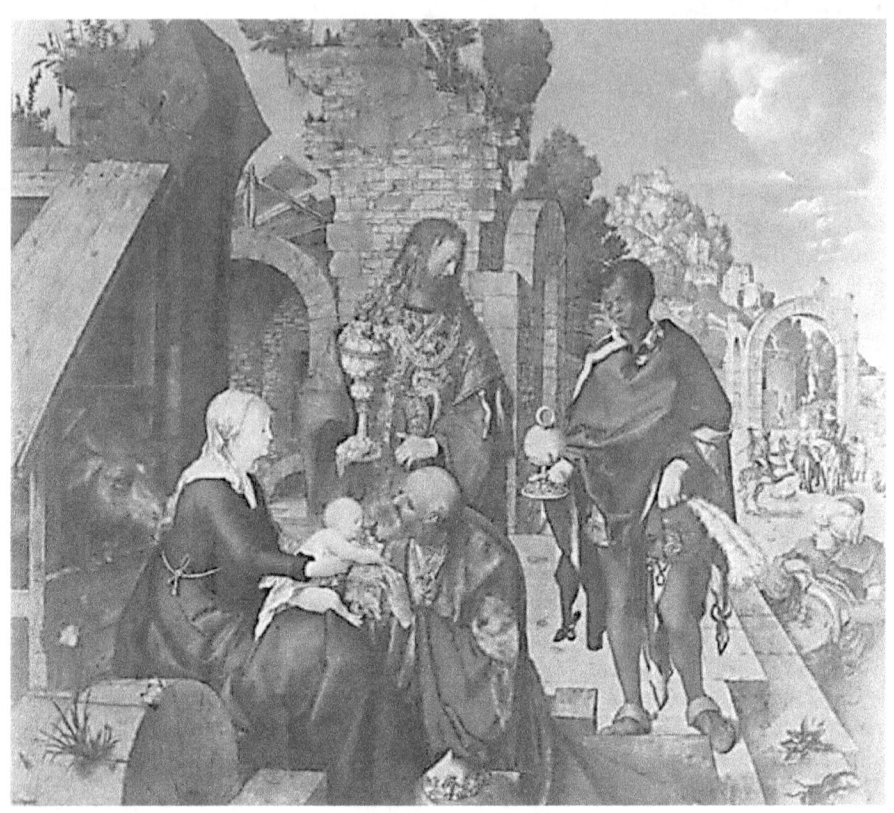

Anbetung der Könige (1504) – Florenz Uffizien

Das wühlende Rom der Unterwelt war von Anfang an erfüllt von unauslöschlichem Haß gegen die stille Reinheit der Antike. Es empfand sie als eine stumme Widerlegung der eigenen Art, mit der sie erbarmungslos aufräumen müßte. Doch nicht in offenem Kampf geschah das. Wie ein verzerrtes Christentum bei uns erst seine Heiligen umkleidete mit heldenhaften Zügen, um sie dann desto sicherer langsam zu zersetzen, so gingen im Süden dieselben Gestalten fürs erste eine Truganpassung ein mit der adeligen Marmorwelt der Alten, die sie dann so tückisch zu Fall gebracht hat. Man zertrümmerte die reinen Gestalten als böse Götzenbilder und setzte an ihre Stelle molochstarre Gebilde, die alle Sinne bannten. Noch um 1390 konnte zu Siena ein Werk des Lysipp zerschlagen werden, da man des Glaubens war, das Wohlgefallen am heidnischen Bilde habe den Zorn des Himmels erregt und einen Kampf der Stadt zum Bösen gewandt. Wie ein verpestetes Aas, das Krankheitskeime ausschwärt, schaffte man die Stücke heimlich auf Feindesgebiet.

Es war der letzte Sieg des Wahnes. Das Land wurde wach, und von großen Männern hinangeführt erlebte Italien jene Auferstehung der Kunst, die wir die Renaissance nennen. Es war ein Sieg des freien Geistes über die Mächte der Finsternis.

*

In anderen Formen als in Italien ging die Bewegung bei uns ihrer Wege. Bildhaft war das Wiedererwachen im Süden, bildhaft mußte es sein bei der vieltausend Jahre alten Gewöhnung südlicher Völker, das Religiöse gestaltlich zu empfinden. Das fehlte dem grüblerischen Norden, der zu neuem Leben erstand vorerst noch nicht im Bilde, sondern nur im Gedanken.

Der »Humanismus« setzte ein. Auch Italien kannte ihn wohl, und es kannte ihn vorher, dort aber greift er nicht tief. Als eine Art Sport wird er geübt von wenigen vornehmen Geistern, die eine Wirkung aufs Volk eher meiden als suchen. Nur ihrer selbst bedacht, sind sie trotz ihrer Gelehrtenarbeit solcher Irrungen fähig wie der seelisch wenig reinliche Poggio. Das war im ernsten Norden nicht möglich. Wohl haben auch wir einen Mann bloß geistigen Sportes und gedanklicher Gymnastik: Erasmus von Rotterdam, der Zeit seines Lebens ein Halber blieb, beschränkt in eitler Ichsucht. Immerhin, bis zur nackten Aretingesinnung durfte auch er sich nicht gehen lassen.

Alle anderen Geister nächst dem aus Rotterdam begnügen sich nicht an sich selbst. Sie suchen zu wirken, erzieherisch das Volk zu klären durch Buch und Schule. Und ob sie gleich nicht alle den Mann der Erfüllung begriffen, der dann das ganze Volk aufrüttelte, den Wittenberger Mönch: sie haben das ihre getan, das große Werk ihm vorzubereiten. Sie schrieben und dachten wohl gar in Roms verklungener Sprache und änderten ihre Namen auf Griechisch oder Lateinisch. Das hat sie nicht gehindert, mit ganzer Seele sich in die Geschichte ihrer Heimat zu versenken. Ein Wimpferling, Beatus Rhenanus, Pirkheimer, Celtes haben die Grundlage unseres geschichtlichen Wissens, unseres völkischen Bewußtseins geschaffen. Und darum empfinden wir richtig, wenn wir beim Klang des Wortes Humanismus die Stimmung fühlen »es naht schon gen den Tag«. –

Nürnberg hielt sich dem Humanismus lange fern, ja es lehnte ihn ab. Bei der steten Verbindung mit Oberitalien mochte mm ihn nur in der dort üblichen Form kennen, als eine dünkelhafte, kalt ausschließende Gelehrtensache. Das konnte der Nürnberger Geist nicht vertragen. Die Abneigung ging so weit, daß ein Nürnberger Gesetz den Trägern des Doktorhutes, gleichviel aus welcher Familie, den Beitritt zum Rat verwehrte. Der sächsische Humanist Schneevogel hatte von seinem Standpunkt aus völlig recht, wenn er Nürnberg eine Stadt der Krämer schalt. Erst gegen Ende der achtziger Jahre hatten es die gelehrten Söhne der Stadt mit vieler Mühe so weit gebracht, daß auch in Nürnberg ein humanistischer Kreis sich halten konnte. Nun allerdings ging es um so schneller vorwärts. Wenige Jahre später bereits stand Nürnberg im leitenden Gliede.

*

Der Humanismus hatte die Geister geschult, und nun konnte in Deutschland der freie Sinn einer kirchlich nicht mehr gebundenen Welt sich auswirken auch im Bilde. Wir kennen die Hemmungen, die hier wider ihn standen. Es war nicht nur die Fratze des Aberglaubens. Viel schwerer lastete die uralte Überlieferung einer gestaltenfremden, im Ornament sich ergehenden Kunst, die eben damals als gotischer Absolutismus alle Kräfte sich zu Willen machte. Wie wurde man der Schwierigkeiten Herr?

Die Bildner sind die ersten, die sich durchzuschlagen wissen. Sie leiten das Formengerinsel ihrer Statuengewänder in wenige, ruhig fließende Ströme und geben der Gestalt selbst mehr Halt, mehr Rückgrat gegen die Gotik. An vielerlei Stellen gleichzeitig kommt der neue Formwille auf, und viele Namen wären zu nennen. Der Meister der Blutenburger Schloßkirche, Michael Pacher, Erasmus Graßer, Tilman Riemenschneider, Veit Stoß. Sie alle erscheinen mittel- oder unmittelbar Italien verpflichtet; wir sind es der Wahrheit schuldig, das ohne Vorbehalt zu sagen. Auch wo ein Vereinzelter anknüpfen konnte an eine heimisch örtliche Überlieferung, da war die Überlieferung selbst doch einmal geschaffen durch eine südliche Schulung, deren kein Nordischer fürs erste entraten konnte.

Veit Stoß, so sagt man, habe der neuen Art in Nürnberg Bahn gebrochen, als er 1496 nach längerer Abwesenheit aus dem Osten zurückkam und »alsbald weitere Kreise in den Wirbelwind seiner stürmischen Genialität hineinriß« (Wölfflin). Es mag zutreffen für die Bildnerei, und am schnellen Aufstieg eines Adam Krafft oder Peter Bischer ist er gewiß nicht ohne Verdienst. Doch es war schon gearbeitet worden, ehe er kam, seine Saat fiel auf gelockerten Boden.

Wir müssen hier noch einmal zurückgreifen auf Wohlgemut und seine Tat im Formschnitt. Wenn etwas bezeichnend ist für die Kraft, mit der es die Geister herumriß, so ist es die Wandlung in Wohlgemuts Werkstatt. Vom rein Handwerklichen wurde gesprochen. Damit aber ist die Sache noch nicht abgetan. Die Umgestaltung wurde geleitet von einer antiker Form sich nähernden Behandlung des Figürlichen, die alle wertvolleren Abbildungen der »Weltchronik« in Gegensatz bringt nicht nur zur herkömmlichen Gotik, sondern in Gegensatz auch zu der spießigen Kleinlichkeit und dem lauten Naturburschentum, in denen Wohlgemut vorher befangen war. Und zu diesem Fortschritt gab der Humanismus die Anregung. Der Träger des Doktorhutes, Hartmann Schedel, war zugegen bei der Vorbereitung seiner »Weltchronik«, er hatte mitzusprechen bei der Buchausstattung und arbeitete im Einverständnis mit dem Künstler, wie dieser mit ihm. Schedel hatte in den Jahren 1463 bis 66 die Universität zu Padua besucht, sein Aufenthalt dort fiel »gerade in die Jahre, da Andrea Mantegna mit Hilfe gelehrter Freunde von der Universität seine antiquarisch-realistische Renaissance ausbildete« (Thausing). Als Sammler, der er war, hat er ohne Zweifel auch Stiche mit nach Hause gebracht, und es ist unrecht, die künstlerisch anregende Kraft des Humanismus hier irgend verkleinern zu wollen. Wie hätte auch Dürer bald nach seiner Heimkehr in ein so inniges Freundschaftsverhältnis zu den Nürnberger Humanisten kommen können, wenn sie ohne innere Beziehungen waren zur bildenden Kunst!

2

In dieses, dem gefürchteten Jahr entgegengehende Nürnberg mit all seinen religiösen Spannungen und seinen künstlerischen Hoffnungen kehrte Dürer nun heim. Seine große Seele nahm beides in sich auf, die bange Not der Zeit wie die Freude an der Welt trotz allem. Wie er jenes eine auf sich wirken ließ, bis es gereift war zum Offenbarungswerk, das sahen wir. Nun wollen wir auch der anderen Entwicklung folgen, die Dürer gleichzeitig pflegte und mit der er der Gotik, soweit sie seinem Willen zur Gestalt gefährlich war, ein Gegengewicht bot.

Kein deutscher Künstler der Übergangszeit, das wurde schon gesagt, ist ausgekommen ohne Italien. Dürer hatte wohl versucht, den scheinbar kürzesten Weg zu nehmen, den zu der Natur unmittelbar. Seine Aktzeichnung von 1433 und die kleine Fortuna sind Beispiele dafür. Er mochte etwas auf sie halten und von hier aus weiterzukommen hoffen. Als er indessen mit gereiften Augen wahrnahm, was sich inzwischen in Nürnberg künstlerisch begeben hatte, sah er ein, daß er damit allein nie würde erreichen können, was er an Möglichkeiten in der neuen Kunst umschlossen sah. Als sicher dürfen wir annehmen, daß die Arbeiten bei seinem alten Lehrer Wohlgemut das erste waren, in das er sich gründlicher vertiefte. Das aber mußte ihn zu Schedel und den Humanisten, und damit zu Mantegna führen. Mit der ganzen Begeisterung seiner fünfundzwanzig Jahre schloß er sich dem Italiener an. Mantegna ist neben Schongauer der Künstler, von dem er zumeist in seiner Jugend lernte.

Eine Allgemeinbemerkung darf hier eingeschaltet werden. Es ist bedauert worden, daß Dürer in jener entscheidenden Zeit einem Mantegna sich so willig hingab. Es habe sich gerächt, daß er dessen Formgrammatik auswendig lernte und sie seiner so ganz anderen Welt für eine Zeit lang gewaltsam aufzwängte. Nötig sei das nicht gewesen, und im Grunde sei das ganze Zwischenspiel Mantegna ein bloßer Zufall. Demgegenüber ist zu bemerken, daß es solche Zufälle in einem wirklich starken Künstlerleben überhaupt nicht gibt. Auf seinem zielsicheren Weg zur Gestalt hat Dürer Jahr für Jahr nur das angenommen, was ihm auch taugte. Er war blind für Dinge, die er künstlerisch noch nicht verarbeiten konnte, und von vollendeter Gleichgültigkeit gegen das, was schon unter ihm lag. Zwei Beispiele mögen genügen. Im Jahre 1486, seinem letzten Lehrjahr in des Vaters Werkstatt, schenkte der Prediger Stephan Fridolin dem Nürnberger Rat eine Sammlung antiker Münzen, die der alte Dürer auf Tuchers Geheiß zu vergolden und zu versilbern hatte. Albrecht Dürer, damals mit dem Entschluß sich tragend, ein Maler zu werden, muß die Stücke gesehen haben, er konnte durch sie in eine erste Fühlung zur Antike kommen. Aber es wurde nichts daraus, weil Dürer so weit noch nicht war. Und hätte er jedes einzelne Stück in sorglichste Arbeit genommen, so wäre aus der Berührung noch längst keine Fühlung geworden, weil der triebsichere Organismus eines wirklichen Künstlers Fremdkörper überhaupt nicht annehmen kann.

Einen anderen Beleg gibt Dürers spätere Zeit in Venedig. Die lange Liste der damals dort schaffenden Künstler wird immer wieder aufgezählt, und mit Erstaunen dabei vermerkt, wie wenig Dürer auf sie eingeht, wie er nicht einmal des Giorgione oder Tizian gedenkt. Zu staunen gibt es da eigentlich nichts. Es ist nur die Selbstverständlichkeit des Schaffens, die Dürer so und nicht anders handeln ließ. Sie müssen wir begreifen lernen, um einzusehen, daß Mantegna in der Entwicklung Dürers weder ein Zufall noch ein Unfall genannt werden kann, daß er den Weg zu ihm unter allen Umständen zur rechten Zeit gefunden hätte, und daß er dann nicht kürzer und nicht länger bei ihm aushielt, als ihm das zugemessen war.

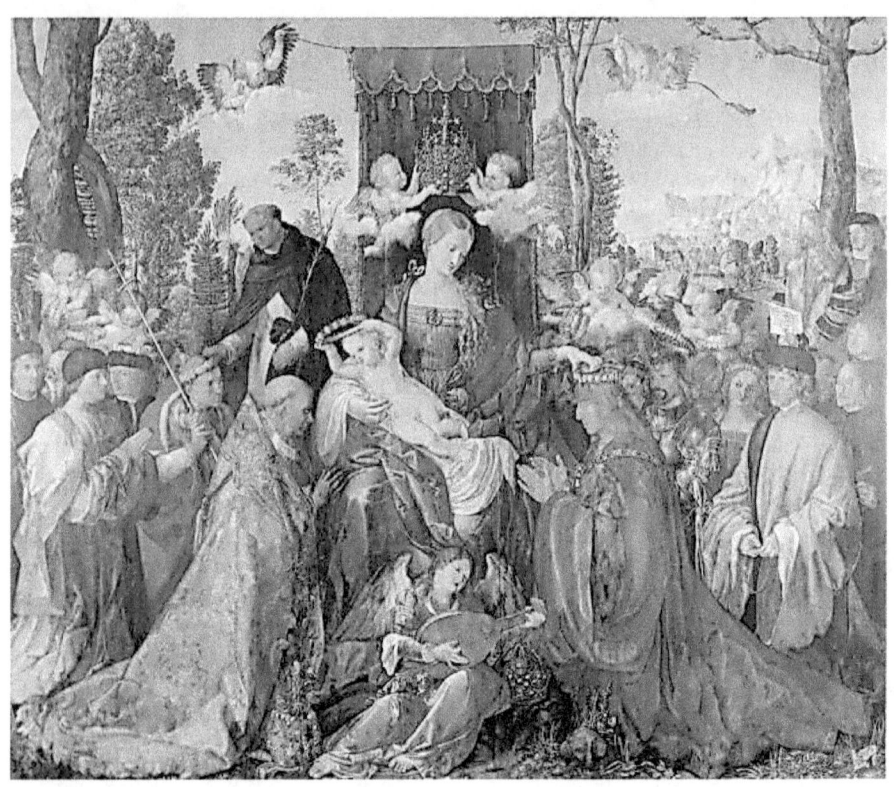

Das Rosenkranzfest (etwa 1506) – Wiener Sammlung

Nun zu Andrea Mantegna. Vor diesem zäsarischen Menschen ist einem, als habe damals noch das alte Rom bestanden, und Mantegna habe sich als ein Verbannter nach Padua und ins 15. Jahrhundert hinein nur verirrt; vertraut wohl mit der Sprache und den Sitten seiner neuen Umwelt, innerlich aber doch ganz der alten Heimat zugetan. In seinen Bildern lebt die alte Welt, die Maler vor ihm hatten Antikisches nur aufgesammelt, ihm aber keinen Odem geben können. Die Kunstgeschichte kennt Entsprechendes, wie eine frühe Kultur in einer späten Zeit wieder auflebt, nur in einem Fall noch: Menzels Heraufbeschwören des Zeitalters Friedrichs des Großen. Die Mittel, mit denen die Fühlung gewonnen wird, sind beidemal die gleichen. Das künstlerische Vermögen wird bedient von einer Forscherarbeit, die mit unermüdlichem Gelehrtenfleiß alles Erreichbare zusammenbringt. Wie dann freilich ihr Stoff umgesetzt wird, das geht weit hinaus über alles bloße Gelehrtentum. Mantegnas ganze Art zu sehen ist antikisch. Wie bei einem römischen Feldherrn, der nur Menschen und Menschenwerk gewohnt ist fester ins Auge zu nehmen, ist auch bei Mantegna der Blick von einer seltsamen Härte der Natur gegenüber. Das Gelände, durch das seine Gestalten hinschreiten, ist starr wie eine eben erkaltete Steinmasse. Man kann es ihr nicht glauben, daß sie die Bäume und Sträucher, die in sie eingelassen sind, aus eigener Kraft emporgetrieben habe.

In dem allen lebte ein Gefühl, das Dürer nie und nimmer etwas sagen konnte. Doch da war noch etwas anderes: Mantegnas Behandlung des nackten Körpers. Der Mensch des Altertums war wirksam in Mantegna auch hier. Das Nackte ist für ihn nicht ein Entkleidetes. Als sein Lehrer Squarcione von einer griechischen Reise her antike Büsten und Statuen in Original und Abguß mitbrachte, da waren sie für ihn noch halb Merkwürdigkeiten. Mantegna erst machte sich zu eigen, was dem Lehrer nur Besitz war. Er verstand die Sprache der nackten Leiber, das Spiel von Muskeln, die noch des Lichts gewohnt waren. Hier erst werden wir gewahr, wie nötig die Antike für die Kunst gewesen ist, wie sie geben konnte, was die Natur nicht mehr besaß. Ein alter Torso hatte allerdings mehr zu sagen als der beste lebende Akt jener Zeit. Unter den Kleidern hatten die Muskeln an Ausdrucksfähigkeit verloren, wie die unter der Erde hausenden Tiere des Augenlichts verlustig gehen. Mantegna war es gegeben, das nachzufühlen, und so brachte er jene Gebilde unmittelbarster Natur zustande, deren einige nun Dürer kennenlernen sollte.

Nur im Kupferstich konnte Dürer damals sich Mantegna nähern. Die Blätter aber enthielten alles, was für ihn von Wert war. Mantegnas Kraft, die Gestalten herauszuarbeiten, als seien sie aus Erz gegossen, kam auch im Kupferstich ohne Abzug zur Geltung. Leidenschaftlich ging Dürer hier dem Italiener nach. Drei seiner Nachzeichnungen sind erhalten: »Kampf der Meergötter«, »Bacchanal« (beide in der Wiener Albertina) und »Tod des Orpheus« (Hamburg). In denselben Zusammenhang gehört der »Frauenraub« (Paris bei Bonnat), eine Aktzeichnung nach Pollajuolo, einem Paduaner aus dem Bannkreis des Mantegna, der namentlich im Kupferstich das Studium des Nackten nach der Art feines Meisters weiterpflegte.

Die Jahreszahlen stehen fest beim »Tod des Orpheus«, 1494, und dem »Frauenraub«, 1495. Es ist wahrscheinlich, daß Dürer erheblich viel mehr nach Mantegna und den Seinen gearbeitet hat. Ebenso wahrscheinlich aber bleibt die unmittelbar nachschaffende Tätigkeit beschränkt auf die beiden Jahre 1494 und 1495. Das ist schon aus den Blättern selbst zu folgern. Schließt Dürer sich im »Kampf der Meergötter« noch eng an Mantegna an, so springt er bereits im »Tod des Orpheus« ungeduldig in allen Einzelheiten von der Vorlage ab, wird ausführlicher in der Modellierung und läßt sich namentlich im Landschaftlichen, wo er aus Eigenem frei dazugibt, nichts weiter sagen. Der Stich, dem Dürer die beiden Aktpaare des »Frauenraubes« entnahm – bezeichnenderweise nur noch Figürliches –, ist leider verlorengegangen. Aber es wird schon richtig sein, wenn Wölfflin folgert: »Im einzelnen ist er frei verfahren. Wie die modellierenden Linien der Form folgen, konnte er der Vorlage sicher nicht entnehmen, und auch der Umriß ist dürerisch knorrig geworden.«

Dürer hatte auswendig gelernt, was er fürs erste haben mußte. Im Jahre 1496 sehen wir ihn in der Zeichnung des »Frauenbades« (Bremen) wieder unmittelbar vor der Natur seine Nutzanwendung ziehen aus dem Erlernten. Auch der prächtige Holzschnitt »Männerbad«, der nicht viel später fallen kann, ist nach der Natur gearbeitet. Eins der Modelle ist uns sogar bekannt. Der bartlose Mann im Vordergrund rechts ist Michael Wohlgemut.

3

Mit Ausnahme des genannten Holzschnittes und eines von fremder Hand schwer mit Ölfarben und Firnis mißhandelten Wasserfarbenbildes, »Herkules im Kampf mit den stymphalischen Vögeln« (Nürnberg, Germanisches Museum), sind es ausschließlich Zeichnungen und Stiche, die uns Dürers Entwicklung in dieser Zeit erläutern. Es spielt viel Mythologisches und Allegorisches in die Blätter hinein. Bei den regen Beziehungen zum Humanistenkreis, der ihn ja überhaupt erst in diese Richtung wies, ist das nur natürlich. Leider bringt es uns den Nachteil einer schweren, ja oft kaum mehr möglichen Deutung der Einzelheiten.

Gleich das erste Blatt, gewöhnlich »Eifersucht« betitelt, ist solch ein halbes Bilderrätsel. Im Schatten einer Baumgruppe hat sich ein Satyr mit einer jungen Frau niedergelassen zum Liebesspiel. Sie haben es übel getroffen mit ihrer Ortswahl, denn eben dort bei den Bäumen hat ein anderes Paar ihnen aufgelauert. Mit tüchtigen Knütteln bewehrt dringen sie auf die beiden ein. Der kleine Amor nimmt mit seinem Vögelchen schleunigst Reißaus. Von den beiden Angreifern holt die Frau schon aus zum Schlage, der Mann weist erst, indem er auf die gefällige Schöne am Boden einkeift, seinen Wurzelstock drohend vor, ihn in den Händen wiegend. »Sieh mal her, wie gefällt dir der Prügel?« Die Überfallene, halb noch am Boden, kreischt auf und will sich das Gesicht vor Scham und Angst verdecken, während der Satyr, ganz verdutzt noch, langsam seine Waffe zur Hand nimmt, einen Pferdekinnbacken (»das natürliche Seitengewehr der Renaissancesatyre«, wie Grimm es nennt).

Welche besondere antike Liebesgeschichte hat Dürer darstellen wollen? Es gibt mehrere Deutungen; die beiden Sünder sollen Nessus und Dejanira sein, oder auch Zeus und Antiope. Ganz stimmen will keine Erklärung. Offenbar ist nur, daß die beiden Zärtlichen von zwei Seiten überfallen werden (den Schlag der Frau auffangen, wie man früher wohl annahm, kann der Stehende nicht wollen; er würde dann fester zufassen und auf die Schlagende hinsehen müssen, statt auf die Überfallene grimmig einzusprechen). Der Grund scheint verratene Liebe zu sein. Rechtmäßig zueinander gehören würden dann der Satyr und die Angreiferin, der Mann mit dem Wurzelstock und die Ungetreue. Ist der verdächtige Hahn auf dem Hermeskopfschmuck des Angreifers eine Anspielung auf Hahnrei? Der kleine Humanistenscherz würde Dürer wohl zuzutrauen sein.

Wichtiger als das Inhaltliche ist in diesem Blatt die schöne Form. Die Gestalten sind der erste künstlerische Niederschlag von Dürers damaligem italienischen Kunststudium. Am meisten hat das Orpheusblatt hergeben müssen: die Angreiferin im langen Gewand und der kleine Amor sind aus ihm (beide im Druck des Kupferstichs natürlich im gegensinnigen Spiegelbild). Dem »Kampf der Meeresgötter« wurde die Liegende entnommen, dem »Frauenraub« der Angreifer (auch sie im Gegensinn). Vergleicht man die vielen Übereinstimmungen, und wie wenig Dürer sich noch selbst zutraut, so wird man dieses Blatt als das noch unfreieste an den Anfang stellen, trotz der hohen formalen Schönheit, ja gerade ihretwegen.

Bedeutend sicherer und mehr er selbst tritt Dürer in der nächsten Arbeit auf, dem »Meerwunder«. In einer anderen Bezeichnung heißt das Blatt »Der Raub der Amymone«, aber der erste Titel ist besser, da er das halb Märchenhafte, halb Chronistische der Erzählung trifft. Was wußte Dürers Kundschaft auf der Messe schließlich von Amymone! Aber von den Mischwesen mit Menschenkörper und Fischschwanz, die das Gestade unsicher machten und schönen Frauen beim Baden nachstellten, davon hatten sie gehört. Von einer dieser schauerlichen Raubhistorien, die sich irgendwo weit hinten in der Türkei ereignet hat, weiß der Nürnberger Maler etwas zu sagen. Sie bauen dort unten, meint er, genau wie in Deutschland, die Berge hinan mit Türmen und Giebeln. Auch die Bäume am Ufer und die Koggen im Meer sehen nicht anders aus. Nur die Sitten sind eigen. So ein Türke hat mehrere Weiber. Der, den die Sache hier angeht, besitzt ihrer fünf. Er hat sie grade zum Baden an den Strand geführt, wie zur Schwemme, und ergeht sich irgendwo in der Nähe, als das Unglück eintritt. Ein Meernix ist urplötzlich aufgetaucht, ein ganz wunderlicher Kerl, hinten mit Flossen, oben ein Hirschgeweih. Das Gesicht ist eigentlich recht onkelhaft gemütlich, und Liederlichkeiten sollte man dem gesetzten alten Herrn nicht zutrauen. Vielleicht haben ihn grade deshalb die neugierigen Frauen sich heranpürschen lassen, und er hatte Zeit, sich die schönste auszusuchen. Nun ist der Jammer groß. Der Türke stürzt ans Ufer und erhebt mit Mund und Armen ein mächtig Geschrei. Umsonst. Der Meerschreck stößt mit Vollkraft vor, daß die Wellen nur so schäumen, und niemand wird ihm die Beute mehr abjagen können.

Dürer ist hier auf halbem Wege zu Eigenem. Bis auf die Entführte hat das Blatt nichts mehr mit italienischer Kunst gemeinsam. Die freilich, an sichtbarster Stelle und in größter Ausführlichkeit, ist noch ganz italienisch. Ihre nächste Verwandte ist die Geliebte des Satyrs. Wahrscheinlich aber ist nicht sie in das Bild übertragen, sondern eine andere noch unbekannte Vorlage (der Kopf- und Stirnschmuck gibt vielleicht eine Andeutung). Es ist kein Schade, daß wir die Vorzeichnung nicht haben. Man kann das Blatt selbst als ein Sinnbild von Albrecht Dürers ganzer Kunst von damals nehmen. Aus den Schönheiten Italiens hatte er sich herausgeholt, was ihm paßte, und macht sich damit nun wieder heim in sein eigenes Reich.

Deutsche Modelle, ins Italienische nur leicht übersetzt, beherrschen seine nächsten Kupferstiche, »die Hexen« und »der Traum«. Sind die vier appetitlichen Frauenbadgestalten des ersten Kupferstiches wirklich Hexen? Es muß wohl so fein, denn die Türe ganz links führt gleich in die Hölle. Schon kommt so eine Unterweltsfratze dort um die Ecke, und wie es den vier Huldinnen ergehen mag, wenn er erst drin ist, zeigt am Boden der Schädel und das Totenbein. Warum ist das Teufelsgesindel so gar nicht abscheulich, ja so lockend gebildet? Wir haben die Antwort in der Jahreszahl oben auf dem Kürbis an der Decke: 1497. Innozenz hatte seinen Wahlruf gegeben, Sprenger feinen »Hexenhammer« herausgebracht, 1496 erschien in Nürnberg schon eine Neuauflage. Hier sagt nun auch Dürer seine Meinung zu der Sache. Vier Frauen stellt er dar, so schön als er es irgend kann. Das, meint er, sind in Wahrheit eure verlästerten »Hexen«, so sieht euer ewiges »O Gott hüte!« aus (diese Deutung der Buchstaben O G H unter der Jahreszahl hat noch am meisten für sich), mit dem ihr vor ihnen das Kreuz macht. – Die Aufgeklärten unter Dürers Zeitgenossen mögen viele und triftige Gründe gegen die Sprengergestalten vorgebracht haben. Feiner und gründlicher aber, als es hier ein reines Künstlerauge tut, hat keiner den häßlichen Wahn widerlegt.

»Der Traum« ist eins der reizvollsten Zeugnisse von Dürers still lächelndem Humor. Ein grämlicher Herr älteren Jahrgangs hat sich mit seiner Gicht in die Ofenecke verzogen und ist dort, den Kopf auf dem Kissen, die Hände in den Ärmeln, sanft eingenickt. Die behagliche Wärme des Ofens bringt ihn ins Träumen, und was er sich da vom Traumteufelchen ins Ohr blasen läßt, paßt ganz und gar nicht zu seinen Semestern. Ein Weib von himmlischer Schönheit schmiegt sich ihm näher, wie eine große zärtliche Katze. Es müßte doch wonnig sein, sie zu sich auf die Ofenbank zu nehmen. Dürer macht seinen Hans-Sachs-Witz zu diesem gelehrten Antonius, dem die Verführung in wirklich schöner Gestalt und ohne den teuflischen Hofstaat naht. Vorn links läßt er ein Amorchen auf ein paar Stelzen klettern, um einer Kugel, dem davonrollenden Glücke, nachzuhumpeln. Es ließe sich denken, daß mit dem Herrn Doktor am Ofen (vom »Traum des Doktors« spricht eine alte Bezeichnung) in seiner Bildnisgenauigkeit ein bestimmter humanistischer Freund gemeint ist, dessen Schwäche gegeißelt wird. Das aber geschieht so liebenswürdig, daß der Betroffene selbst darob kaum grollen konnte.

Nun das bedeutsamste Werk der ganzen Reihe: »Das große Glück«. In ihm ist nichts mehr italienisch nachempfunden, mit eigenen Augen sucht Dürer, nunmehr ganz formensicher, die Natur zu fassen. Durch die Lüfte, in die Wolken sich einsenkend, schwebt die Kugel des Glücks. Auf seiner Kuppe steht als geflügeltes Weib Fortuna selbst, oder auch Nemesis, wie Dürer warnend sie nennt. Beides führt sie in Händen, den Zügel für Ungeduld und Übermut, den kostbaren Kelch für den Begnadeten, dem sie entgegenlächelt. » **Frena manu pateramque gerit**«, den Zügel hält sie und die Schale, so lasen es Dürer die Freunde vor aus dem Polizian.

In keinem anderen Stich hat Dürer sich genauer an das von der Natur Gegebene gehalten. Als Regel hat er später einmal ausgesprochen: »Aus viel mancherlei Menschen mag durch Verstendige was Guts zusammengelesen werden durch alle Teil der Glieder; dann selten find man ein Menschen, der da alle Gliedmaß gut hat, dann ein jedlicher hat fein Mangel.« Ein geübter Künstler dürfe »nit zu einem jeglichen Bild lebendige Bilder abnehmen, dann er gießt genugsam herauß, was er lang Zeit von außen hereingesammelt hat.« Im Gegensatz zu solcher Regel schafft er beim Fortunablatt nicht aus der Erinnerung, sondern der Anschauung, nach dem »lebendigen Bild«. Nichts wird frei abgeändert; die Rechte nicht, die beim Modellstehen wahrscheinlich überhaupt nichts hielt (den Pokal könnte sie keinesfalls so fassen), und nicht die Füße, die auf einer platten Diele standen und der Kugelrundung sich nun nicht anschmiegen wollen. Es ist, als ob Dürer sich vor der Natur zu retten suchte vor einer bloßen Rache, die ihm die Eingewöhnung in die Linie Mantegnas aufzwingen konnte. Er mußte wieder einmal »von außen hereinsammeln.«

4

Das Fortunablatt enthält noch etwas, das den Forschern viel zu denken und zu sagen gab; das ist die Landschaft im Halbdämmer unten. Es ist (durch Händke) festgestellt worden, daß die Örtlichkeit getreu bis ins letzte das südtirolische Klausen wiedergibt. Dürer kann die Gegend im Skizzenbuch nur auf einer Reise nach Italien aufgenommen haben. Nach allem, was der Akt uns sagt, gehört der Stich in die Zeit um 1500. Italien suchte Dürer sicher auf erst Ende 1505. Ist es dann aber nicht geboten, noch eine frühere Reise anzunehmen? Sie braucht nicht gerade um 1500 zu fallen, Dürer kann schon früher dagewesen sein und seine Skizze gemacht haben. Eine frühere Reise aber als die bekannte ist, so wird gefolgert, schon nach dem Stich der Fortuna erwiesen.

Ist diese Folgerung richtig?

Der erste, der an zwei Italienfahrten Dürers glaubte, war Thausing. Ihm galt es ausgemacht, daß die erste Reise noch in der Wanderzeit (1490 bis 94) gehöre. Die gewissenhafte und deutsch gründliche Arbeit Thausings verliert nicht dadurch an Wert, daß dieser Irrtum heute als solcher anerkannt ist. Die Schongauer- und die Mantegnazeit ineinander zu verflechten, ist stilistisch wie menschlich undenkbar. Im Baseler Holzschnitt und den Straßburger Arbeiten haben wir unverrückbar feste Punkte für die Wanderjahre. Vorausgegangen ist eine längere Lehrzeit im Kupferstich, so daß für eine Italienfahrt damals schon rein äußerlich kein Spielraum bleibt. Das alles ist klar und wird von keiner Seite mehr bestritten.

Wenn aber nicht 1490 bis 94 in Frage kommt, warum nicht eine Zeit kurz nachher? Immer wieder hingewiesen wird hier von denen, die an zwei Italienfahrten glauben (sie sind ungefähr in Stimmengleichheit mit denen, die nur eine annehmen), auf eine Stelle aus den venezianischen Briefen Dürers an Pirkheimer. Es heißt da: »Unnd das Ding, das mir vor eilf Johren so wohl hat gefallen, das gefällt mir itzt nit mehr.« Der Brief ist 1505 geschrieben, elf Jahre davon ab ergäbe 1494. Damals also mußte Dürer nach seiner eigenen Aussage in Venedig gewesen sein, wenn – »das Ding« wirklich ein Kunstwerk wäre, das er nur dort sehen konnte. Was ist das, ein »Ding«? Wenige Sätze von der genannten Stelle beklagt sich Dürer »Sie machen mein Ding in Kirchen nach« und meint damit offenbar seine Stiche. Danach könnte »das Ding« doch auch Mantegnas gestochenes Werk sein, das er ja damals genau vor elf Jahren so eifrig nachbildete. Aber selbst zugegeben, daß er hier von einem Kunstwerk anderer Art spricht, einem Gemälde etwa, kann es doch immer noch ein solches sein, das bei dem ununterbrochenen und regen Handelsverkehr zwischen Nürnberg und Venedig für eine Zeit nach Nürnberg gekommen war, vielleicht durch Jakobo, und daß er es in Venedig dann wiedersah. Unmittelbar nach seiner Rückkehr 1494 führte Dürer Frau Agnes heim und tat sich als Meister auf. Und gleich danach soll er, Hausstand und Werkstatt verlassend, abermals aufgebrochen sein? Das wäre doch eine so auffallende Reise daß sie einen ganz besonders wichtigen Grund hätte haben müssen, von dem wir auch sonst etwas wüßten.

Andere Landschaftsskizzen, die angeblich in die Mitte der neunziger Jahre fallen, werden als Beleg einer damaligen Italienfahrt geltend gemacht. »Aber prüft man unbefangen die Blätter und vergleicht sie mit früheren, wie etwa dem Schloßhof der Albertina, so muß man doch den gewaltigen Unterschied zwischen beiden zugeben. Hier die noch befangene, ängstliche Art des Anfängers, dort die Meisterhand des Künstlers, der die Einzelheiten zu großen Gesichtspunkten zusammenfaßt, der sich über Luft- und Lichtperspektive im Klaren ist« (Scherer).

Dasselbe ist es mit den Studien nach Mantegna und den Seinen, die alle nach weit verbreiteten Kupferstichen gearbeitet sind, und dem verdorbenen Herkulesgemälde, bei dem, wie allseitig zugegeben wird, nicht Pollajuolos Bild des bogenschießenden Orpheus, sondern nur ein Stich danach maßgebend sein konnte. Der kleine Liebesgott im »Traum« wurde vorübergehend, um auch das zu erwähnen, für eine Nachbildung eines Engels ausgegeben auf dem Altarbild des Giovanni Bellini in der Kirche Santa Maria bei Frari in Venedig. »Wäre die Beobachtung richtig, so bewiese sie die erste venezianische Reise Dürers. Sie ist aber unrichtig; außer der ungefähr gleichen Stellung mit gehobenem Beinchen hat der Amor Dürers nichts mit Bellinis Engel gemein.«

Alles in allem bleibt nichts übrig als die geheimnisvolle Landschaft auf dem großen Fortunablatt, die ganz sicher Klausen in Südtirol darstellt. Hier aber ist der Widerspruch nicht so unlösbar, als es anfangs wohl scheint. Jaro Springer hat das befreiende Wort gefunden: »Das Blatt fällt nicht nur äußerlich in zwei Teile: in die Hauptfigur und in die untere Landschaft. Es ist auch innerlich zwischen oben und unten ein Absatz zu fühlen: die Landschaft ist spätere Arbeit. Daß das Stechen einer so großen Platte mal unterbrochen wurde, ist eine erlaubte Annahme. Aus ein paar Fällen ist bekannt, daß Dürer diesen Brauch übte.«

Überzeugende Beispiele von Arbeiten, die in zwei Zeiten ausgeführt wurden, sind zwei kleine Apostelblätter aus Dürers späterer Zeit. Der Apostel Paulus mit der Jahreszahl 1514 wurde damals nur in einem ersten Zustand herausgebracht, noch ohne Landschaft; ein Abdruck dieses Zustandes ist noch vorhanden. Die Landschaft wurde zugefügt erst 1523. – Ein zweites Beispiel ist das Philippusblatt. Es wurde 1523 begonnen und mit dieser Jahreszahl versehen. Aber erst drei Jahre später kam Dürer dazu, das Blatt fertigzustellen. Er verbesserte nun die Zahl in 1526. Die ursprüngliche Ziffer 3 ist indessen noch unter der 6 zu erkennen. – Als ein weiteres Beispiel, außerhalb des Dürerwerkes, wäre zu nennen Martin Schongauers Kupferstich »Christus am Kreuz«. Das Blatt zeigt in der oberen Hälfte eine andere, reifere Art der Ausführung als in der unterm, und die Annahme ist, daß die Anlage des Ganzen und die Ausführung des unteren Teiles um Jahre der Durcharbeitung des Restes vorausging.

So wäre denn der innere Widerspruch des Fortunablattes gelöst. Die Hauptarbeit, bis zum unteren Wolkensaum, leistete Dürer um 1500, die Landschaft darunter fügte er hinzu nach seiner Rückkehr aus Italien, etwa 1507. Was ihn nach aller Wahrscheinlichkeit bestimmte, das Blatt vorläufig liegenzulassen, das waren neue, nicht auf die sinnliche Natur unmittelbar, sondern ihre inneren Gesetze gerichteten Forschungen, zu denen Dürer angeregt wurde durch einen anderen Italiener: den Jakobo dei Barbari.

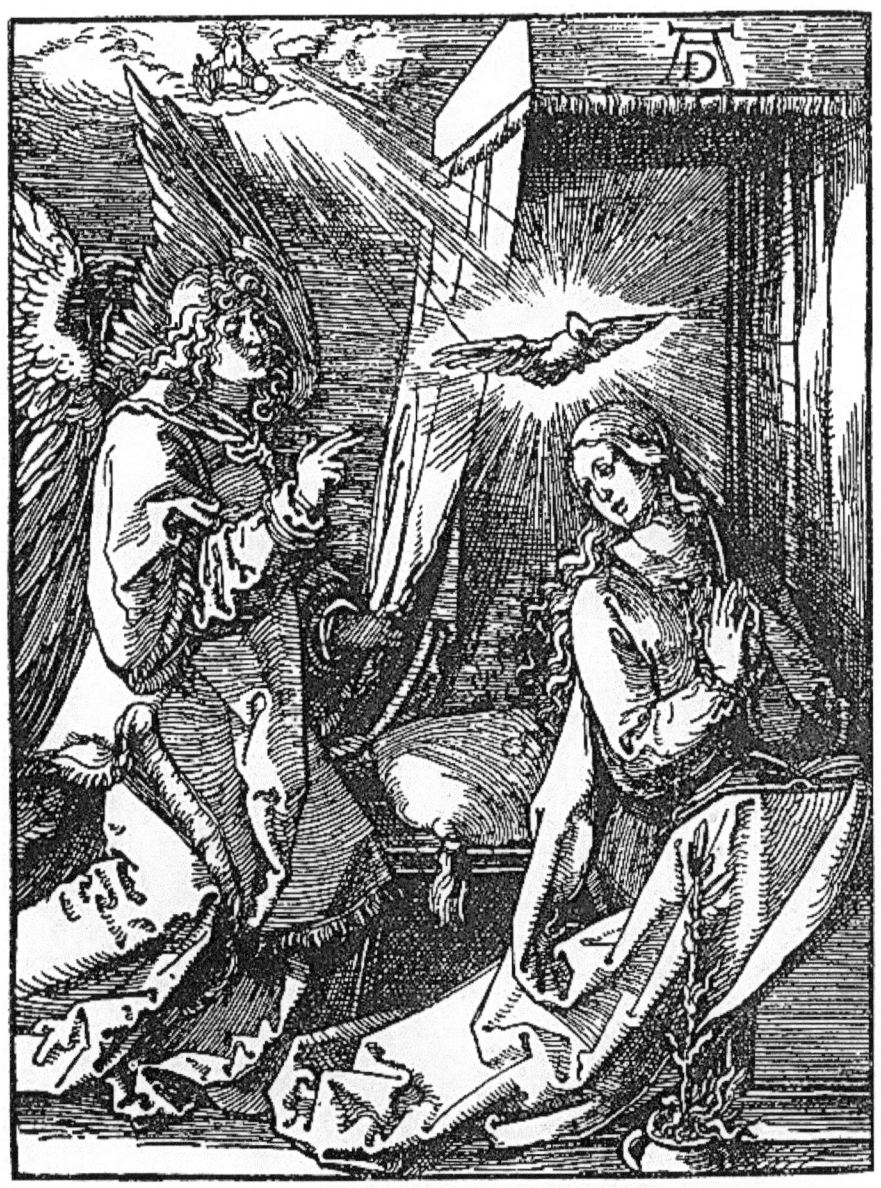

Mariä Verkündigung – Aus der kleinen Passion

VII. Kirche und Welt

1

»Die Kunst des Malens wird gebraucht im Dienst der Kirche und dardurch angezeigt das Leben Christi und viel anderer guter Ebenbilder; behält auch die Gestalt der Menschen nach ihrem Absterben.«

Dürer selbst hat die großen Gegensätze seines Schaffens auf diese knappe Formel gebracht. Im Dienst der Kirche und im Dienst der Welt, Gotik und Renaissance, beides regte sich in ihm. Es ist ihm später geglückt, das Auseinanderstrebende in eins zu fassen und aus der gesammelten Kraft heraus Werke zu schaffen, die wir als vollendet fühlen. In seiner Jugend aber geht beides nebeneinander her, fast ohne Fühlung. Daß die »Heren« und die anderen aufs Humanistische gestimmten Bilder vom selben Künstler in der gleichen Zeit geschaffen werden konnten wie die »Apokalypse«, das ist, wenn man sich nacheinander in beides recht versenkt, wie ein unbegreifliches Naturspiel.

In dem vor uns liegenden Lebensabschnitt Dürers wiederholt es sich. Wir haben gegen das Ende dieser Zeit zwei bezifferte Kupferstiche, »Weihnachten« und »Adam und Eva«. Die Blätter sind sich so weltenfremd wie »der Traum des Doktors« und die apokalyptischen Reiter. Und doch ist eins wie das andre so bis ins Letzte gefühlt, daß jeder Geschichtsschreiber, wäre vom Menschen Dürer nichts bekannt und von den genannten Blättern nur so viel, daß sie in Nürnberg im Jahre 1504 gestochen wurden, zu dem zwingenden Schluß kommen müßte, es hatten damals in Nürnberg zwei Künstler nebeneinander gegeben, so grundverschiedener Gesinnung, daß sie vielleicht gar nicht voneinander wußten, daß sie aneinander Vorbeilebten, wie sie aneinander vorbeiempfanden und -dachten.

Dennoch: ist, was wir bei Dürer in besonders scharfer Prägung finden, wirklich etwas so Einziges und Ungemeines? Muß nicht im Grunde jedes Menschenkind, ob groß ob klein, in seiner Seele einen Kampf austragen, der einem Dürer nur um so schwerer angesagt ward, als seine Künstlerseele stärker war? »Zwei Seelen wohnen, ach, in meiner Brust«, klagt Faust. Es ist das uralt ewige Lied der Menschheit, ja aller Kreatur. Vom Vater, von der Mutter her strömt verschiedene Natur in eine Seele, die zusehen mag, wie sie der Widersprüche Herr wird. Wohl dem, in dessen Inneren eines der beiden von Anbeginn so mächtig war, daß es das andere bald aufzehrte. Er entwindet sich schnell der Dumpfheit und findet als ein in sich Fertiger seinen Platz an der Tafel. Unzählige, vielleicht die meisten kommen nie zur Entscheidung. Die Woge wirft sie der Woge zu, bis sie im Nebel untergehen oder an fremdem Gestade zerschellen.

Der Künstler, wie in allem anderen von gesteigertem Empfinden, hat auch im großen Kampf des Lebens mehr als die andern auszugleichen. Der Ausgleich selbst vollzieht sich drum nicht anders. Schnellfertige finden wir, und ewig Ungewisse. Beide können ein Volk über weite Strecken nicht leiten. Das zu erreichen ist nur denen gegeben, die hart zu ringen hatten, und dabei Kraft genug zur Führerschaft bewahrten. Nur sie sind würdig, ihrer immer wieder zu gedenken. Und weil ein solcher Dürer war, der den Mut fand, es mit dm stärksten Gegensätzen einer wirren Zeit zu wagen und die Kraft, sie unter sich zu bringen, darum ist er einer unserer Großen.

Im Dienst der Kirche und im Dienst der Welt: das sind die äußersten Gegensätze, die in Dürer widereinander standen. Aber es sind nicht die einzigen. Im Dienst der Kirche, das war nicht ein in sich geschlossenes festes Element, das als gegebene Einheit hingenommen werden konnte. Widersprüche gingen da durcheinander, mit denen ein ganzes Volk, ja ein Erdteil durch ein Jahrtausend sich abgequält hatte wie nur je ein armes Menschenkind mit seinen zwei Seelen. Wir lernten sie kennen, sahen es krauser als je sich verflechten, als das Jahr 1500 wie ein drohendes Menetekel aufflammte vor den Augen derer am Gelage. Auch das blieb Dürer nicht erspart. Wenn eines ein Beweis ist der unbändigen Kraft in diesem jungen Künstler, so ist es der Sieg über diesen ersten Widerstreit. Schon in der Apokalypse war er entschieden. Ausgenutzt und weiter verfolgt wird er in den nächsten beiden großen Werken, die Dürer sich stellt: der »großen Passion« und dem »Marienleben«.

*

In zwei Zeiten ist, wie das Fortunablatt, auch die »große Passion« und nach ihr das »Marienleben« entstanden. Unmittelbar nach der Apokalypse ging Dürer an das Passionswerk. Von seinen zwölf Blättern sind damals sieben fertig geworden. Die anderen fünf führte Dürer aus erst nach seiner Rückkehr von Venedig (1510). Von den späteren Blättern greift die »Gefangennehmung« wahrscheinlich auf einen Entwurf um 1498 zurück, und auch das Titelblatt ist, wiewohl von einer Größe des Formempfindens, die der vorvenezianische Dürer noch nicht hatte, doch in der Empfindung ein so starker Anklang an das johanneische Marterbild (der keifende Richtherr dort und der keifende Landsknecht hier sind beide dem nämlichen **Ecce-homo**-Bild entgegengestellt), daß auch dieses Gesicht schon der jüngere Künstler gehabt haben muß. Mit den neuen Blättern bekommt das ganze Werk ein solches Übergewicht für die Zeit von 1493 bis 1500, daß es in diesem Zusammenhang behandelt werden muß.

Was hat Albrecht Dürer gehindert, schon damals das Werk zu Ende zu führen? Kurz gesagt: das Marienleben, die reinere und stillere Empfindung, zu der es sich in seinem Innern klärte. Sie machte ihm das laute Wesen der großen Passion zu fremd, er konnte sich fürs erste nicht länger, wie Goethe sagen würde, im Innern dieses Gegenstandes aufhalten.

Von den beiden ersten Blättern »Abendmahl« und »Christus am Ölberg« ist jenes aus der späteren Zeit (1510), dieses aus der früheren (um 1498). Die formalen Unterschiede sind aufdringlich klar. Schon der Heiligenschein, dort wirklich strahlend, hier noch in der herkömmlichen Weise durch eingesetzte Stacheln gegeben, spricht von der langen Entwicklung zwischen den Werken. Er ist bezeichnend auch für das andere. Das Gestrüpp der Linien hat sich gelichtet zu einer planvoll Übersichtlichen Anlage. Trotzdem: es ist doch auch viel künstlich Ausgerechnetes später dabei-, das uns kühl läßt. Die schöne Geste des Jüngers zur Rechten des Herrn ist die des italienischen Gentiluomo; man glaubt sie einfach nicht dem nordisch treuherzigen Bauerngesicht. Der Weinschenk ist nur bei seiner kleinen Sache, Judas ihm gegenüber hockt zu drei Vierteln Modell. Dürer hatte eben 1510, mit dem Kirchlichen schon mehr in sich einig, mit anderen Widerständen fertig zu werden, und so steht das Abendmahlsbild in der Folge doch als ein Fremdkörper da. »Christus am Ölberg« ist als Formkunstwerk im Vergleich nur unbeholfen, und es spricht doch so viel inniger zu uns, wie der Verlassene, in den düsteren Bergwald starrend, das Urteil des Kelches empfängt. In der ersten Verwirrung erhebt er die Hände zur Abwehr, doch schon beugt sich das emporgefahrene Haupt wieder demütig nieder: »Dein Wille geschehe.«

»Gefangennahme« und »Geißelung« folgen. Diese Blätter zeigen mehr als die anderen, daß Dürer längst nicht so den Passionsstoff in sich verarbeitet hatte wie die voll ausgereifte Apokalypse. Er ist noch befangen im Überlieferten. In den herkömmlichen Darstellungen der Leidensgeschichte aber, den gemalten wie den geschnitzten, wurde den für uns unerträglichen Formen des verrohten religiösen Volksschauspiels nur zu viel nachgegeben. Es mag ursprünglich recht wohl gemeint gewesen sein, wenn man die Widersacher des Erlösers so niederträchtig und so boshaft als nur irgend möglich schilderte. Aber indem man die Beispiele für solche Tücke dem engen Gesichtskreis der Zuhörer entnahm und sie zur besseren Ermahnung recht ausführlich schilderte, wurde schließlich die Hauptszene in einer überliefert gleichgültigen Form nur eben hingesetzt, und alle Sorgfalt der Ausführung auf das Drum und Dran vergeudet. Nicht einmal das Schlimmste, die Durchsetzung mit derb-komischen Zwischenspielen, hat Dürer ganz vermieden. Beispiele sind beim Geißelungsblatt der zerzauste kleine Köter und vorne rechts der Bengel, der mit seiner Tute den Spektakel vollmacht. Man könnte noch darüber fortkommen; nicht aber darüber, daß Christus selbst für einen Künstler wie Dürer zu wenig wesentlich geschildert ist. Ein italienisch sorgfältig durchgeführter Akt ist uns bei ihm zu wenig. Und ein kopfreiches Gesindel, von deren Mienen sich nichts ablesen läßt als roheste Gemeinheit, das hätten die andern schließlich auch geben können. Dürer mag es selbst gefühlt haben, daß er hier dem übelsten Volksgeschmack Zugeständnisse machte, und das war wohl mit einer der Gründe, die ihn das Ganze preisgeben ließen. Als er die früher entworfene Gefangennahme endgültig durcharbeitete, unterdrückte er eine Menge Nebenfiguren, von denen man so nur noch die Mützen und Helme im allgemeinen Durcheinander wahrnimmt. Innerlich groß aber konnte das Blatt auch durch die besser betonte Hauptszene nicht werden, weil es eben von Anfang an nicht groß empfunden war.

Im »**Ecce homo**« gibt Dürer auch dem zweiten Fehler der alten Volksschauspiele nach, der übertriebenen Rührseligkeit, die der übertriebenen Roheit beigemischt zu sein pflegte. Der weinerliche, im gotischen Zierschritt daherkommende Christus ist kein Gottesmann für Albrecht Dürer. Aber er macht Eindruck auf das Volk, das plötzlich still geworden scheint. Ein Pharisäerterzett nahe der Treppe sucht wohl noch zu hetzen, doch ohne rechten Erfolg. Von der bewaffneten Macht, deren Lanzen überall starren, sind sichtbar nur zwei Soldaten. Der Ältere hat dem Bartlosen ein paar Worte zugeflüstert, daß ihm der Mann da drüben doch leid tue, und der Bartlose, eine straffe Kriegergestalt, schaut prüfend hinüber. – Wieder ist das Anekdotische nicht ganz vermieden. Den Straßenjungen mit der Gerte, der sich den rechten Fuß kratzt und dabei dummdreist umherschaut, würde man gerne entbehren.

Gefaßter, heldischer zeigt Christus sich bei der »Kreuztragung«.

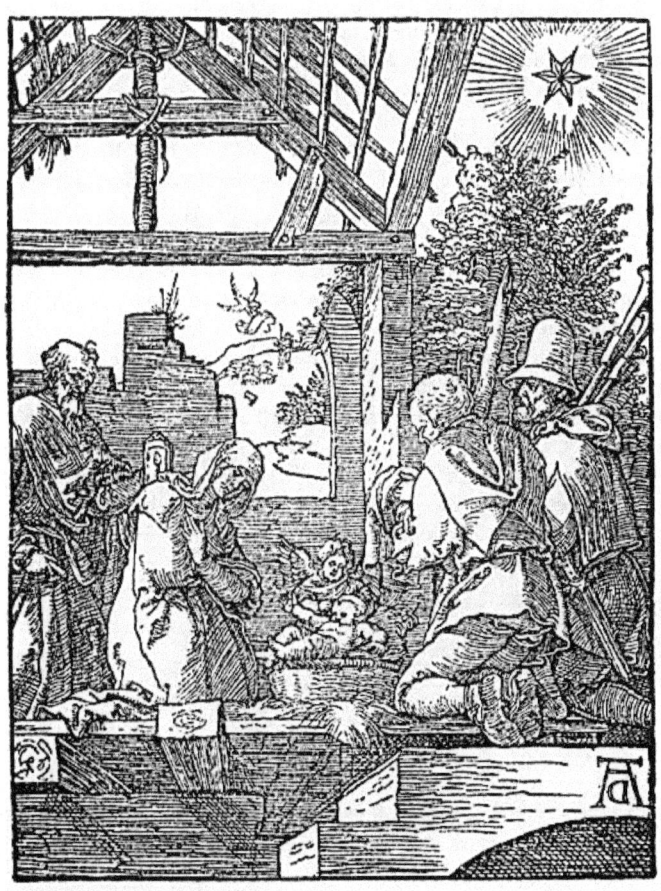

Die Geburt Christi
Aus der kleinen Passion

Dürer sucht die weitausladende Darstellung in Schongauers prächtigem Kupferstich zusammenzudrängen auf die eine Mittelszene. Man sieht nicht die weite Strecke, die der Zug bei Schongauer bereits zurückgelegt, und die andere, die er noch vor sich hat. Schon wenige Schritte vor der Kerkerburg ist Christus über einen Stein am Weg gefallen. Er wendet den Blick zurück zu den Seinen, deren Leid ihm näherzugehen scheint als das eigene. Im Volk fallen nächst Johannes und den Frauen zwei Berittene auf mit Judengesichtern und in türkischer Tracht, ferner im Vordergrund rechts ein Landsknecht mantegnaschen Gewächses. Und da ist auch wieder der ruppige kleine Hund zur Stelle, der richtige Kasernenköter, möchte man meinen, der überall dabei sein muß. Aber da dieselbe kleine Bestie sich später auch im »Marienleben« (im Blatt der »Heimsuchung«) und anderswo herumtreibt, so liegt die Sache wohl weniger tief: Dürers hatten einfach einen Hund im Hause, der so aussah. Möglich, daß diese putzige Rasse, die wir bereits bei Schongauer antreffen, damals in Mode war.

Mit ganzer Kraft setzt Dürer ein im nächsten Blatt: »Christus am Kreuz« ist aus dem Vollen geschaffen, ein Werk, das den Vergleich mit der Apokalypse besteht. Wie bei den zwei Weltgerichtsblättern scheinen Sonne und Mond vom Himmel hernieder. Engel umflattern das Kreuz, das Blut des endlich Erlösten aufzufangen. Ergreifend ist der Anblick der erschöpft zu Boden gleitenden Maria, um die ihre Getreuen bemüht sind. Magdalena, noch stehend, blickt mit gefalteten Händen hinüber zu einem der Engel. Der Eindruck des Schmerzes wird vertieft durch die stumpfe Gleichgültigkeit zweier Berittener, der einzigen, die vom Volksgewühl übrigblieben. In diesem rein gefühlten Werk hat Dürer nichts nachgegeben, weder dem verrohten Geschmack des niederen Volkes, noch dem überfeinerten der Humanisten.

Dann die »Beweinung« und »Grablegung«. Es sind erste Versuche Dürers, einem Mitleiden Ausdruck zu schaffen, das tiefer geht als bloße Rührung. Eine Steigerung des Ergriffenseins von den Hintergrundfiguren an bis zu Maria und Johannes am vorderen Rande bringt ein starkes Krescendo in das Bild der »Beweinung«. Die Natur scheint die Steigerung mit zu erleben von den geraden Bäumen an der Schädelstätte zu den wie schmerzhaft verkrampften in der Nähe des Grabes. Das Gewaltigste ist das Gesicht der Maria mit der stummen Schicksalsfrage »Warum!« – Weniger klar empfunden ist die »Grablegung«. Es ist zu viel Aufregung in ihr, ein Durcheinander der Stimmen, die sich einer einheitlichen Melodie noch nicht recht fügen wollen.

Die beiden Schlußblätter sind spätere Zutat: »Christus in der Vorhölle« und »Auferstehung«. Wäre die Kunst nichts als Form, so würde man ihnen den Preis geben müssen. Als Ausdruck aber sind sie ohne Belang im Hinblick auf »Golgatha«, »Kreuzigung« und »Beweinung«. Ganz des reifen Dürers unwert ist der Mysterienspuk im Höllenbild. Christus selbst hat, es gibt keinen anderen Ausdruck, etwas Rubenshaftes. Er zeigt uns seinen schönen Körperbau. Sein Benehmen im Verkehr mit den tief unter ihm stehenden Kellerbewohnern der Hölle ist weltmännisch sicher, die Ausführung des Zauberstückes der Auferstehung beinahe elegant. Es war Zeit für den Dürer von 1510, diese Überschätzung von sich abzutun, wenn er nicht ein lateinischer Dürer werden wollte, ein Vasall wie nach ihm Rubens.

2

Im Marienleben hat Dürer sich wieder heimgefunden zum Besten im Volkstum. Das gefürchtete Jahr war vorübergegangen, und noch stand die Welt. Die Kassandraleute wollten damit noch nicht widerlegt sein und setzten auf ein neues demnächst fälliges Jahr. In Dürer wurde es ruhiger. Die Apokalypse hat ihn als Maler nie wieder beschäftigt. Die Leidensgeschichte, deren stete Mahnung er dem Volke künden wollte, hatte er mit seelisch noch nicht zureichenden Kräften begonnen. Er gab die großgeplante Folge, die an stolzem Umfang der Apokalypse nicht nachstehen sollte, bald wieder preis. Einer neuen Aufgabe sah er sich, endlich des schweren Jahrhundertdruckes ledig, gegenübergestellt: das Leben unserer lieben Frau im Bilde zu erzählen. Die Muttergottes, das war unter den »viel andern guten Ebenbildern« neben dem Erlöser die reinste Erscheinung, die sich ihm im Dienst der Kirche bot.

Ein Zweizeitenwerk also ist auch das Marienleben. Noch stärker aber als bei der großen Passion ist bei ihm das Übergewicht, das das Ganze vor die venezianische Reise verweist, wiewohl es als abgeschlossenes Buch erst 1511 zur Ausgabe gelangte (die einzelnen Blätter kamen je nach ihrer Fertigstellung auf den Markt). Von den zwanzig Tafeln sind außer dem Titel nur »Tod« und »Verklärung« später entstanden; jenes 1511, dieses ein Jahr vorher. Wahrscheinlich steht ihnen außerdem noch der »Abschied« zeitlich nahe. Man hat es aus Stilgründen gefolgert, und die Stimmung des Blattes, der tiefe, feierliche Ernst, der so sehr absticht von den fabulierenden früheren Blättern, gibt der Meinung recht. Eine Jahreszahl finden wir bei den früheren Blättern nur bei der Begegnung Joachims und Annas: 1504. Es mag für die frühen Blätter das Schlußdatum sein, da um diese Zeit das Antikische wieder mehr Macht über Dürer gewann. Nur das Bild der »Darstellung« muß später fallen. Das Architektonische ist hier einem Blatt aus dem Perspektivbuch des Viator entnommen, das erst 1505 erschien. Es wäre möglich, daß wir auch dieses Blatt auf etwa 1509 ansetzen müssen. Aber das ist für das Ganze keine wesentliche Sache.

*

Die Stimmung des »Es war einmal« ruht über dem Marienleben, Dürers holdestem Bilderbuch. Aus Marialand wird uns ein Märchen erzählt, behaglich ausgemalt nach Spinnstubenart.

In diesem fernen Märchenland, wo sie ganz, ganz andere Kirchen bauen als in Nürnberg, fing die Begebenheit an. Der alte Joachim, der damals noch nicht der Vater der Maria war, überhaupt noch keine Kinder hatte, ging eines Tages zur Kirche, ein Lamm auf den Altar zu legen. Am Altar ging es bei solcher Gelegenheit nicht anders her als an einem behördlichen Nürnberger Schalter. Und wie das so ist: die Leute vor dem Schaltertisch waren geduldig und still, wie es sich schickt auch für die wohlerzogenen Bürger einer deutschen Stadt; und die Leute dahinter taten gern gleichgültig, oder auch knurrig und schnauzig, wie das ja auch in deutschen Städten vorkommen mag. Der alte Joachim traf es ganz besonders schlecht. Sein Opfer wurde ihm zurückgewiesen. Mit kinderlosen Eheleuten wollte die Kirche nichts zu schaffen haben. Der gute alte Mann tat den anderen, die mit ihm Opfergabe standen, wohl leid. Die hinter dem Schalter aber schien die Sache ganz und gar nichts anzugehen.

Da zog der arme Joachim denn ab und brachte sein Schäfchen wieder hin, wo er es hergeholt hatte: zur Herde draußen am Waldrand. Mit seinen drei Hirten – er hatte ein stattliches Anwesen, der alte Joachim – wollte er schon gar nicht sprechen, so nah ging ihm die schlimme Sache vor all den Leuten vorhin. Wie er nun so in schweren Gedanken vor sich hergeht, da mit einem Male rauscht es vom Wald her so voll, daß es die Bäume allein nicht sein konnten. Und wie er hinaufsieht, da war es ein Engel in den Lüften, der hielt in den Händen ein Pergament mit richtigen Bullen dran. Und auf dem Pergamentblatt stand es geschrieben, daß dem löblichen Joachim und seiner Ehefrau Anna ein Kindlein würde geboren werden. Da hatte er's denn verbrieft und versiegelt, frisch aus der himmlischen Kanzlei, noch dazu übermittelt durch einen Flügeladjutanten vom lieben Gott selbst.

Schnell machte er sich nun auf, über Weiden und Wiesen zurück in die Stadt, seiner Frau das Neue zu melden. Und, Wunder über Wunder: kaum ist er da, da kommt ihm auch schon unter der goldenen Pforte Frau Anna entgegen. Auch sie hat ihre Sonderbotschaft bekommen.

Sie halten sich selig umschlungen, und die Leute staunen und ziehen den Hut und raunen sich zu von den guten Beziehungen, die der Herr Joachim und seine Frau Anna zum Himmel und zum lieben Gott allerhöchstselbst unterhalten.

Neun Monate später. Im Schlafgemach der Frau Anna ging es hoch her. Der Himmel hatte Wort gehalten: ein Töchterchen war angekommen und alles war gut abgegangen. Die Gevatterinnen aus der Nachbarschaft melden sich pünktlich zum Wochenbesuch. Die Letztgekommenen bieten Erfrischungen an; ein zartes Hühnerbeinchen die eine, die andre ist mehr für trinkbare Sachen. Die Mutter dankt, am liebsten hätte sie nun ihre Ruhe; sie hat es schließlich doch schwerer gehabt als die weise Frau, die am Bettrand ihr Nickerchen tun darf. – Vorn haben die Frühergekommenen sich's mollig gemacht. Die Magd hat ihnen Bier geholt und unterwegs gleich die Wiege mitgenommen. Die erste Lage scheint nicht zu langen; die Magd bekommt Auftrag zu einer neuen. Inzwischen kreist der Becher. Eine ganz Durstige setzt sogar, zum lächelnden Ergötzen einer stillen Beobachterin, den Krug selbst an den Mund. Man muß doch die Gesundheit des Kindes trinken! Das Kleine – ja wenn sie sich nur etwas mehr darum kümmern wollten! Aber das scheint ihnen bei der Badefrau gut aufgehoben, und es ist schon viel, wenn eine durstige Seele für das arme Würmchen einen Blick hat. Törichte Gesellschaft! Wenn sie ihr Geschwätz und ihren Umtrunk für einen Augenblick vergessen und ihre Augen aufmachen wollten, so würden sie noch etwas ganz anderes sehen können: eine himmlische Erscheinung, einen Engel im Gewölk, der segnend zu Häupten von Mutter und Kind sein Weihrauchfaß schwingt. Aber so sind halt die Weiber, sogar in Marialand!

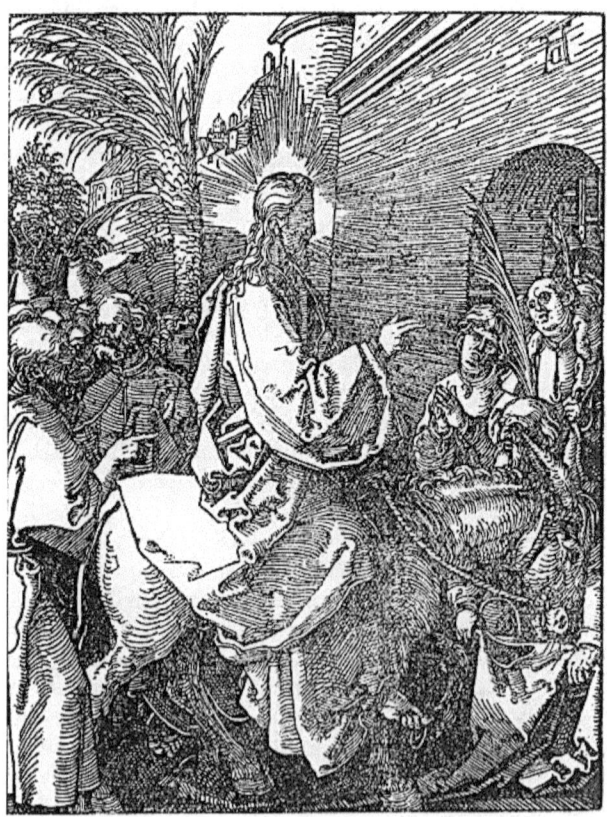

Einzug in Jerusalem
Aus der Kleinen Passion

Drei Jahre gingen hin, da nahmen die Eltern Maria – so hatten sie das Kind getauft – zum erstenmal mit in den Tempel. Maria mit der Kindermagd vor sich, waren sie würdig und langsam, wie es sich für einen Kirchgang ziemt, dahergeschritten. Aber kaum sind sie nahe der Kirchentür, da reißt Maria sich los und poltert die Stufen hinan, als ginge es zum Spielplatz. Recht artig war das ja nicht, und die gestrengen Kirchenbeamten hätten Ursache gehabt, böse zu sein. Aber – schau, schau: die nämlichen Herren, die dem Herrn Joachim damals so unwirsch kamen, sie waren heute die Herzlichkeit selber. Was die guten Beziehungen doch nicht alles ausrichten können!

Und abermals waren Jahre entschwunden, und Maria war herangewachsen zu einer lieblichen Jungfrau. Da geschah es, daß einer von der Tischlerzunft, Joseph mit Namen, um ihre Hand anhielt. Die Eltern waren es zufrieden, und es ward Brautstand angesagt. Im Tempel tat der Priester sie zusammen, unter dem Bogen, wo immer die jungen Paare vor ihn hintraten. Es war ein Bogen mit sonderlichem Geschnitz, denn die Baumeister in Marialand, wenn sie auch ganz anders bauen als ihre Zunftgenossen in Nürnberg, sind doch genau so voller Schrullen und Anzüglichkeiten. – So schön wie heute hatte sich's unter dem Bogen noch selten zusammengefunden. Es war eine Verlobung mit großer Beteiligung, und alles trug den schönsten Sonntagsstaat. Maria hatte hermelingefütterte Ärmel und einen durchsichtigen Schleier, der stand ihr hold zu Gesicht. Der Priester selbst war gerührt, als er die Hände der beiden ineinander tat und dem künftigen Eheherrn noch ein paar besondere Worte mitgab auf den Lebensweg.

Nun aber kam das Ganzgroße: die Verkündigung Mariä, die Ansage, daß sie zur Mutter Gottes auserkoren sei. Sie war beim Beten, als der Engel daherkam und sie ansprach als die Gebenedeite unter den Weibern. Still hörte sie zu, und über ihrem Haupte war ein Licht, und in dem Lichte schwebte die heilige Taube. Gottvater selbst sah vom Himmel herab, denn es war eine gewichtige Stunde, und hier nahm alles seinen Anfang.

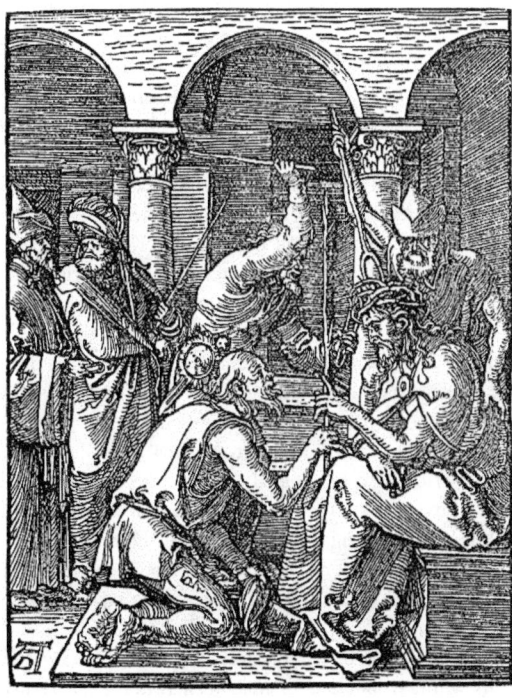

Dornenkrönung
Aus der Kleinen Passion

Was die Heimsuchung ist, das wissen wir alle. Es war ein heißer Tag, als Maria zum Gebirge ging und Elisabeth ihr entgegentrat. Beide Frauen waren gesegneten Leibes. Zacharias stand unter der Tür, den Hut in der Hand, und die Freundinnen hielten sich seitwärts im Schatten der Bäume, da sie wußten, daß die Frauen allein sein wollten.

Die Weihnacht kam; oder nein: es war ein Weihetag. Ob man gleich den Stern am Himmel sah, war es doch hellichter Tag. Der Hirt im Felde, dem es der Himmel gleich schriftlich gab, war weithin zu sehen. Daß Joseph da mit einer Laterne in den Stall kam, war also eigentlich recht überflüssig. Maria war nicht allein gewesen in ihrer schweren Stunde. Flinke Engelchen waren um sie her. Nun, da alles glücklich überstanden war, konnte das kleine Sängerquartett oben am Himmel sein Notenblatt aufrollen und sein vierstimmig Lied anheben, eine neue Weise auf die alten Worte »Ehre sei Gott in der Höhe«.

Im Marialand heischt es der Brauch, die kleinen Kinder am achten Tage nach ihrer Geburt zu beschneiden. Auch das kleine Christuskind hat sich dem fügen müssen. Nur ein Kind noch wurde an dem Tag, für den der kleine Jesus angesetzt war, zur Beschneidung vorgeführt. Das Gedräng war dennoch groß. Es gehören viel Menschen dazu, wenn die Sache nach rechter Ordnung gehen soll, und neugierige Leute finden sich auch in Marialand allemal, wenn irgendwo eine Tür aufsteht und drinnen etwas vorgeht. Das Christkindlein hat sich wacker gewehrt und dem Alten am Bart gezupft. Für Maria war es eine bange Stunde, und Joseph sprach ihr gut zu. Schließlich ging alles wohl ab.

Die heilige Familie war wieder in ihrem Krippenwinkel im alten Burggemäuer. Da glitt über den Himmel ein seltsames Leuchten, und von der Straße her kam Hufgetrappel. Drei Mann saßen ab. Das waren die heiligen drei Könige, die das Kind anzubeten kamen, geleitet von ihren Standartenträgern. Das Leuchten aber ging aus von dem Stern, der den Königen den Weg gezeigt hatte über all die vielen Berge. Denn sie kamen weit her, von den Türken der eine, aus Mohren- und aus Morgenland die anderen. Der Türke kniete als erster, legte den Turban zur Erde und gab Vater Joseph sein Ehrengeschenk. Dann winkte der aus dem Morgenland den König der Mohren herbei, der sich erst gar nicht herantrauen wollte und nun fast über die Schwelle stolperte. Für Maria und Joseph war die Ehre gar groß, und sie wurden ein wenig verlegen; nur das Jesuskind war nicht überrascht und benahm sich recht sicher. – Indes nun der Führerstern am Himmel so ruhig wartete wie die Pferde abseits, kam noch ein zweites Leuchten droben hinzu. Wieder hatte der Himmel kleine Sänger entboten, diesmal ihrer drei, wieder mit einem ganz neuen Lied. Sie mußten gut aufpassen, und einer schlug den Takt dazu. Es war recht schade drum, daß sie unten so wenig auf das Ständchen achteten. Der einzige wirkliche Zuhörer war eine alte Kuh; sie hob den Kopf und sah mit Kennermiene hinauf.

Es ist Brauch in Marialand, daß das Kind nach bestimmter Frist im Tempel dem Herrn dargebracht werde und daß die Eltern als Opfer ein paar Tauben hingeben. Joseph und Maria taten danach. Sie mußten in den großen Saal des Tempels mit den vielen, vielen Säulen. So tief war der Raum, daß das Licht kaum bis ans Ende ging. Zwischen den Säulen drängte viel Volk. Ein freundlicher Priester nahm das Kind in die Arme, derweil die Magd den Käfig mit den Tauben auf den Altar schob.

Nun kamen die bitteren Tage, da Herodes den Kindern nachstellte und die Eltern fliehen mußten, mitten bei Nacht, nach Ägyptenland zu. In aller Eile wurde der Esel gesattelt und eine Milchkuh losgehalftert. Maria mit dem Kind saß auf, Joseph nahm die Zügel, und dann ging es fort in die Nacht. Die Reise war lang und beschwerlich. Durch tiefe Wälder ging es mit gar wunderlichen Bäumen, Palmen geheißen. Doch immer war über ihnen ein lichtes Gewölk mit Engeln wie Leuchtkäferchen. Die wirbelten durcheinander und wiesen den Weg und hielten die heilige Karawane bei Laune.

Endlich waren sie da. In der Nähe der Stadt fand Joseph ein halb zerfallenes ödes Gehöft, in dem kein Mensch mehr wohnen mochte. Er machte sich dran, es herzurichten, er war ja ein Tischler, und so retteten sie sich zwischen all dem Gerümpel im fremden Ägypten ihr Stück Marienland hinüber. Die Menschen blieben ihnen fern, es ging wohl die Sage, daß es in dem Ödhof dort spuke. Der Hausherr kann sie entbehren, er weiß, wofür er sich müht, er hat sein

Weib und das Kind und allerlei himmlische Gesellschaft noch obendrein. Heinzelmännchen mit Flügeln sammeln die Späne zusammen, während er tischlert. Und wenn sie dabei auch allerlei Schabernack treiben, seinen Hut sich aufstülpen, durchs Pusterohr blasen, mit ihrem Spielzeug auf die Mauern klettern, so ist das nur um so lustiger. Maria sitzt an der Wiege und spinnt. Die Engel staunen, wie fein sie das macht, und bringen ihr Blumen. Fröhlicher Lärm ist überall. Der plätschernde Brunnen, die gackernden Hühner, Vogelgezwitscher und Kinderlachen: da schlägt es sich mit der Axt noch einmal so frisch in die Balken.

Es war die glückseligste Zeit im Leben unserer lieben Frau. Zwölf Jahre hat sie gewährt, dann aber kam die Zeit der Leiden. Ein erster Schatten fiel in ihr Leben schon damals, als sie nach langem Suchen den zwölfjährigen Knaben im Tempel fanden. Es war zum Erstaunen, wie keck er all den angesehenen gelehrten Herren Rede stand. Sie hatten ihren Spaß an ihm, aber die Mutter fühlte, es sei gefährlich, mit solchen Herrn sich einzulassen und dabei recht zu haben.

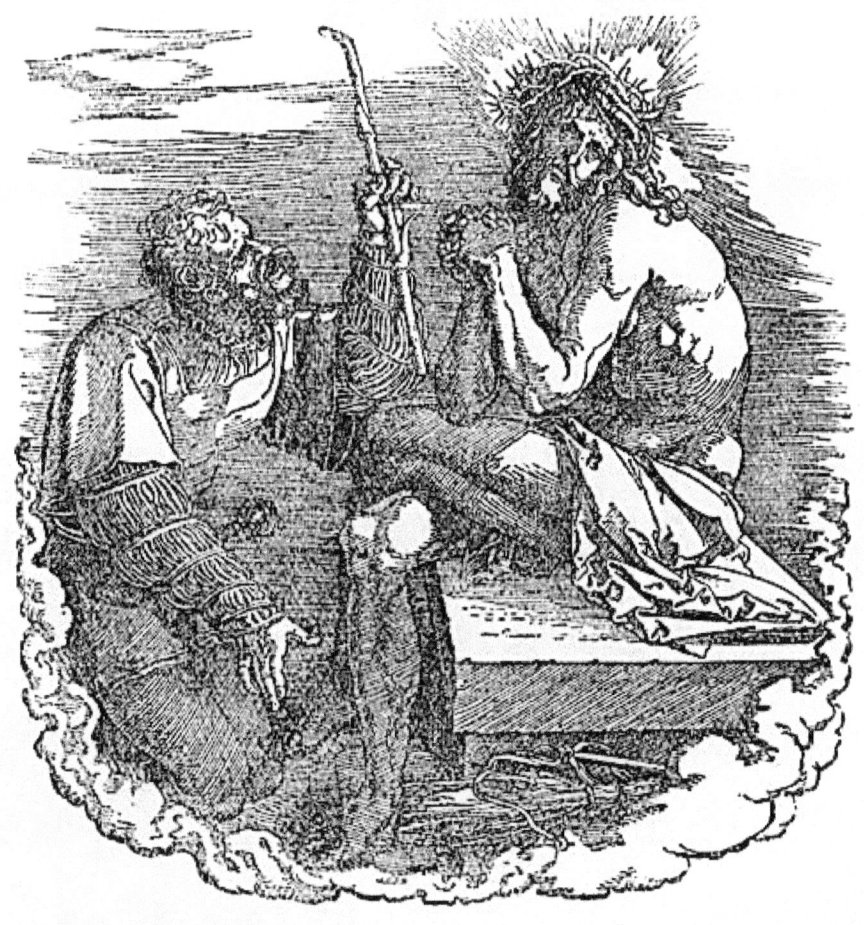

Titelblatt der Großen Passion
(1510)

Ihr Herz hatte richtig gesprochen. Schlag um Schlag traf sie das Schicksal bis zu jener fürchterlichen Stunde, da der Sohn von ihr Abschied nahm, den letzten Segen spendete, und aufrecht in den sicheren Tod ging. Was alles dann weiter geschah, das ist eine andere Begebenheit und steht in der Leidensgeschichte des Herrn.

Maria starb endlich eines gesegneten Todes, Gott der Herr und sein Sohn nahmen sie zu sich gen Himmel. Dort hinauf kam auch Joseph, und als sie wieder alle beieinander waren, da machten sie's wie einst auf der Erde. In Ägypten hatten sie sich in einem einsamen Winkel ein Stück Marialand auf Erden geschaffen. So ein Eckchen für sich machten sie sich auch droben zurecht. Und sie waren es wohl zufrieden, wenn die kleinen Engel um sie her dann mit Osterhasen und anderem Spielzeug sich tummelten, wenn größere Engel Hausmusik machten und artige Dinge sagten und auch sonst aus den himmlischen Wohnungen recht viel Besuch zu ihnen kam.

3

Ein Volksbuch ist das Marienleben. Volksbücher sind auch Apokalypse und Große Passion. Wie anders aber empfindet der Dürer vor und der nach 1500 den Begriff Volk! Wohl hat die Apokalypse einzelne Gestalten, die wie ein Bekenntnis Dürers wirken, er glaube an das Gute im Volk. In der »Niobe des Nordens« vertritt er die Sache der Weltlichen sogar vor seinem Herrgott. Das aber sind Ausnahmen. In der großen Passion wird dem Volk ein Spiegel vorgehalten, der ihm wahrlich nicht wohl will. Als gemeinster Janhagel zerrt es am gefangenen Christus, pfeift und kreischt in die Geißelung hinein und lungert vor dem **Ecco homo**. Der Eindruck will nicht weg, als müsse Dürer, da er sich eben seinen Platz im Nürnberger Menschengedränge zu sichern suchte, von dem Volk dort nicht minder zu leiden gehabt haben als einst von Wohlgemuts Knechten. Was ist ihm schließlich dieses Volk? Eine Horde von kleinlichen, schadenfrohen, zu jeder Tücke bereiten Wesen; unfreie Naturen, die lange unter dem Druck der Hörigkeit standen, und die darum nicht freier und weiter empfanden, weil der Druck der Hörigkeit ihnen genommen war.

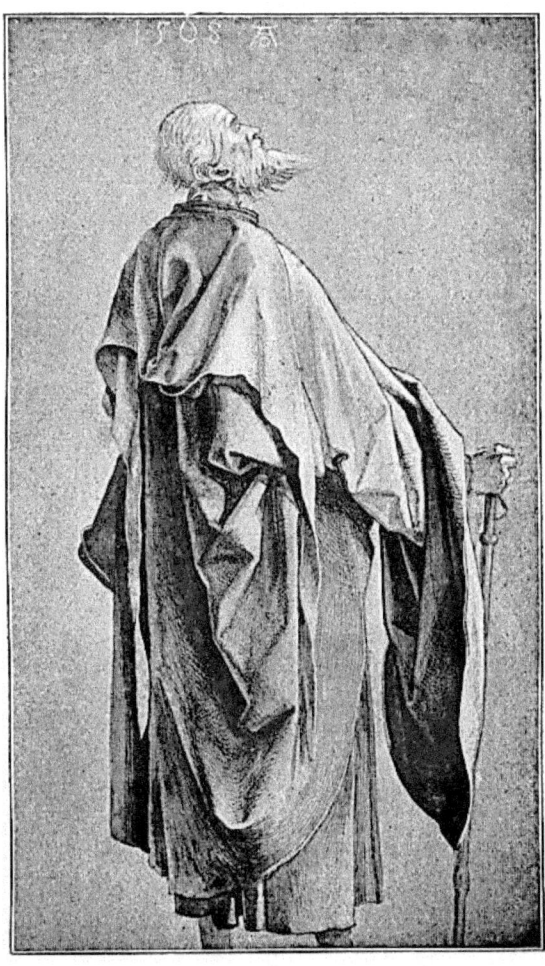

Gewandstudie für den Heller Altar (1508)

Und nun dieser seltsame Umschwung kurz nach 1500. Der knapp Dreißigjährige zeigt sich im Marienleben dem Volke gegenüber von einer Ruhe und Güte und einem Vertrauten Allesverstehen wie ein Weiser, der das Leben tief unter sich hat. Dürer stand in engen Beziehungen zum Humanismus. Das zeigt sich nicht nur in Äußerlichkeiten wie dem lateinischen Begleittext zum Marienleben von dem ihm befreundeten Benediktinerpriester Schwalbe, zu deutsch Chelidonius oder Musophilus (Musenfreund) geheißen. Viel stärker spricht es sich aus in der antikisierenden und italienernden Behandlung des Bauwerks. Das aber hat Dürer nicht gehindert, in diesen frostigen Hallen ein Wohnstubenglück zu schildern von einer Innigkeit, ein Deutschtum im Winkel, daß wir alles andere gern mit hinnehmen, ja daß uns wie bei einem Traum- und Märchenspiel das Vertraute durch das fremde Beiwerk nur noch vertrauter wird. Das große Erlebnis von 1500 hat Dürer Auge und Herz erschlossen für das deutsche Volk, hat es ihm so nahegebracht, daß ihn das große Heimweh nun nicht mehr losließ. Viel Dank hat er von seiner Liebe nicht gehabt, aber »weder venezianische Dukaten noch niederländische Gulden« haben ihn irremachen können. Er kehrte zurück zu dem Volk, das er trotz der engen Verhältnisse, in denen es ihn hinleben ließ, doch besser kannte.

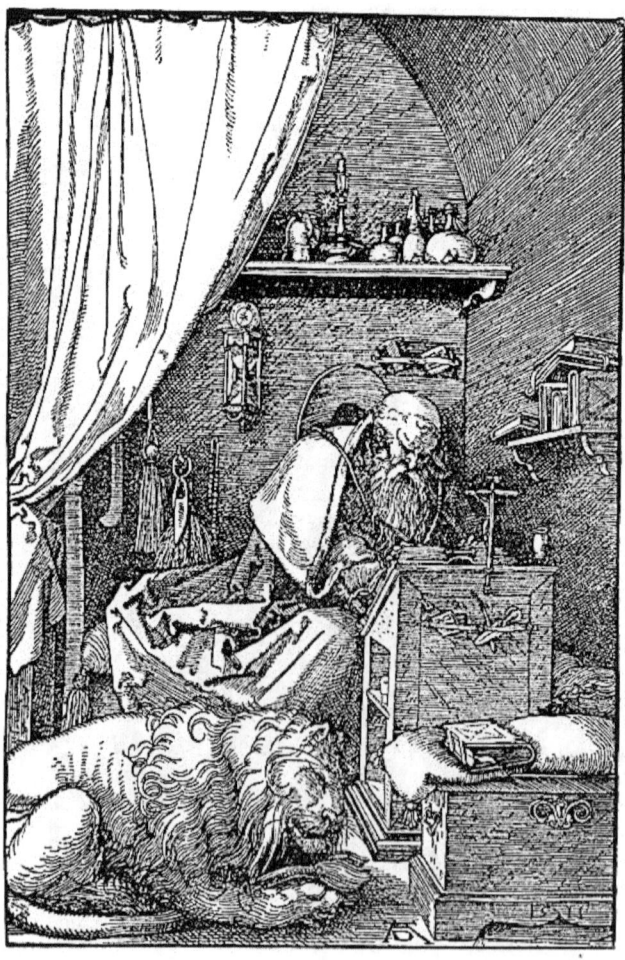

Hieronymus in der Zelle
(1511)

Das Marienbuch ist nicht das einzige Werk, das uns von Dürers vielleicht stärkstem inneren Erlebnis etwas zu sagen hat. Er hat das Leben »unserer Frau« auch sonst immer wieder geschildert, und die kleinen Gelegenheitsarbeiten bewegen sich ganz in der Richtungslinie der großen Werke. Gegenüberstellen lassen sich etwa die »Heilige Familie mit den drei Hasen«, um 1497 entstanden, und die »Weihnacht« von 1504. Dort ist die heilige Geschichte noch kirchlich allgemein empfunden, hier dagegen rein und ausschließlich deutsch. Das ältere Blatt kommt trotz alles liebenswürdigen Schongauers doch nicht recht los von der feierlichen Vorstellung der thronenden Madonna, zu deren Häupten die Himmelskrone schwebt. Ganz unten wagt zwar in den spielenden und knabbernden Hasen der Deutsche ein Wort mitzusprechen, der seine Mutter Gottes mehr liebt als fürchtet, aber es ist doch nur bescheidenes Beiwerk. Wie ganz anders steht Dürer mit der heiligen Sippe auf du und du im Weihnachtsblatt! Mit Nürnberger Augen ist das Gehöft gesehen, das Joseph und Maria sich zur Wohnung auserlesen haben. Ecken und Winkel, verfallene Mauern mit hängendem Buschwerk, dunkle Fensterlöcher, doch durch das alte Tor ein weiter Blick in deutsches Land. Maria betet das Christkind an, Joseph gießt geschäftig aus dem Zieheimer Wasser in seinen Krug. Das ganze Deutschland liegt umschlossen in dem einen Blatt, das nach Hunderten von Jahren noch so verständlich sein wird, wie es das schon tausend Jahre vorher gewesen wäre.

In diesem Zusammenhang wären auch die größeren Gemälde aus Dürers Frühzeit zu nennen: der Dresdener Altar, der sogenannte Paumgärtner Altar (München) und die Anbetung der Könige (Florenz). Die Dresdener Tafel, einst für Friedrich den Weisen gemalt, wahrscheinlich kurz nach 1500, ist leider stark entwertet durch Übermalungen und unmittelbare Verstümmelungen. Im Mittelbild wurde oben ein ganzer Streifen dem Rahmen geopfert. Solche Überschneidungen wie an den Engeln rechts und links sind unmöglich. Damit aber ist der Sinn auch der anderen umherschwirrenden Engel völlig entstellt. Sie mögen den Raum einst erfüllt haben wie ein Fliegenschwarm, der mit seinem freundlichen Gesumm ein Zimmer traulich macht. Beim Antonius links sind Ungeheuer später zugemalt worden, beim Wasserglas vor Sebastian rechts wurde Dürer »verbessert« usw.

Die liebenswürdige Zutat unterlebensgroßer Engelchen, ergänzt durch entsprechend behandelte Bildnisfigürchen begleitet auch die Handlung des zweiten Bildes, die »Geburt Christi« auf dem Paumgärtner Altar. Das Kleinleben wirkt wie Ziermusik. Auch hier haben Spätere hineingepfuscht. In diesem Fall konnte die Übermalung wieder ausgeschaltet werden, wir sehen das Bild wieder, wie es zwischen 1500 und 1505 entstand. Freilich bleibt es ein bloßes Werkstattbild, in der Erfindung durch und durch Dürerisch, ausgeführt aber von Hilfskräften, die ihrem Meister nicht nachkommen konnten.

Einen ganz reinen Klang vernehmen wir erst in der »Anbetung« von 1504, dem Gegenstück zum Kupferstich der »Weihnacht«. Das ist Dürer, nur Dürer! Der Familienzauber der heiligen Gruppe ist trotz aller Innigkeit von erhabener Größe im Vergleich zum spielend freundlichen Hintergrund, dem Dürer diesmal auch ohne die Beihilfe himmlischer Heinzelmännchen doch deren unterhaltsame Stimmung verleihen konnte. Vom lichten Hintergrund zu den wenigen und starken Farben vorn ist es wie ein mächtiges Anschwellen. Einzelheiten fesseln; so die gotisch prächtige Aufmachung des stehenden Königs. Aber nichts drängt sich vor. »Das erste vollkommene Gemälde der deutschen Kunst«: das Urteil besteht zu vollem Recht.

Aus dem Griffelkunstwerk ließen sich noch verschiedene Blätter nennen, die Dürers Marienliebe zu dieser Zeit ebenso beredt zum Ausdruck bringen wie die Fortschritte seiner Kunst aus dieser Stimmung heraus. Das schönste unter ihnen ist ein kleiner Kupferstich von 1503: Maria in einem Heckenwinkel, wie sie das Kind säugt. Ein Stückchen Rasen, ein paar dürftige Latten mit Rankengewächs, ein Vögelchen drauf, vorne Mutter und Kind, das ist alles, und doch – das ganze Deutschland!

Doch die Verinnerlichung Dürers in jenen Jahren, durch jene Jahre drang tiefer noch ein. Er bekam einen seherischen Blick nicht nur für die kleine Welt um ihn her, das Wohnstubenglück, dessen er selbst nicht teilhaft werden sollte: auch die Welt des Kleinsten ward ihm nun erschlossen. Jedes Tier, jede Pflanze, ja jeder Stoff gab sich ihm als ein Besonderes, als ein

Wort der Schöpfung, dessen Sinn er zu erfassen trachtete. Das nun ist ein ganzer Abschnitt deutscher Kunstgeschichte für sich.

4

Die Wiener Albertina bewahrt ein Blatt, in dem beides, Menschliches und Tierisches, ineinander geht wie in altgermanischen Tier- und Pflanzenfabeln. Es ist die Farbenzeichnung der »Maria mit den vielen Tieren«. – Von einem Stück Marialandes sprachen wir, das die heilige Familie in jeglicher Umgebung um sich beisammen haben wollte. Hier ist es noch mehr. Eine ganze Arche Noah, mit aller Kreatur befrachtet, scheint ausgeladen auf einer selig einsamen Insel. Vögel und Insekten, vom Schwan bis zur Libelle, Blumen von der Schwertlilie bis zum Rasenblümchen, ein Uhu in einer Baumstumpfruine, ein Fuchs an der Leine, ein schnatternder Papagei, die ganze Naturgeschichte ist da. Nicht einmal das Löwenpintscherchen von Dürers fehlt, das liebe dumme Viecherl, das dösig hier einem kleinen Oho von Hirschhornkäfer zuschaut. Und wie ist die heilige Geschichte selber erzählt! Der Storch bringt Herrn Joseph die neueste Meldung, die Hirten langen ungeduldig nach dem letzten Himmelsbericht, das Kind die Ärmchen nach Vater Joseph streckend, Maria mit einem Lieblingsbuch in der Hand.

In diesem einzigen Bilde mit seinem holden Gedräng, einem Bild, das wahrlich nur ein Deutscher geben konnte, sind Dürer die Augen aufgetan auch für das verborgene Sein. Es ist wunderlich, wie beide Welten sich mischen. Der Engel am Himmel hat etwas von einer Libelle, die Gruppe der Hirten von wimmelnden Insekten. Dagegen wirkt der Uhu im Gehäus, der Papagei auf dem Pfahl so stark persönlich, daß man meint, ihre Lebensgeschichte zu kennen. Siegfried, dem es ein plötzlicher Zauber gab, Zwiesprache zu halten mit den Vögeln, mag so die Welt gesehen haben.

Ein solches Sichversenken in die Welt des Kleinen und Kleinsten wäre Dürer in der seelischen Spannung vor 1500, als er Sinn nur hatte für das Heroische und Starke, nicht möglich gewesen. Das war ein Gnadengeschenk der neuen Zeit, war wie die Entdeckung eines unbekannten Erdteils. Mit seiner ganzen Künstlerliebe geht Dürer nun den unbetretenen Pfaden nach. Sie führen ihn zu jenen Klein- und Feinbeobachtungen, die von jeher wie etwas kaum Begreifliches bewundert wurden. In der Gruppe von Werken, die er da einsammelte, sind die beiden berühmtesten Stücke die Wasserfarbenbilder des Feldhasen und des sogenannten großen Rasenstücks (aus den Jahren 1502 und 1503, beide in der Albertina).

Was ist es, das unseren Blick immer wieder auf solche Blätter zurücklenkt? Hätte Dürer nichts anderes gewollt als den Augen ein Stück Natur vorzulügen, nach altem Apellesrezept Trauben zu malen, an denen die Vögel picken, dann hätte er Merkwürdigkeiten gegeben, die uns nur einmal, und nur flüchtig etwas sagen konnten. Das aber ist es nicht. Vor seinem Feldhasen, seinem Pintscherchen sind wir gewiß, daß das nur jemand geben konnte, der tierlieb war, der die Parteien tierischer Arten seelisch nicht gelten ließ. Und Fechners Weisheit, daß auch die Blumen Seele haben, daß jeder Halm sein ganz persönliches Leben lebt, ist einbeschlossen im großen Rasenstück. Die stille Weisheit der alten deutschen Mystiker, ihr All-Eins-Empfinden lebt auf im Dürer des jungen 16. Jahrhunderts.

Und nun noch das letzte: Dürers Begreifenlernen, »wie es der Materie zumute ist«. Wir haben aus der Zeit um 1504 den Kupferstich eines einfachen Wappens. Solche Wappen wurden oft in Auftrag gegeben und von den Künstlern schlecht und recht als Auftrag ausgeführt. Auch Dürers Holzschnittwerk hat ein paar Beispiele dafür. Hier aber hat Dürer ohne Auftrag ein solches Wappen nach eigener Laune zusammengestellt und mit dem Glücksgefühl des Schaffenden es durchgestaltet bis ins letzte. Was hat ihn dazu bewegen?

Es wird öfters betont, mit welcher Umsicht hier Dürer alle Möglichkeiten des Kupferstichs ausgenutzt habe, wie er das Metall des Helmes, das tangartige, Krautwerk, das weiche Gefieder des Hahns jedes für sich kennzeichnete und damit die Mittel seiner Kunst erweiterte. Aber was waren einem Dürer die bloßen Mittel! Ihm nur so weit folgen können, heißt jenes kunstblinde Gelehrtenurteil nachsprechen, das ihn einem Apelles gleichsetzte. Nicht äußerlich, sondern von innen heraus hat Dürer auch das Stoffliche gefühlt. Wie etwa Böcklin später einen granitenen Felsen geradezu bildnismäßig charakterisieren konnte, wie ein Zwintscher in verwandter Stimmung dem Geäder einer Marmorfläche nachging, so auch hat Dürer das Metall, das Ranken-

und das Federwerk leibhaft gefühlt. Die Italiener empfanden es sehr wohl, daß hier eine Welt, ihnen selbst auf ewig verschlossen, entdeckt worden war. Vasari wußte, weshalb er beim großen Fortunablatt vor allem den Flügel der Göttin bewundernswert hielt.

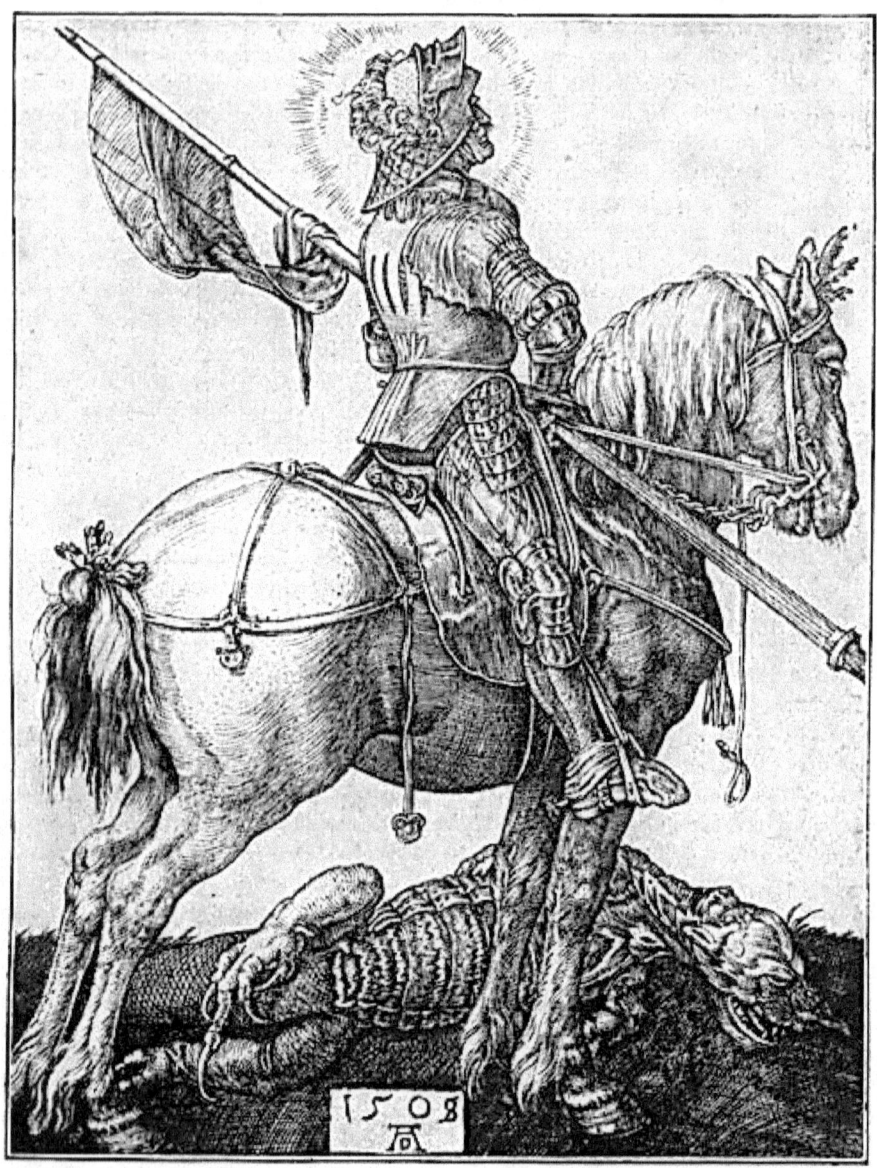

Der heilige Georg (1508)

»Zwei Seelen wohnen, ach, in meiner Brust.« Es war ein Glücksfall für die deutsche Kunst, daß Dürer sich nicht ganz der Welt zu eigen gab, die ihm hier sein – im weitesten Sinne – religiöses Empfinden aufschloß. Ein Künstler, der dort völlig untertauchte, hätte das Augenmaß verlieren müssen für das Große. War nicht bei Dürer diese Gefahr damals bisweilen schon bemerkbar?

Scheint nicht bei »Maria mit den vielen Tieren« die Gestalt der Mutter trotz aller Kenntnis des Italienischen wie ein Rückfall in gotische Zierlichkeit? Denken wir uns eine künstlerische Kraft wie die hier wirkende hineinversetzt in die klösterliche Abgeschiedenheit einer früheren Zeit, so scheint es fast sicher, daß die Klein- und Feinbeobachtung schließlich das letzte Große hätte überwuchern müssen. Dürer muß es selbst immer stärker empfunden haben, und aus diesem Triebe heraus stellte er seine Kunst nun wieder mehr auch in den Dienst der Welt.

VIII. Der Malergentiluomo

1

Eine merkwürdige Gestalt taucht zu Beginn des neuen Jahrhunderts in Dürers Leben auf: Jacobo dei Barbari. Nächst Mantegna hat kein Italiener Dürer innerlich so viel zu schaffen gemacht wie dieser blendende Glücksritter der Kunst. Größere Gegensätze als Mantegna und Barbari kennt selbst die Renaissance nicht. Dort ein ernst vor sich hinschaffender, bis zur Leidenschaft sachlicher Künstler; hier ein ewig wandelbarer Geist, unfähig seiner Zeit zu gebieten, stets willig, sich »von den Ereignissen schaukeln« zu lassen. Ohne weiteres versteht man, daß Mantegna für Dürer etwas war. Der Einfluß Barbaris aber scheint ein Rätsel. Man kann es nicht fassen, daß Dürers scharfes Künstlerauge eine oberflächliche Natur und einen Anempfinder wie diesen nicht durchschaute. Allein Dürer ist ihm gegenüber blind gewesen. Es gab Zeiten, in denen er sich der Einwirkung entzog. Fast höhnisch gedenkt er seiner in Venedig. Dann aber faßt es ihn doch wieder, und noch am Schlusse seines Lebens ist er im Ungewissen, ob nicht doch mit diesem rätselhaften Italiener ein großes Geheimnis der Welt gegangen sei.

Eine solche Macht eines wenig überlegenen Geistes über einen unserer Ersten will erklärt sein. Die Kunst- und die Künstlergeschichte reichen zur Erklärung nicht aus, wir müssen die Dinge schon in einen größeren kulturgeschichtlichen Zusammenhang bringen.

Die Herkunft Jakobos verliert sich in Dunkel. Zwischen 1440 und 50 wird er in Venedig geboren. Die Patrizierfamilie der Barbari nimmt ihn als Schutzbefohlenen an. Er wird Maler, hat eine leichte Hand und bringt es in der Art der damaligen Venezianer zu gefälligen Leistungen. Immerhin ist es nicht genug, um sich in der Stadt des Bellini künstlerisch entscheidend durchzusetzen. Als er später längst aus Venedig fort war, spotteten sie ihm nach: »Wäre er gut gewesen, dann wäre er auch hiergeblieben.«

In einem aber war der Schutzbefohlene der Barbari unbedingt ein Meister, den man gelten lassen mußte: im weltmännisch sicheren Auftreten. Als »Gentiluomo« stand er seinen Mann, und damit vermochte er, wenn nicht in Italien, so doch im barbarischen Norden sein Glück zu machen.

Das Wort Gentiluomo erinnert uns an das neuere Gentleman. Es ist mehr als bloße Sprachverwandtschaft, was den beiden Begriffen etwas so stark Gemeinsames gibt, daß sie sich kulturgeschichtlich beinah decken. Wir erinnern uns ja noch recht wohl der urteilslosen Ausländerei, die den Gentleman als die feinste Auslese menschlicher Gesellschaft empfand, als ein Züchtungsergebnis, dem nahezukommen unsere gesamte Erziehung bestrebt sein müsse. Das sollte nicht nur Geltung haben für die äußere, verbindlich sichere Form. Auch die Gesinnung sollte vornehmer sein, bar alles Kleinlichen und jedem ge meinen Gedanken unnahbar.

Was der Gentleman uns war, das, vielleicht noch in stärkerem Maße, war dem deutschen 16. Jahrhundert der Gentiluomo. Der Gentiluomo war im Besitz der »älteren Kultur«, das bewies er in Haltung und Benehmen, in seinem Beherrschen jeglicher Lage. Man ahmte ihm nach in der Tracht, im Wesen, und als eine große Schmeichelei mochte man es empfinden, gelegentlich mit ihm verwechselt zu werden. »Ich bin ein Tzentilam (Gentiluomo) zu Fenedich worden«, berichtet selbst Dürer voll Stolz nach Nürnberg. Pirkheimer müsse selbst in Italien sein, um es zu fühlen, wie es »eim am Herzen sanft sollt thun«, mit diesen vornehmen Herren als mit seinesgleichen zu verkehren. Wohl sieht auch Dürer, daß sie nicht alle »viel edler Gemüt« sind, daß sich unter der glatten Oberfläche oft Bösewichter verstecken, »do ich glaub, daß sie auf Erdreich nit leben«. Aber empören kann ihn das nicht. Sie sind trotzallem doch so liebenswürdig, so anders als die Deutschen! »Ich muß ihr ja selber lachen, wenn sie mit mir reden. Sie wissen, daß man solich Bosheit von ihn weiß, aber sie frogen nix darnach.« Wenn ein Dürer selbst dem

Schein noch so viel zugestand, will man es da den Massen verargen, daß sie den Schein für alles nahmen und an die höhere Kultur des Gentiluomo blindlings glaubten?

Mit dieser Stimmung rechnete der Weltmann Jakobo bei seinen Plänen, und die Rechnung stimmte ausgezeichnet. Der erste Deutsche, den er bedingungslos von sich zu überzeugen wußte, war der Nürnberger Kaufmann Anton Kolb, damals tätig in der deutschen Faktorei zu Venedig. Ein holzgeschnittener Riesenplan der Lagunenstadt sollte im Druck erscheinen, aus sechs mächtigen Blättern zusammengesetzt, und Anton Kolb sollte als Herausgeber alles Geschäftliche besorgen. Kolb, dessen Schwur es nach Dürer war, »es lebte kein beßrer Moler auf Erden dann Jacob«, ging begeistert auf die Sache ein. Er verhandelte mit der Signoria und betonte vor allem, daß Formen von solchem Umfang etwas noch nicht Dagewesenes seien.

Formen von solchem Umfang: das ist vielleicht das einzige, was der »großzügige« Planer Jacobo an dem Unternehmen sein eigen nennen kann. Wer die Zeichnung ausgeführt hat, ist ungewiß. Jacobo selbst kann es nach stilistischen Einzelheiten (wie den Windengeln) kaum gewesen sein, und als sicher darf es gelten, daß die Ausführung im Schnitt in der Hauptsache Nürnberger Formschneidern zufiel. Sie haben die Arbeit geleistet, deren Ruhm der Gentiluomo Jacobo bei Barbari sich meisterlich zu eigen machte.

Der erste Schritt war getan. Es hieß nun, die ergiebige Verbindung mit Anton Kolb weiter auszunutzen. Die Beziehungen des angesehenen Kaufmanns reichten hoch hinauf, und Jacobo mußte etwas aus ihnen zu machen. Der Stadtplan von Venedig wurde ausgearbeitet in den Jahren 1497 bis 1500. Bereits im Jahre der Veröffentlichung sehen wir Jacobo und Kolb in gemeinsamen Verhandlungen mit keinem Geringeren als Maximilian. Der König weilte in Augsburg. Jacobo fand den Weg zu ihm, und der Künstler-Gentiluomo tat es ihm so sehr an, daß er ihn durch einen Dienstbrief vom 8. April zum Hofmaler ernannte, auf daß er »auf das pest und fuderlichst zuricht und mache und alles das thue, das ain getrewer contrafeter und illuminist seinem Herrn zu thun schuldig«.

Als Wohnsitz wurde Jacobo Nürnberg zugewiesen, das jährliche Gehalt betrug einhundert Gulden rheinisch. Das war eine stattliche Summe, die zu fordern ein Dürer damals noch nicht hätte wagen dürfen. Aber dem Gentiluomo dünkte es noch zu wenig. Für die Reise von Augsburg nach Nürnberg mußte er doch sein eigenes Pferd haben, und dazu gebrauchte er noch 24 Gulden obendrein. Maximilian sah es ein und gab dem Herrn bei Barbari auch noch die 24 Gulden »aus gnaden umb ein pfert zu kaufen«.

So kam Jacobo nach Nürnberg, das er mit einigen Unterbrechungen bis zum Jahre 1505 durch seine Gegenwart beehrte. Er scheint in der Stadt weniger eine neue Heimat gesehen zu haben, als nur einen Stützpunkt für seine ersprießliche Tätigkeit. Geschmeidig paßte er sich dem Geschmack derer im Norden an, erlernte den Kupferstich, wobei er bezeichnenderweise nicht dem großen Wurf Mantegnas folgte, sondern der feineren Art der Deutschen. Als Maler gewöhnte er sich das ins Einzelne gehende Kleinhandwerk an, die Stillebenkunst der Nordischen. Selbstverständlich ohne es ihnen zu danken. Die unmittelbare und plumpe Nachahmung wußte er stets zu umgehen, und so nahm man es treuherzig für wahr – war er doch ein Gentleman! – wenn er den andern zu geben schien, was er in Wirklichkeit ihnen genommen hatte. Nur in einem unterschied er sich von den Handwerkskünstlern des Nordens: das Bürgerpack und das Volksgewühl der Massen kam für ihn als Kundschaft nicht in Frage. Er schuf nur für die beste Gesellschaft, die Humanisten und Patrizier, am liebsten für die Höfe. Im Jahre 1503 finden wir ihn in kursächsischen Diensten auf Reisen nach Wittenberg, Naumburg und Lochau. Zwei Jahre danach ist er in Weimar, weiter am Mecklenburger Hof, 1508 mit Joachim I. von Brandenburg zusammen in Frankfurt an der Oder, dann im Schloß Zuntborch in Diensten Philipps von Burgund. Bei der Statthalterin der Niederlande, der Erzherzogin Margarethe setzt er sich endlich 1510 zur Ruhe mit einem Ehrensold von jährlich 100 Gulden. Es ist, wie Ludwig Justi zusammenfassend sagt, als ob man ihn förmlich herumgereicht habe, als hätte es zum guten Ton eines deutschen Hofes gehört, ihn einmal bei sich gehabt zu haben.

2

Nur die Nürnberger Zeit aus Jacobos Leben ist für uns von Wert. Selbstverständlich mußte Dürer die auffallende Erscheinung des »Jacob Walch«, des welschen Jakob, wie die Stadt ihn nannte, von Anfang an kennen. In den Humanisten hatten sie denselben Freundeskreis, verkehrten also sicher auch persönlich miteinander. Zu inneren Beziehungen aber scheint es trotzdem bis zum Jahre 1504 nicht gekommen zu sein. Nach der ganzen Art der beiden Männer ist anzunehmen, daß Barbari als erster solche Beziehungen suchte, zugleich aber auch, daß Dürer sie gesucht zu haben schien.

Der Vorteil, den der Italiener davon hatte, ist augenscheinlich. Er hatte Witterung für das, was Dürer Volkstümlich machte; in allen Kreisen volkstümlich, auch den vornehmsten. Es war die Empfindung für das kleine und das stille Leben bis hinab zur Materie, das sich kundgab in Dürers Stoffwahl und seiner neuen künstlerischen Handschrift. Jacobo ging dem nach, seine Kunstvielsprachigkeit vermochte auch diese Mundart bald zu beherrschen. Immerhin war es gut, auch das persönliche Vertrauen Dürers zu genießen, um außer seinen fertigen Werken auch die Entwürfe kennenzulernen. Auf welchem Wege war das zu erreichen?

Auskunft gibt uns eine der ergreifendsten Stellen in Dürers handschriftlichem Nachlaß. Sie findet sich im Widmungsentwurf der »Proportionslehre« und lautet: »Wiewol ich ahn Zweifel bin, daß mein nachfolget Fürnehmen van Etlichen für ein Unwissenheit und Thorheit geacht würd, dorum daß sie ein kleine Vernunft und ein ungelehrte geringe Verständnuß dorin finden. Dann sie hören mich aus keinem gelehrten Mann reden, allein aus meinen Fürnehmen, sie thun mir doran nit unrecht, dann es ist wahr. Dann ich selbs wollt lieber ein hochgelehrten berühmten Mann in solcher Kunst hören und lesen, dann daß ich als ein unbegrundter dovon schreiben soll. Idoch so ich Keinen find, der do Etwas beschrieben hätt van menschlicher Maß zu machen, dann einen Mann, Jacobus genannt, van Venedig geboren, ein lieblicher Maler. Der wies mir Mann und Weib, die er aus der Maß gemacht hätt, und daß ich auf diese Zeit lieber sehen wollt, was sein Meinung war gewest dann ein neu Kunigreich, und wenn ichs hätt, so wollt ich ihms zu Ehren in Druck bringen, gemeinen Nutz zu gut. Aber ich was zu derselben Zeit noch jung und hätt nie von solchen Dingen gehört. Und die Kunst ward mir fast lieben, und nahm die Ding zu Sinn, wie man solche Ding möcht zu Wegen bringen. Dann mir wollt dieser vorgemeldt Jacobus seinen Grund nit klärlich anzeigen, das merkt ich wol an ihm. Doch nahm ich mein eigen Ding für mich und las den Fitrufium, der beschreibt ein Wenig van der Gliedmaß eines Mannes. Also van oder aus den zweien obgenannten Mannen hab ich meinen Anfang genummen, und hab dornoch aus meinem Fürnehmen gesucht von Tag zu Tag.«

Ergreifend – anders lassen sich die Worte nicht nennen. Es spricht aus ihnen die ganz verzweifelte Sehnsucht der nordischen Kunst, die voller Figur steckt und doch, unter der Last einer andersgearteten Überlieferung, nicht den Weg zur reinen Gestaltung findet. Hier nun kreuzt die Lebensbahn Dürers ein Künstler, dem die Figuren leicht von der Hand gehen. Er ist ein Italiener, einer wie der Mantegna, in dem sich Dürer schon zurechtgefunden hatte, und so kann er fürs erste ihm keinen tiefen Eindruck machen. Nun aber tritt Jacobo an Dürer heran und weiß sich mit halben Worten als den Verwahrer eines großen künstlerischen Geheimnisses zu geben, mittels dessen es einem jeden möglich ist, wohlgestaltete Figuren zu gewinnen, besser als die Wirklichkeit (zumal im plumpen Deutschland) sie darbietet.

Er hat sogar Beweise für seine Behauptungen. Zeichnungen nach der Antike sind in seinen Mappen. Er weist sie Dürer, und dessen Künstlerblick muß eingestehen, daß dies selbst noch über Mantegna hinausgeht. Und einem solchen Mann sollte nicht blindlings zu vertrauen sein? Ihm sollte er nicht alle Entwürfe willig zeigen und geduldig jeden Tadel auf sich nehmen? Er versteht nicht alles, was der Gentleman dran auszusetzen hat, wird aus seinen dunklen Andeutungen nicht recht klug. Aber das liegt natürlich nicht nur an der Zurückhaltung des Fremden, sondern auch an seiner eigenen deutschen Dummheit und Jugend. In Italien, mochte der aus Venedig bramarbasieren, weiß jeder Anfänger besser Bescheid. Dürer mußte ihm wohl glauben, und die große Sehnsucht nach dem Süden, die über alle kommenden Geschlechter so viel Gewalt ausübte, ging in ihm auf. Als Dürer später wirklich in Italien war, kam ihm wohl eine Ahnung von der Wahrheit. »Auch laß ich Euch wissen,« schreibt er an Pirkheimer, »daß viel besser Maler hier sind weder draußen Meister Jacob ist.« Das aber geht vorüber. Bei den anderen merkte er's, wenn sie ihm sein »Ding« nachmachten und zum Dank noch zeterten, »es sei nit antikisch Art, darum sei es nit gut«. Bei Jacobo blieb er verblendet. Als Alternder, lange nach Barbaris Tod, schreibt Dürer jene Sätze von dem Verstorbenen, der den Stein der Weisen hatte, wert eines neuen Königreichs, und dem er doch nicht folgen konnte. Er bittet die Prinzessin der Niederlande, ihm Jacobos Skizzenbuch zu schenken, in dem er Andeutungen zu finden hofft. Das aber war schon einem anderen zugesagt. So groß war die Macht des weltgewandten, in jeglicher Verstellung sicheren Gentiluomo über den nordischen Barbaren!

3

Wir gehen über zu den wichtigsten Werken, die unter Barbaris Einfluß entstanden, zu dem, was die Antike in der Vermittlung des Jacobo auf Dürers Lebenswerk wirkte.

Am Eingang steht ein Kupferblatt, das größte, das Dürer jemals aus der Hand gab: der »heilige Eustachius«. – Da der römische Feldherr Eustachius, so erzählt die Legende, im Walde einem Hirsch nachjagte, blieb dieser plötzlich stehen, und in seinem Geweih erschien ein Kruzifix. Eustachius aber vernahm eine Stimme: »Was jagest du mich? Ich bin Christus, und lange habe ich dir nachgejagt.« Da stieg Eustachius vom Pferd, fiel auf die Knie und betete das Wunder an.

Um 1504 muß es gewesen sein, daß Dürer die Heiligengeschichte, die später gewöhnlich auf den Namen des Hubertus geht (die Benennung Eustachius ist für Dürer beglaubigt durch eine Stelle im Niederländischen Tagebuch), in einem Kupferstich zu schildern unternahm. Als Ort der Handlung ersann er eine Landschaft, wie er sie schöner nie gegeben hat. Es ist eine Freude, die Augen sich in ihr ergehn zu lassen, bei der Brücke zu weilen mit dem Wässerchen rechts, bei dem baumumstandenen Weiher mit den Schwänen links, dann durch Auen und Wälder den Berg hinan zur stolzen Burg auf der Höhe und ihren bezinnten Türmen und Fachwerkhäusern. Fernstes und Nächstes ist mit gleicher Liebe behandelt. Das Wurzelwerk am Boden, Blumen und Gräser, die Borke der Bäume, deren jeder seinen eigenen Charakter hat: das alles ist der Dürer jener Zeit, dem ein jegliches hienieden ein Beseeltes ist.

Nun aber die Figuren und ihre Handlung! Wenn Dürer nie in eine Landschaft sich mehr einfühlen konnte als in diese, dann hat er auch nie eine Geschichte schlechter erzählt als die vom heiligen Eustachius. Wie aus der Spielschachtel heraus sind die Figuren hingestellt, wo grade Platz war. Das Pferd sorgsam angebunden, obwohl weitab vom Baum, der Hirsch mit ihm in gleicher Richtung, statt ihm zu begegnen, der Jäger an beiden vorbeibetend, die Hunde gänzlich unbeteiligt, nichts weniger als abgejagt, und alle insgesamt, bis auf einen der Rüden, scharf von der Seite. »Musterfiguren.« Man fühlt die Hilfslinien noch, mit denen Dürer, auf Jacobos Anweisung, das Ganze ins Lot zu bringen suchte, und wie ängstlich er bemüht war, ja alles »nach der Maß« zu machen. In der letzten Ausführung bewegt er sich wohl wieder sicherer und freier. Die Felle der Hunde, des Pferdes und des Hirsches sind meisterhaft, »zum Streicheln« gut gekennzeichnet und voneinander unterschieden. Das Seitengehänge des Eustachius ist ein Stilleben für sich, wie es kein anderer hätte geben können; das Kruzifix im herrlichen Geweih würde allein für eine stolze Kupferplatte reichen. An der Befangenheit der Gesamtanlage aber wird trotz allem dadurch nichts geändert.

Ein zweites Blatt, noch stärker von Jacobo bestimmt, ließ Dürer gar nicht erst zur Platte kommen. Es ist eine gezeichnete Apollo- und Diana-Gruppe (Londoner Museum). Der Gott hält in der erhobenen Linken – auf dem Kupfer wäre es die Rechte geworden – den strahlenden Sonnenball. Diana, zur Seite Apolls am Boden sitzend, sucht das Gesicht mit der Handfläche vor dem blendenden Licht zu schützen. Die funkelnde Sonne und ihr Kampf mit Nacht und Wolken ist ein Stück vorweggenommener Rembrandt. Es ist ein unersetzlicher Verlust, daß Dürer das nicht zu Ende führte. Aber grade das Beste wird ihm Jacobo, der die Anregung dann in einem eigenen Apollo- und Diana-Stich armselig genug verwertete, gründlich verleidet haben. **Apol** hatte Dürer in rückläufiger Schrift der Sonne eingeschrieben. Er wurde belehrt, daß da noch ein **L** und ein **O** fehle, und fügte gehorsam mindestens das **O** noch hinzu, obwohl kein rechter Platz dafür da war. Schließlich ließ er sich überzeugen, daß es auf die ganze Sonnengeschichte überhaupt nicht ankomme, sondern auf die mit Zirkel und Richtscheit zu bildende Männergestalt. So gab er den Apoll dann auf und wandte seine ganze künstlerische Kraft auf die Figur.

Diese Gestalt nun ist in der Tat kunstgeschichtlich von höchstem Wert. In ihr entbietet die Antike selbst Albrecht Dürer ihren Gruß. Es ist kein Zweifel, daß der belvederische Apoll in einer Nachzeichnung des Barbari ihr Vorbild ist. Mit einem solchen Blatt hielt der Gentiluomo freilich einen Trumpf in Händen, der sich mit Sicherheit gegen den kunsthungrigen Barbaren ausspielen ließ. Körper und Kopf, belehrte er ihn, sind beide konstruiert, und Dürer sucht und sucht nach den richtigen Maßen, um es zu einer gleich vollendeten Körperlichkeit zu bringen.

Er plant zunächst einen Äskulap (eine Zeichnung, jetzt in Berlin). Dann verwirft er die gelehrt mythologischen Vorwürfe allesamt und entscheidet sich für einen ganz anderen Zusammenhang. Adam und Eva, der alte Lieblingsvorwurf christlicher Künstler, wo sie einmal Nacktes zeigen wollten, scheint ihm das Richtige.

In mehreren Zeichnungen übt er sich erst ein. Am leichtesten geht es bei der Eva, für die er die Idealfigur aus dem »Traum des Doktors« zum Muster nimmt. Auch sie freilich wird »nach der Maß« verbessert. Durch eingezeichnete Quadrate wird sie aufs Schema gestreckt. Für die Männerfigur (seltsame Herenrezepte muß Barbari ihm verschrieben haben) nimmt Dürer Kreise als Hilfsmittel. Beim Standfuß schreibt er noch besonders die Verhältniszahlen ein. Nicht einmal die Köpfe wagt er ohne das Richtmaß auszuführen.

Endlich ist er so weit, das erste Menschenpaar mit dem Stichel auf die Platte zu bringen. Ganz behutsam geht er vor; macht erst Versuchsabzüge, bei denen die rechte Hälfte des Blattes noch weiß ist. Es stimmt. Er vollendet die Arbeit, und stolzer als bei anderen Blättern setzt er aufs Täfelchen vor die Jahreszahl 1504: **»Albrecht Dürer Norcius faciebat«**, Albrecht Dürer aus Nürnberg hat es gemacht.

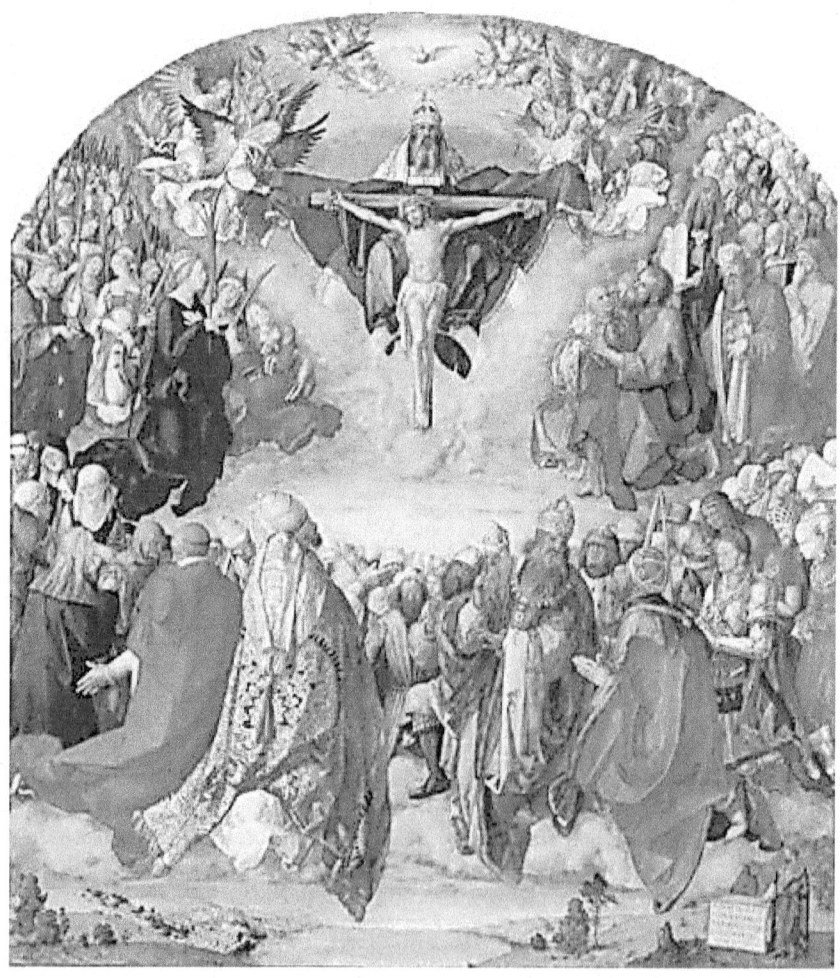

Anbetung der hl. Dreifaltigkeit (1511) – Wiener Sammlung

Vom Eustachius zu Adam und Eva ist es ein gewaltiger Weg, den Dürer in etwa Jahresfrist zurücklegen konnte. Unbefangen freilich gibt er sich noch immer nicht. Wie unter dem brennenden Gefühl des Beobachtetwerdens ist alles angelegt. Die Apollohaltung ist nur notdürftig gerechtfertigt. Eva, deren Rechte in einer vorbereitenden Zeichnung eine etwas sehr volkstümliche Sprache führte, füttert die Schlange. Auch das Getier in den verschiedenen Gründen kauert oder steht Modell. Aber die Figuren gehen mit der Umgebung doch schon besser zusammen, und je mehr Dürer schließlich ins Ausarbeiten kommt, um so natürlicher wird er. Bäume und Laub, Tierfell, Haare, vor allem die wundervolle Unterscheidung des männlichen und weiblichen Körpers mit den einfachen Linienmitteln des Stichels sind Beweise eines Könnens, das selbst ein Barbari nicht länger mehr im Zaun zu halten vermag.

Dürer, als wäre er des trockenen Tones nun endlich satt, ergeht sich wieder in freierem Federspiel. Noch einmal holt er die Apollo- und Diana-Gruppe hervor, als wollte er Jacobo, der ihm die Sache in seiner weichlich schlaffen Art verdorben hatte, zeigen, wie so etwas zu machen sei. Die Belvederestellung ist im allgemeinen beibehalten, aber in der flotten Körperwendung beweist er, daß er sich nun ungebunden fühlt. Vollends frei bewegt er sich in der »Satyrfamilie«, einem in deutsche Waldestiefen verlegten mythologischen Idyll, das die Leute im Volk gewiß nicht weniger ansprach als seine gelehrten Freunde. Im »Fähnrich« endlich, der seine burgundische Fahne so kunstvoll durch die Lüfte schwingt, dieser soldatisch gekleideten Apollogestalt, scheint Dürer selbst sich seiner neu gewonnenen Sicherheit zu freuen. Er hat den Jacobo nun vollends unter sich gebracht, wie er einst den Mantegna überwunden hatte. Aber der zweite Sieg, der künstlerisch kaum nennenswert erscheint nach jenem ersten, ist ihm unendlich schwerer geworden.

4

Nicht ohne Bitterkeit empfinden wir die allgemeine Bewunderung in deutschen Landen für den Mann, der im Frühjahr 1500 stolz zu Roß in Nürnberg eintritt, wenn wir sie der geringen Schätzung vergleichen, die einem Albrecht Dürer noch auf Jahre hinaus genug sein mußte. Was war ein deutscher Künstler für die deutschen Fürsten und das deutsche Bürgertum! Ein Zunftgenosse wie ein beliebiger Handwerker sonst. In Nürnberg wollte man ihm nicht einmal die Rechte des geordneten Innungswesens zugestehen. Als ein Scharfrichter einst sich nebenamtlich aufs Malen verlegte und die Maler von Beruf darüber klagbar wurden, da war es der Bescheid des Rates, der Henker dürfe malen so gut wie jeder andere, denn das Malen sei eine freie Kunst. Wir heute, einem wirklich freien Staate eingeordnet, würden das Urteil als gerecht hinnehmen. Damals war es offenbarer Hohn. Die Freiheit, wie der Hohe Rat sie für die Künstler meinte, war kaum mehr als die Vogelfreiheit der Spielleute; ein Ding, das an Ehrlosigkeit streifte. Kann man es den Malerschulen übelnehmen, wenn sie drauflos handwerkerten und ihr künstlerisches Gewissen vom Geld abhängig machten?

Das ist wahrlich nicht das kleinste Verdienst des Albrecht Dürer, daß er durch seine unbestechliche Gesinnung und seinen unbeugsamen künstlerischen Ernst der Malerei und damit auch den Malern in Deutschland langsam eine neue Wertung schuf. Nicht durch Blenderei und andere Jacobomittel hat er erreicht, was seither alle deutschen Künstler als ein Wiegengeschenk genießen können, sondern durch eine redliche und treue Arbeit, die der Sache um der Sache willen alle Kraft hingibt.

Man hat es ihm schwer gemacht. Wohl war die Heirat mit ihren zweihundert Gulden Mitgift eine gute Grundlage, da Dürer mit seiner Frau »in gesamter Ehe« lebte und über das Geld verfügen konnte. Aber auf dem Haus unter der Vesten lag eine Grundschuld, der Vater war sehr gealtert, er hatte für ihn, für die Mutter und die jüngeren Geschwister zu sorgen. Pfennigweise mußte er einen Teil dessen zusammenlesen, was ein Barbari in runden Jahressummen mühelos einstrich. Stets ist die Sorge hinter ihm her. Frau und Mutter muß er in die Meßbuden schicken, seine Blätter zu verkaufen. Auf Reisen nimmt er außer den eigenen Werken auch solche in Auftrag mit; er muß sich auf Tauschgeschäfte einlassen, Bücher, Juwelen und sonstiges für andere einhandeln. Endlose Scherereien hat er mit fremden Vermittlern, die seine eigenen Sachen vertreiben und ihn dabei zu Schaden bringen, mit feilschenden Auftraggebern, und mit den Kunstpiraten in und außer Landes, die sich im Nachdruck seiner Arbeiten bemächtigen. Durch solche Klippen und Windungen hindurch führte Dürers Lebensweg! Bei solcher Fahrt hat er die Kraft behalten zu seinen Werken, und die Kraft, einem ganzen Stande eine höhere Lebensstellung zu schaffen!

Und hier stehen noch einmal die Eltern Dürers vor uns auf mit ihrer strengen, freudeleeren, doch bis ins letzte gewissenhaften Erziehung. Diese harte Erziehung hat Dürer die Festigkeit des Charakters eingegeben, in jeder Umgebung und in jedem Schicksal auszuhalten. Er hat es wohl gewußt, was er dem Vater dankte, dem Mann von wenig Worten, dessen »höchst Begehren war, daß er seine Kinder mit Zucht wohl aufbrächte, damit sie vor Gott und den Menschen angenehm würden«.

Ein Bekenntnis zu diesem seinen Vater ist neben der Familienchronik und dem Gedenkbuch auch das Bild, das er 1497 von ihm aufnahm, mitten in der Arbeit zur Apokalypse. Das Bild selbst ist verlorengegangen, und nur vier Nachbildungen von fremden Händen blieben erhalten. Sie widersprechen sich in Einzelheiten, aber eine Quersumme läßt sich doch ziehen. Es ist Größe in diesem Kopf mit den runenhaften Zügen und dem schweigenden Blick, dem freilich die Ruhe des Alters versagt scheint. Von den Händen sind nur wenige Finger sichtbar, auch sie in Schatten gehüllt. Die Gewandung steigt in immer schlichteren Falten hinan, den Blick nur auf das Antlitz weisend. Der Jahreszahl ist beigeschrieben:

> Das malt ich nach meines vatters gestalt
> Da Er war sibenzich Jar alt.

Fünf Jahre noch waren dem Alten beschieden. Im September 1502 erkrankte er an der Ruhr. »Und da er den Tod vor Augen sahe, gab er sich willig drin mit großer Geduld, und befahl mir mein Mutter, und befahl uns göttlich zu leben.« In der Todesnacht wird Albrecht Dürer von der Magd geweckt. Er eilt in die Kammer des Vaters, aber es ist schon zu spät. »Eh ich herabkam, do was er verschieden. Den ich todt mit großen Schmerzen ansah, das ich nit wirdig bin gewesen bei seinem End zu sein...Der barmherzig Gott helfe mir auch zu eim seligen End.«

Von sich selbst spricht Dürer im Bilde zu uns aus einem Gemälde von 1498, dem Jahr der Apokalypse (Madrider Museum). Der zarte Flaum um Kinn und Lippen ist zum stattlichen Bart geworden. Aber noch immer ist es dasselbe feingeschnittene Antlitz mit dem stillen Blick, das wir schon kennen. Nur die Kleidung überrascht durch ihren ausgesuchten Geschmack selbst nach dem Freierbild von 1493. Die Rechte (in Wirklichkeit ist es, da nach dem Spiegel gemalt, die Linke) steckt in einem grauen Handschuh. Mütze, Mantelschnur und Wams sind schwarzweiß gestreift, das Linnen über der Brust ist mit einer feinen Goldstickerei gesäumt, über der Schulter ein Mantel von zartem Violett. Am meisten überrascht uns der Schnürleib und das künstlich gelockte Haar. Bei Handwerkern waren solche Alamodereien nicht im Brauch, wohl aber bei den Patriziern und angesehenen Gelehrten, in deren Mitte Dürer gern weilte, und denen er nicht nachstehen wollte. Was ihn dahin zog, war nicht Streberei, sondern die schlichte Erkenntnis, daß »die beste Gesellschaft auch die bildendste« ist (Grimm). Das Fenster rechts verweist auf eine Landschaft. Wie immer bei Dürer klingt in ihr die Stimmung des Bildes aus. Und dann ist auch wieder aktengerecht bei der Jahreszahl vermerkt:

> Das malt ich nach meiner gestalt
> Ich war sex und zwanzig Jar alt.

Ein Bildnis von hohem geschichtlichen Wert aus der nämlichen Zeit ist das Friedrichs des Weisen, der für die Reformation so viel bedeutet. Im April 1495 war er fünf Tage lang in Nürnberg, und man nimmt an, daß Dürer damals eine Zeichnung von ihm machte, nach der er das Gemälde (Berliner Museum) dann ausführte. Das würde eine gewisse Starrheit in Haltung und Ausdruck erklären, die sonst Dürer fremd ist. Ohne Abzug aber kommt der gerade und männliche Charakter zur Geltung, der dem Menschenkenner Dürer starken Eindruck machte.

Einige fernere Bildnisse übermitteln uns klarere Vorstellungen von dem ehrenfesten Bürgertum, das damals in Nürnberg gedieh: Hans Tucher, Felicitas und Elsbeth Tucher (sämtlich von 1499, die ersten beiden in Weimar, Elsbeth Tucher in Kassel, Krell in München). Dürer hatte es dazu, so gut wie der junge Holbein, auf die Bildnismalerei ein Dasein zu gründen, aber er war zu reich für eine solche Bescheidung. Seelisch das fesselndste Bild in der Reihe ist sicher der Oswolt Krell. Das Gesicht, das sich so stark abhebt vor dem roten Vorhang und über dem Schwarz des Sammetkleides, ist sicher das eines bis zur Überreiztheit lebhaften Menschen. Trotzdem ist es in jene vornehm ruhige Haltung gepreßt, die der Gentiluomo-Bewunderer beileibe nicht aufgeben durfte.

Schließlich noch ein Bildnis von 1503, eine schlichte Zeichnung, aber allen Dürerfreunden eine der liebsten: Wilibald Pirkheimer. Ein Mann ganz ohne Getue, derb und gradezu, aber so echt in seiner ungebrochenen Frankenart, daß ihm nachgerühmt werden konnte, im Gespräch mit ihm hätten die italienischen Nobili den deutschen Bürgerstand bewundern gelernt. Es war Dürers bester Freund, bei dem er sich Rats holte in wissenschaftlichen Dingen, und mit dem er sich auch aussprach über alles Allzumenschliche. Pirkheimer war es auch, der ihm das Geld vorstreckte zur Reise nach Venedig. Das war kein geringer Dienst, denn grade damals war das Geld in Nürnberg knapp; selbst der reiche Koburger bekam das zu spüren.

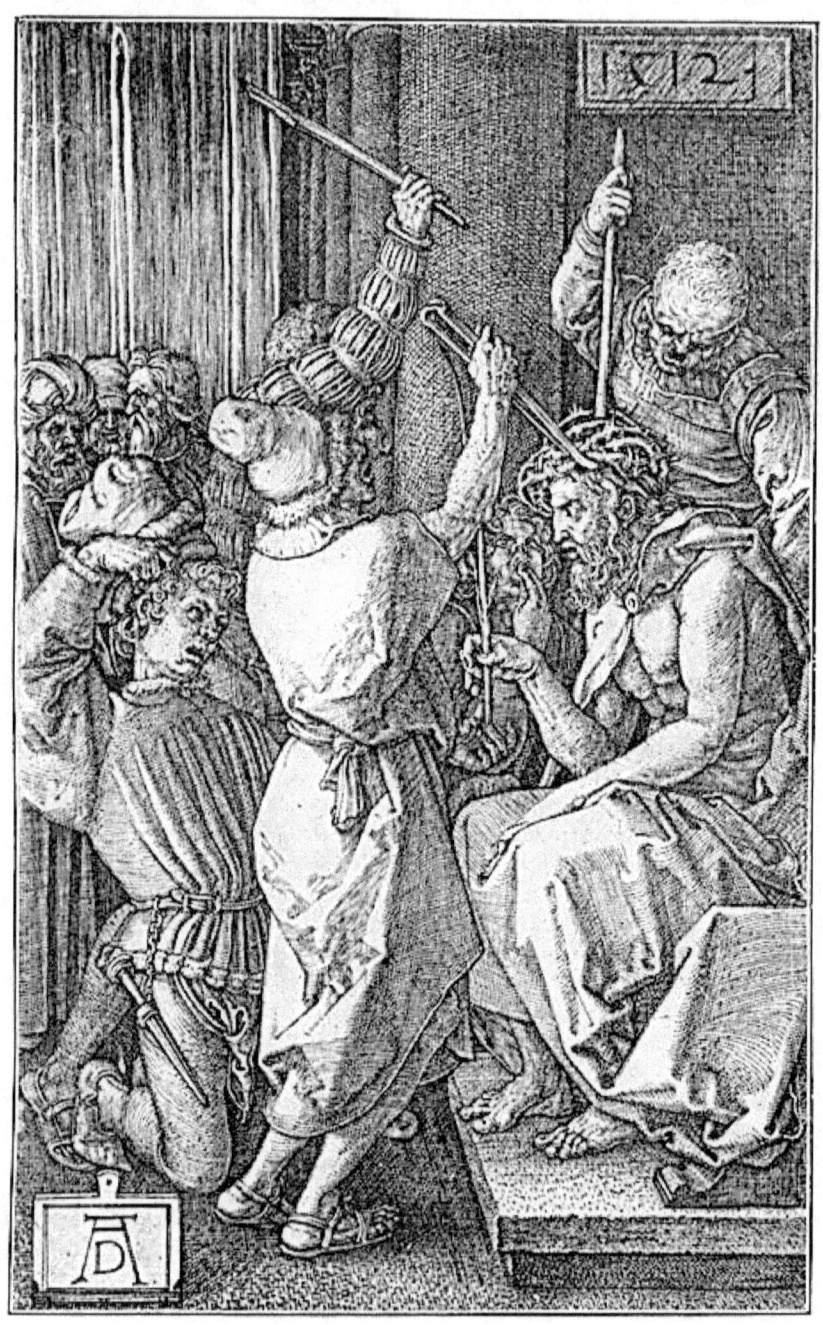

Dornenkrönung (1512) – Aus der gestochenen Passion

Gegen Ende 1505 konnte Dürer endlich die Reise antreten in das vielgepriesene Land, dessen Lob die Humanisten sangen und das so erfüllt sein sollte mit edelster Kunst. Eine Menge von Aufträgen nahm er mit auf dm Weg. Persische Teppiche sollte er einhandeln und griechische

Bücher, Kranichfedern und Schmuck, Papiere, Edelsteine, Perlen. Der Mutter konnte er nur zehn Gulden dalassen, aber sie und Frau Agnes hatten ja seine Blätter, die sich auf der Messe unterbringen ließen. Für sich selbst nahm er aus der Werkstatt sechs kleine »Täfele« mit. Ob er sie auch loswerden würde? An Sorgen fehlte es gewiß nicht. Aber eines hatte er trotz allem sich verschafft: ein Pferd. Hoch zu Roß zog er durchs Nürnberger Tor gen Süd. Ein Tzentilom, das war er so gut wie der Jacobo!

IX. Venedig

1

Hinter uns versinkt die deutsche Stadt mit Berg und Burg, mit Giebeln und Türmen; vor uns ersteht – nein: breitet sich aus Venedig. Die Stadt des Nordens war gebaut, hier diese ist gehöhlt. Wir kennen die andere Wesensart des Südens, und was sie bedingt hat. Auch in den engsten, verbautesten Gassen der alten deutschen Stadt ist jedes Haus für sich wie aus einer eigenen ihm innewohnenden Kraft emporgetrieben. Hier aber scheinen die Straßen ausgehöhlt aus der nämlichen Steinschicht und hinterher erst durchsetzt mit den Schächten ihrer Höfe und den Stollen ihrer Wohnanlagen. Kuppeln wölben sich über der endlosen Steinmasse. Zu stolzer Höhe steigen ihrer einige empor, doch auch sie beharren in der erdenschweren, gesättigten Ruhe der gesamten Siedelung.

Wir treiben auf gleitender Gondel durch die schweigenden Kanäle, die Werke im einzelnen zu sehen. Ein wirres Nebeneinander verschiedenster Formen scheint mancherlei Zungen zu sprechen, und es ist doch stets die gleiche Sprache. Handel und Reichtum haben Venedig werden lassen. Die Bogenhallen des Erdgeschosses sind dem Wasser zugewendet, stets gewärtig, entgegenzunehmen, was die Schiffe ihnen an Frachten zuführen. Darüber gelagert die Wohngeschosse. Buntes Marmorwerk sucht die starren Flächen zu beleben, aber alle Farbenpracht des fernen Ostens vermag ihnen doch keine Gliederung zu geben. Das Rahmenwerk der Türen und Fenster umspielen alle Stile der Welt, aber alle müssen sie sich dem besonderen Stil Venedigs fügen, der ihnen ohne Ausnahme Freistatt gewährt, und sie ohne Ausnahme sich untertan macht.

Wieder einmal können wir vom Kunstwerk Geschichte ablesen. Die wunderbare Kraft, das Fremdeste selbst, das ihr von außen zukommt, sich völlig anzuarten, ist wie der venezianischen Kunst so auch der venezianischen Politik zu eigen. Venedig teilt diese Fähigkeit mit allen anderen Inselstaaten, denen es gegeben ward, sich auf sich selbst zu stellen. Von Kreta und Mykene bis Japan und England ist es ewig dasselbe. Die gemeinsamen Züge besonders mit England sind überraschend. Venedig, charakterisiert es Herman Grimm, war, »als bestünde England heute nur aus Cypern, Gibraltar, Irland, Indien, Australien und Kanada, und als regierender Mittelpunkt dafür London, aber ohne England, die Stadt allein, mitten im Meere liegend«. Außer England wären Amerikas vereinigte Staaten zu nennen, die, wenngleich einen halben Weltteil füllend, doch bis zur Stunde sich ein Inseldasein im Ozean der Völker wahren konnten.

Alle nach Venedig Gelangenden sind voll des Lobes über die vermeintliche Freiheit, die ihnen der gastliche Staat dort bietet. Sie bestaunen den Reichtum, der von allen Weltrichtungen her wie von einem Riesenmagneten angezogen wird, und sich umsetzt in »Werke der Kultur«. Die Reichen scheinen zu wissen, was sie dem Staate schuldig sind. Nirgends wird der öffentlichen Wohltat mehr gewährt als hier. Und welch ein politisches Volk ist hier an der Arbeit! An der Spitze Männer, die schweigen können, die nichts für sich unrecht erstreben, für ihren Staat indessen jeder Handlung fähig sind. Die Masse ein Volk, das vom Hader der Parteien gewiß nicht frei ist, aber einig jederzeit gegen das Ausland.

Als Vormacht der Kultur wurde Venedig von den Damaligen bewundert. Was ist es, das in einem solchen Urteil als Kultur bewertet wird? Für Menschen der äußeren Form etwas Vollendetes, für uns, wenn wir zu Ende denken, nur ein blendender Schein. Der Edelmensch der romanischen Rasse, der Gentiluomo bildete seine besten Züge aus im Inselstaat Venedig. Doch in der Bildung solcher Züge verbrauchte er auch seine Kraft. Es blieb, wie bei Amerika, als ein Gespenst im Blute das schlimme Erbe jener Abenteurer, die als erste zusammentraten in der unnahbaren Siedlung, und es blieb der verkrämerte Geist, der adliger Gesinnung unzugänglich war und unaufhaltsam dem Verderben näher trieb.

*

Das beginnende 16. Jahrhundert sah die Macht des Inselstaates zu ihrer größten Wirkungsmöglichkeit gesteigert. Es wußte diese Macht nach besten Kräften auch gegen den deutschen Norden auszuspielen.

Um Deutschland zog sich wieder einmal der eherne Ring zusammen. Jene Einkreisungspolitik wurde wirksam, die noch jedem Erstarken deutsch-mitteleuropäischer Kultur gefolgt war. Im Städtewesen hatten wir damals den festesten Stützpunkt unserer Kultur: gegen das Städtewesen rückte es vor, von allen Seiten. Schon war 1361 mit der Zerstörung Wisbys ein wesentlicher Teil des Nordens, und 1494 mit dem Fall Nowgorods auch des Ostens verlorengegangen. Langsam regte sich nun auch der Süden, und von keiner Stätte aus wurde dem Deutschtum planmäßiger entgegengearbeitet als eben von Venedig; nicht mit kriegerischen Mitteln, sondern mit denen einer in allen Ränken wohlerfahrenen Politik.

Die Venezianer waren zu klug, um das Stromnetz des deutschen Handels, das auch sie zu ihrem Vorteil nutzen konnten, einfach abzuschnüren. Es genügte ihnen, daß der Stapelplatz zwischen Morgen- und Abendland, zwischen Nord und Süd seit den Kreuzzügen mehr und mehr den Donauländern genommen wurde und an Venedig kam. Sie ließen den deutschen Handel gewähren und unterstellten ihn nur einer immer strengeren Aufsicht. Das Kaufhaus der Deutschen, der Fondaco dei Tedeschi an der Rialtobrücke, war venezianisches Staatseigentum, von Beamten der Republik verwaltet und bewohnt. Nur an dieser Stelle, an der man sie stets in der Hand hatte, durften die deutschen Händler absteigen. Die Gondelführer hatten Weisung, sie nur dorthin zu bringen. Späher waren hinter ihnen her, jeden irgend verdächtigen Handel der Behörde zu melden. Es war das **made-in-Germany-System** der späteren Engländer, einfacher, weil auf einfachere Verhältnisse zugeschnitten, aber in seinen schlichten Mitteln auch unvergleichlich tiefer greifend.

Politische Machenschaften gingen Hand in Hand mit den geschilderten. Ein gutes Beispiel für ihre Art sind die Ränke, mit denen man von Venedig aus den für 1506 geplanten Romzug Maximilians zu hintertreiben wußte. Das sind indessen Dinge, die im einzelnen zu verfolgen zu weit führen würde. Auch die allgemeine Kunstentwicklung, die das Gotisch-Deutsche immer stärker unterdrückte und den Wandel des Ganzen klar erkennen läßt, mag nur angedeutet bleiben. Uns fesselt einzig die Sache Dürers. So eng umgrenzt sie ist, enthält sie gleichwohl die Anzeichen dessen, was sich damals in Venedig vorbereitete.

Wir wissen, daß es auch Dürer die sichere Art der Gentiluomini angetan hatte. Wir wissen ferner, was die Form ihm damals sein mußte, und wie er dieses Elementes nicht entraten konnte. Eine Gefahr lag für ihn in der venezianischen Art. Wie stark sie war, läßt uns die spätere Zutat der Großen Passion erkennen. Vier Jahre lang hat er mit dem Widerstreit gerungen, den der romanische Geist in seine Seele trug. Er ist auch dieser Gegensätze Herr geworden in jenem männlich festen Entschluß, der ihn dann die »große« Malerei trotz alles lockenden Ruhmes aufgeben ließ für lange Zeit.

Nicht Mangel an Aufträgen war es, was ihn bestimmte. Aufträge hätten sich schaffen lassen (von einem sehr gewinnreichen, den er »glatt abgeschlagen«, ist im 8. Brief an Heller die Rede). Die Frankfurter Altartafel wollte man »gleichsam mit Gewalt« von ihm haben und bot ihm fast das Dreifache des ursprünglichen Preises. Er konnte andere Tafeln dafür entwerfen und sich auf diese italienisierende Malerei festlegen. Wir hätten dann einen lateinischen Dürer oder einen deutschen Rubens in ihm bekommen, einen genialen Virtuosen, die Begeisterung aller derer, die auf den Satz eingeschworen sind »Kunst ist Form«. Das Schicksal hat es gut mit uns gemeint, als es Dürer diese Art Monumentalität verleidete. Die Gunst der international Vornehmen hat dadurch verloren, nicht aber die Liebe des deutschen Volks.

2

In der deutschen Kolonie war, als Dürer im Winter 1505 in Venedig ankam, lebhafter als sonst von Dingen der Kunst die Rede. Vor Jahresfrist war der Fondaco dei Tedeschi niedergebrannt. Ein erweiterter Neubau wurde beschlossen, und Ende Juni erklärte die Signoria sich nach langen Verhandlungen damit einverstanden, daß der Auftrag dem deutschen Baumeister Hieronymus zufiel. Bezeichnend war ihre Bedingung, daß an dem Neubau weder Marmor noch erhabene Arbeit verwendet werden dürfe. Die offenbare Absicht, dadurch das deutsche Ansehen zu schädigen, wußten die Kaufleute so zu umgehen, daß sie die Außenmauern ihres Hauses von Tizian und Giorgione mit Fresken ausmalen ließen; was weder Marmor noch erhabene Arbeit war – nur stattlicher als beides.

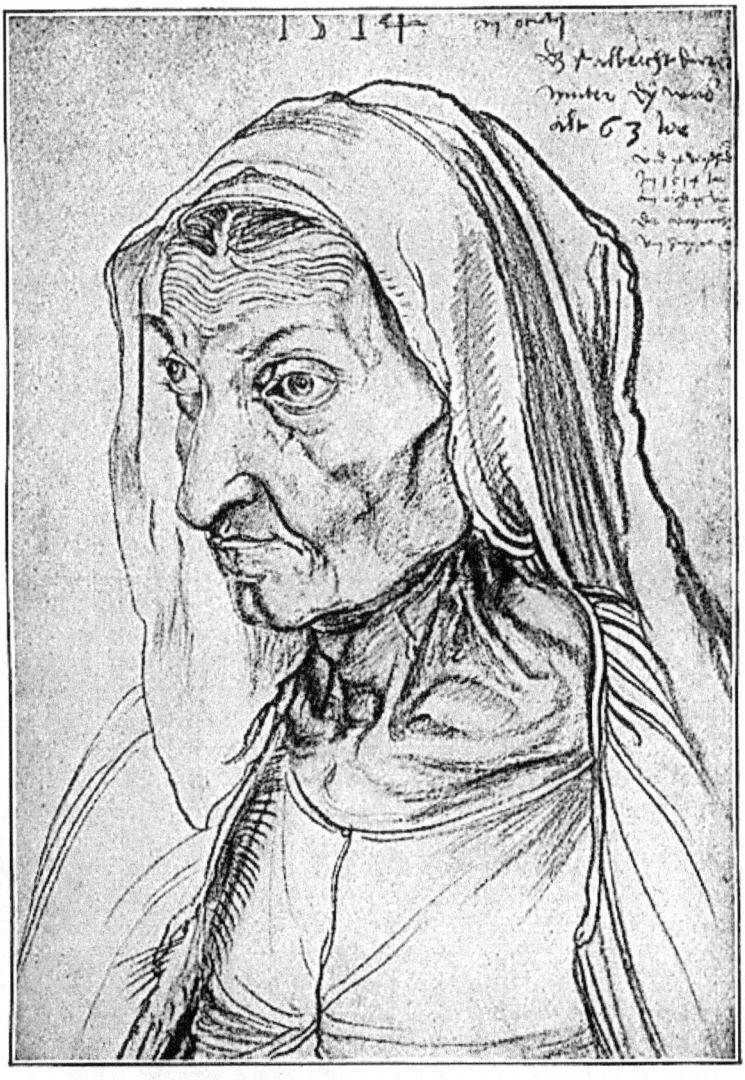

Dürers Mutter (1514) – Berliner Kupferstichkabinett

Doch außer dem Neubau der Kaufhalle wurde noch etwas anderes geplant. Zum Fondaco gehörte eine Kapelle, in die man bei dem feierlichen Anlaß eine Altartafel stiften wollte. Die Rosenkranzbrüderschaft unter den Deutschen war dafür, daß als Gegenstand das Fest der Rosenkränze mit der thronenden Maria inmitten zu wählen sei. Ihr Vorschlag ging durch, und nun war nur noch ein Künstler für die Arbeit zu bestimmen.

Es war gerade um die Zeit der Ankunft Dürers. Der Name des noch jugendlichen Künstlers war längst auch in Italien bekannt. Eben als Marienmaler hatte er hier einen besonderen Ruf durch die Nachstiche, mit denen der Kunstpirat Marcanton aus den bereits erschienenen Blättern des »Marienlebens« ungehörige Geschäfte machte. Einen besseren Künstler konnten die Deutschen nicht finden, und so hatte Dürer das Glück, schon kurz nach seiner Ankunft einen Auftrag zu bekommen, der reichlichen Gewinn versprach.

Ganze 110 Gulden rheinisch wollte man ihm geben. Dürer atmete auf. Die Unkosten würden noch keine fünf Gulden ausmachen, und einen Monat nach Ostern sollte die Tafel schon auf dem Altar stehen. Hinterher ward es ihm freilich klar, daß er sich in der Arbeitszeit ganz bedeutend verrechnet hatte, und ebenso, daß Nürnberger Preise und venezianische zweierlei Dinge seien. Die biederen Landsleute waren recht tüchtige Kaufmänner gewesen. Aber der Auftrag war nun einmal übernommen, und schließlich gab er ihm Gelegenheit; denen in Venedig zu zeigen, wer er war.

Es war das nötig, denn er hatte lange keinen leichten Stand unter den Fremden. Die jungen Maler von Venedig wollten ihm nicht wohl. Der Mann aus Nürnberg war ihnen gut genug, ihn auszunutzen. Aber daß er nun selbst nach Venedig kam und gar von seiner Arbeit etwas haben wollte, das war ein Eingriff in ihr verbrieftes Recht, war ein unlauterer Wettbewerbs gegen den sie geschlossen angingen. Die Losung wurde ausgegeben, im Stechen sei der Deutsche wohl ganz gut, aber seine Malerei sei nichts, mit den Farben wisse er nicht umzugehen. Sie nötigten ihn gar vor die Signoria und setzten es, nach dreimaliger Vorladung durch, daß er vier Gulden in ihre Innungskasse zahlen mußte.

Einer nur war in der fremden Gilde, der frei von aller Kleinlichkeit ihm gegenüber war: der greise, gütige, Giovanni Bellini. In seinem Verhalten zu Dürer ist, übertragen ins vornehm Venezianische, etwas von der überlegenen Weisheit des Wagnerschen Hans Sachs. Des Fremden »Lied und Weise, sie fand ich neu, doch nicht verwirrt; verließ er unsere Gleise, schritt er doch fest und unbeirrt«. Bellini sucht Dürer in seiner Werkstatt auf, bringt Edelleute mit, und sagt ihm in deren Gegenwart viel Artiges. Seine Anerkennung ist nicht nur platonisch. Er bittet Dürer, ihm etwas zu malen; nicht umsonst, sondern für gutes bares Geld.

Ganz besonderen Eindruck machte auf Bellini Dürers Feinmalerei. Bei einem Besuch, so erzählt es Camararius, erbat er sich von Dürer einen der Pinsel, mit denen er das feine Haar zu malen pflege. Dürer rafft zusammen, was an Pinseln grade umherliegt, und hält es Bellini hin: er möge sich auswählen, oder auch sie alle nehmen. Bellini glaubt sich falsch verstanden und erklärt noch einmal: einen der Pinsel für die feinen Haare. Aber Dürer versichert, daß er dafür keine anderen Pinsel nehme, und zum Beweis malt er vor Bellinis Augen eine Locke Frauenhaares. Der Alte ist starr. Hätte er's nicht selbst gesehen, so hätte er es nie geglaubt, erzählte er später den Leuten.

Nun, da ihn Bellini gesellschaftlich eingeführt hat, findet Dürer offene Wege. Fünf von den Bildern, die er aus Nürnberg mitnahm, hat er bis Ende Februar schon an den Mann gebracht. Die Maler mögen ihn noch immer nicht recht, aber die Edelleute finden trotzdem den Weg in seine Werkstatt. So stark ist oft der Andrang der Besucher, daß er sich verleugnen muß.

Als er endlich die Altartafel fertig hat, da ist auch sein Sieg vollständig. Dem Manne des Erfolges geben selbst die welschen Maler zu, daß er doch auch außer dem Stechen noch etwas verstehe. Sie haben »schöner Farbe« und »erhabner lieblicher Gemäl nie gesehen«, ist nun ihre Rede. Der Doge Leonardo Lardano und der Patriarch von Venedig, Herr Antonius Surianus, bemühen sich höchstselbst in die Werkstatt des Deutschen, das Bild in Augenschein zu nehmen, von dem so viel gesprochen wird.

Auch in Venedig ist Dürer nun ein gemachter Mann. Bildnisaufträge laufen ein. Mehr noch: man bemüht sich, die schätzenswerte Kraft im Land zu halten und bietet Dürer ein Jahresgehalt von 200 Dukaten an, falls er nur bliebe. Es war eine starke Versuchung. Dürer fühlte sich wohl in Venedigs vornehm gesellschaftlicher Umwelt. Die allgemeine Verehrung, die er als anerkannter Künstler überall fand, empfand er um so dankbarer, wenn er sie mit der niederen Schätzung in der Heimat verglich. Und dennoch blieb er fest. »O wie wird mich nach der Sonnen frieren! Hier bin ich ein Herr, daheim ein Schmarotzer.« Es hat ihn nicht hindern können, das stolze Herrendasein preiszugeben und wieder zurückzukehren in den Norden.

3

Das Rosenkranzbild, das Dürers venezianische Zeit beherrscht, führt heute ein zurückgezogenes Dasein im Prämonstratenserstift Strachow zu Prag. Es hat viel durchmachen müssen seit jenem September 1506, als es, ein Stolz des deutschen Namens, in die Bartholomäuskirche zu Venedig kam. Gegen Ende des 16. Jahrhunderts erwarb Kaiser Rudolf II. die Tafel um eine hohe Summe. Sie wurde sorgsam verpackt und von vier Männern auf den Schultern nach Prag getragen. Der Kaiser wollte es so, da er nicht das Bild den Erschütterungen einer Wagenfahrt aussetzen mochte. Als dann 1631 der Stadt Prag ein Überfall der Sachsen drohte, schaffte man das Bild, schlecht verpackt und in großer Eile nach Wien. In den Bestandaufnahmen wurde es seitdem als »ganz verdorben« und »ganz ruiniert« geführt. Zu allem Unglück geriet es 1662 einem unbedenklichen Ausbesserer unter die Hände. Die Prager erwarben es im Jahre 1792 um ganze 22 Dukaten und unterzogen es kurz nach 1840 abermals einer gründlichen Übermalung. So hat denn die Tafel nur noch den Wert einer mäßigen Übersetzung, die man mit alten Nachbildungen vergleichen muß, wie sie im Wiener Hofmuseum und in Sevenoaks sich finden.

Es war eine vielfältige Aufgabe, die Dürer zu bewältigen hatte. Beim Rosenkranzfest, einem Kult, der auf den heiligen Dominikus zurückgeht, werden von Maria die Häupter von Kirchen- und Weltfürsten mit Rosenkränzen bekrönt. Schon im 15. Jahrhundert hatte sich für die Darstellung eine gewisse Überlieferung gebildet. Inmitten die thronende Maria mit dem Kinde, über ihrem Haupt zwei schwebende Engel mit der Krone. Die zum heiligen Ordensfest Geladenen knien umher und empfangen ihre Auszeichnung persönlich aus den hohen Händen.

Schon das war eine Aufgabe, die dem deutschen Meister, der zur Innigkeit des Marienlebens herangereift war, Zwang antat. Dazu kam, daß die ersten der Kaufmannschaft, die ja ihr gutes Geld dafür gaben, natürlich auch dabei sein wollten. Ein Regentenstück, wie wir es heute nennen würden, sollte in das Marienbild hineingearbeitet werden. Über ein Dutzend kranzhungriger Köpfe sollte aufs Bild. Maria, das Kind und der heilige Dominikus reichten da zur Dekorierung nicht aus. Ein ganzer Schwarm von Engeln, mit Kränzen beladen, mußte hier und dort hin flattern, damit ja ein jeder seiner Auszeichnung auch sicher war.

Wie nun hat Dürer es schließlich geschafft?

Sein erstes Abweichen vom Herkommen betrifft das Format. Aus dem gotisch hohen wird ein venezianisch breites Rechteck. Die bestimmende Mittelgruppe, zu einem gleichseitigen Dreieck geschlossen, bilden Mutter und Kind, zu ihren Füßen rechts der Papst und links der Kaiser (Bildnisse Julius II. und Maximilians). Die Lücke zwischen Kaiser und Papst wird ausgefüllt durch einen lautespielenden Engel, eine traumverlorene, holdselige Gestalt, in der Dürer vor der Kunst seines Gönners Bellini eine Verbeugung macht. Man kann es sich wohl denken, wie in der Farbe dieser Mittelgruppe eine ganz besondere Feierlichkeit und Pracht gewesen sein muß, wie es von den kostbaren Gewändern der Knienden anstieg zum Juwelengefunkel der Krone. Es wird schon mehr als Höflichkeit bedeutet haben, wenn die venezianischen Maler bekannten, »besser Farben nie gesehen« zu haben.

Und nun das andere: die vielen Bildnisse. Dürer geht in die Tiefe. In breiten, sich erweiternden Halbkreisen lagert er um die Mittelgruppe her die Masse der Knienden, und diese wiederum umschließt eine weite landschaftliche Szene, über die sich fern der Himmel wölbt. Bei der Gesamtanlage der apokalyptischen Blätter hatten wir die Empfindung eines unsichtbaren gotischen Doms. Hier aber wird aus Menschen und Engeln und Landschaften ein Kuppelbau herausentwickelt, der in seiner breiten Ruhe an San Marco gemahnt.

Dürer hat viel getan, um dem Grundgedanken das starr Schematische zu nehmen. Rechts und links ragen Bäume empor, zum Teil überschnitten. An den Stamm rechts hat er sich selbst hingestellt, angetan mit dem französischen Mantel und dem welschen Rock, auf die er so stolz war, zur Seite Freund Pirkheimer; sie beide ein starkes Gegengewicht gegen die konzentrischen Kreise der Knienden. Aber an dem venezianisch sich dehnenden Grund- und Aufriß wird damit nur wenig geändert. Diese Kuppelanlage ist ein Beweis, wie sehr Dürer sich schon damals gewöhnt hatte, venezianisch zu denken, und was wir verloren hätten, wenn er der Lockung der zweihundert Jahresdukaten erlag. Sehr wertvoll sind für uns eine Reihe von Studienblättern zu Einzelheiten. Elf Blättern lassen sich namhaft machen. Das schönste darunter ist das Bildnis des Baumeisters Hieronymus, der im Gemälde in der dritten Reihe kniet, nah am Rande rechts. Es ist eine Tuschpinselzeichnung auf blauem Grund, mit weißen Lichtern gehöht. Dürer hatte sich diese besondere Art der Zeichnung, in der er später so viel leistete, in Italien angewöhnt. Wir sehen das Antlitz eines schweigsamen Menschen von starker seelischer Spannung. Er scheint aus einer anderen Welt zu kommen als die bis zur Härte bestimmten Kaufmannsgesichter um ihn her, denen man wohl ansehen kann, daß sie sich in der Fremde durchzusetzen wissen.

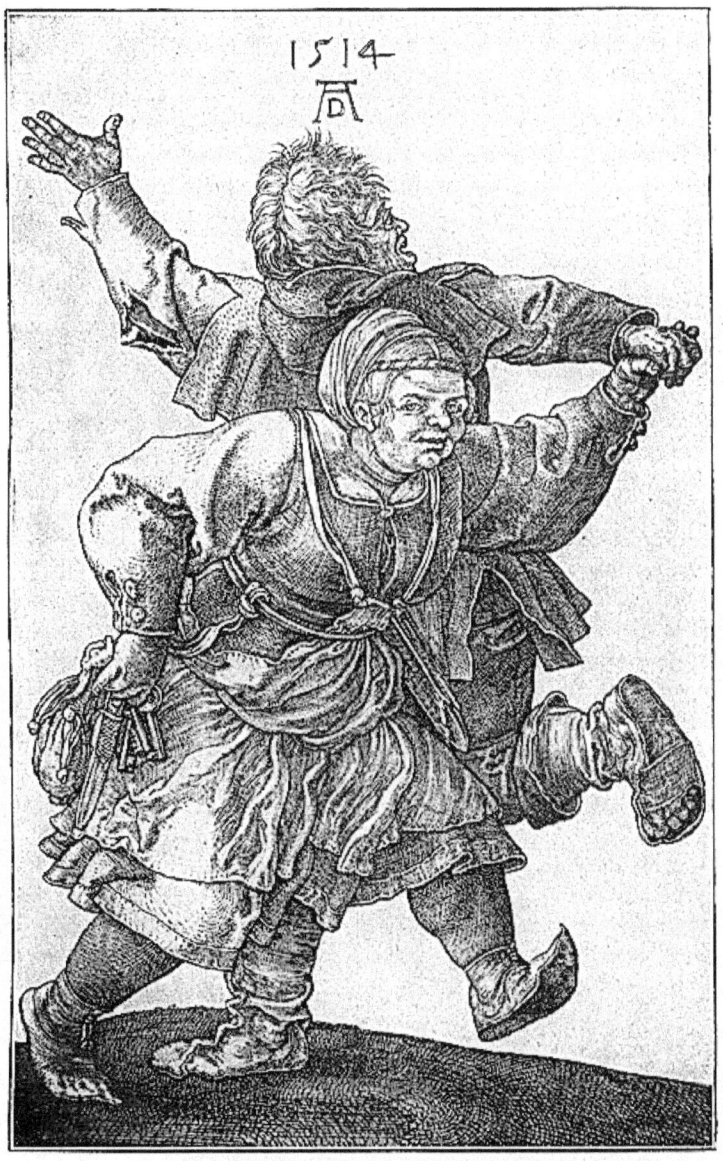

Tanzendes Bauernpaar (1514)

Und dann ist zur Ergänzung noch ein Bild zu nennen, das heute im Berliner Museum hängt: Mutter und Kind mit dem Zeisig. Maria in Gedanken vor sich hinblickend, das Kind mit seinem Schnuller den Zeisig neckend, während der kleine Johannes in Begleitung eines Engelchens mit Maiblumen herankommt. Ein heller Farbenjubel geht von dem Bilde aus, aber venezianischen Augen mag es Mehr gesagt haben als uns. Dürer wird schon recht haben mit seinem Urteil über das Rosenkranzbild, »daß beßres Mariabild im Land nit sei,« und auch auf das bescheidenere Zeisiggemälde paßt noch sein Wort. Italien hatte damals wirklich nicht bessere Mariabilder, wohl aber hatte Deutschland solche, und Dürer selbst hatte sie gegeben. Seine kleinen Kupferstiche sind uns mehr, als uns selbst eine unverdorbene Rosenkranztafel sein könnte, und mehr auch als die Zeisigmadonna, die eine Dame, ja, eine Lady ist, nicht aber die stille deutsche Frau, die liebe Gottesmutter, die mit kindlicher Andacht zu verehren uns Albrecht Dürer gelehrt hat.

*

Ein Bild noch aus der Italienzeit darf hier nicht ausgelassen werden, obwohl sein Kunstwert für einen Dürer nur gering ist: Christus unter den Schriftgelehrten (Rom, Galerie Barberini). » **Opus quinque dierum**«, eine Arbeit von fünf Tagen heißt es auf dem Zettel, der einem der Gelehrten aus dem Buche heraushängt. Es ist eine spöttische Gegeninschrift zu der auf dem Rosenkranzbild, die besagt: » **Exegit quinquemestris spatio Albertus Durer germanus 1506**«, in fünf Monaten hat das der Deutsche Albrecht Dürer 1506 zu Ende geführt. Es klingt fast wie eine Wette Dürers, daß er die Geschichte von dem kleinen Jesus auf so einem italienischen Halbfigurenbild mit dunklem Hintergrund in ein paar Tagen fertig haben wollte. Die so verschiedenen Charaktere stehen gegeneinander wie schrille Mißklänge. Eine »Judenschule«. Jeder für sich ist meisterlich herausgearbeitet, und das beredte Spiel der Hände ist mit Recht noch stets bewundert worden.

Aber nicht das ist es, was das Bild bedeutend macht, sondern die unbestreitbare Tatsache, daß in ihm in die Welt des Albrecht Dürer ein Funke herüberschlägt aus der Welt des großen Leonardo. Diese Blitzlichtbeobachtung und diese gellende Art der Charakteristik pflegte Leonardo in Gelegenheitsarbeiten bis zur Leidenschaft. Dürer getraute sich wohl, es in diesen Dingen mit dem berühmten Italiener aufzunehmen. »Fünf Tage!« Das ist ihm durchaus geglückt, und einzelnes wurde so ernst genommen, daß zum Beispiel Lorenzo Lotto das Gesicht des Mannes links zwei Jahre später bei einer Heiligengestalt (Onophnus) bis ins letzte übernahm.

Weniger obenhin aber vernahm Dürer eine andere Kunde: Leonardo war einer von denen, die »aus der Maß« malen konnten. Gestalten und Gesichter, regelmäßige und verzerrte. Was in den Barbaritagen in Dürer lebendig geworden war, und was ihn seitdem bis an sein Lebensende nicht mehr verließ, wachte in Venedig von neuem auf. In Bologna sollte einer wohnen, der sich mit diesen Sachen ganz besonders beschäftigte. Die Mitteilung genügte Dürer, um ihn zu einem acht- bis zehntägigen Ausflug nach Bologna zu veranlassen. »Ich werde gen Bologna reiten um Kunst willen in heimlicher Perspektiva, die mich einer lehren will.« Wir wissen nicht sicher, wen er in Bologna aufgesucht hat (wahrscheinlich war es Luca Pacioli). Aber ein denkwürdiges Zeugnis bleibt die verschiedene Schätzung, die sich dort in dem Fünftagebild gegen die bloße Augenblicksbeobachtung aussprach, und hier in dem tiefen Ernst, mit dem er dem das Gesetzmäßige erforschenden Leonardo nachging. Es war ein Verhängnis für Dürer, daß es ihm nicht vergönnt war, mit Leonardo selbst Fühlung zu gewinnen, und sich begnügen mußte mit bloßen Barbari-Naturen.

4

Wir wollen uns nicht trennen von Venedig, ohne der zehn an Wilibald Pirkheimer gerichteten Briefe zu gedenken, denen wir die Kenntnis aller Einzelheiten von Dürers Italienreise verdanken. Ein Zufall hat sie uns erhalten. Die Hauptmasse, ihrer acht, wurde im 18. Jahrhundert in einer hohlen Wand des früher Imhoffschen Hauses in Nürnberg entdeckt. Wahrscheinlich hatte man sie dort während der Schrecknisse des Dreißigjährigen Krieges eingemauert. Die Briefe wirken wie jene hellenistischen Mumienbildnisse, die eine vergangene Kultur uns in eine dichtere Nähe bringen, als alle hohe Kunst es vermag. So lebendig hatte man Dürer nie vorher gesehen. Ganz gewiß war der Mann, der da so ungezwungen mit dem Freunde plaudern und oft derb wie ein Landsknecht scherzen konnte, nicht der versonnene Künstler, wie ihn die Romantiker sich dachten. Es war ein Mensch mit Knochen im Leibe und mit stoßbereiten Ellenbogen. Müssen wir aber darum das Charakterbild des Künstlers umwerten in das eines deutschen Filippino Lippi mit einer Art doppelter Buchführung, zu dem das Marienleben und die Feinmalerei nicht so recht passen?

Das hieße doch wohl Briefe schlecht lesen können! Ein Brief, der wirklich einer ist, sieht die Welt immer durch ein doppeltes Glas: durch die eigene Seele und durch die des Empfängers. Es ist ein Unterschied, wie Dürer an Pirkheimer, und wie er an die Krämernatur des Frankfurter Kaufherrn Jakob Heller schreibt; und Pirkheimer selbst redet er anders an im vertrauten Gespräch, und anders vor der Öffentlichkeit in einer Buchwidmung. Bei dem vollblütigen, bajuvarisch knorrigen Pirkheimer wäre ein rührseliger Briefstil übel am Platz gewesen. Die ganze Zeit vertrug dergleichen nicht, denn es war eine männliche Zeit, die einen Werther aus vollem Halse verlacht haben würde. Dürer schickte sich drein. Er wollte keiner sein, den die »Stube« – der Stammtisch würden wir sagen – zum besten haben könnte. Er weiß den Leuten zu dienen. Hätte er in früheren Jahren schon etwas von dieser Erfahrung gehabt, so würde er unter Wohlgemuts Knechten nicht so viel gelitten haben.

Das also müssen wir zunächst abziehen. Nur ganz selten finden sich Stellen wie »ich hab kein andern Freund auf Erden denn Euch«, »ich hab bei mir ein graues Haar gefunden, das ist mir vor lauter Armut gewachsen«, »ich meine, ich sei dazu geboren, daß ich übel Zeit soll haben«. Aber grade solche Stellen bringen Wesentliches, hier redet Dürer ohne Pirkheimer, von ihnen aus muß man auch anderes nehmen.

Sehr bemerkenswert ist nun, wie das Freundschaftsverhältnis zwischen Dürer und Pirkheimer in dieser Zeit sich entwickelt und den gesellschaftlichen Abstand mehr und mehr ausgleicht. Der erste Brief, vom 6. Januar 1506, steht noch ganz unter dem drückenden Gefühl der bei Pirkheimer aufgenommenen Verpflichtung. »Ich bitt Euch, habt Mitleid mit meiner Schuld, ich gedenk öfter daran denn Ihr.« Die Perlen und Steine, wie Pirkheimer sie wünsche, seien leider nicht preiswert zu bekommen, aber die Sache mit den Büchern sei geregelt. »Bedurft Ihr sunst etwas, das laßt mich wissen, das will ich Euch mit ganzen Fleiß ausrichten. Und wollt Gott, daß ich Euch großen Dienst kunnt tan, das wollt ich mit Freuden ausrichten.«

Der Ton der Pirkheimerschen Antwort muß der vornehmen Art dieses Mannes entsprochen haben. Im zweiten Brief, einen Monat danach, gibt Dürer sich schon viel ungezwungener. Er spricht ausführlich von seinen Erlebnissen, und wie er bedauert, Pirkheimer nicht da zu haben. Gegen Schluß wagt er gar ein paar kräftige Sticheleien auf Pirkheimers »Buhlschaften«, deren Namen rebusartig durch kleine Zeichnungen angedeutet werden.

In der nämlichen Art sind die folgenden vier Briefe, in den Monaten Februar bis April geschrieben. Geduldig werden alle Pirkheimerschen Aufträge erledigt, diesem selbst aber auch verschiedene Besorgungen für Nürnberg anvertraut. Dazwischen Berichte über den Fortgang der Arbeit und die Begebnisse in Venedig. Kleine Hecheleien gehen nebenher, aber Dürer gibt dem Freund Gelegenheit, ihm entsprechend zu antworten durch Wendungen wie »morgen ist gut beichten«, die andeuten, baß er das Beichten wohl nötig hatte.

Es folgt, vom 25. April bis zum 18. August reichend, eine längere Pause. Der Briefwechsel kann inzwischen nicht abgebrochen sein, nur fehlen uns leider die Stücke, die den allmählichen

Übergang in die Stimmung der letzten vier Briefe erkennen lassen würden« Diese Briefe nun sind kulturgeschichtlich wie menschlich Zeugnisse vom höchsten Wert. Ein Freund schreibt da dem anderen. Er macht sich lustig über die Schwächen, aber in einer Art, die zugleich erziehen soll.

Die ewigen Aufträge mit Schmuck und ähnlichem »Narrenwerk« werden jetzt ganz anders behandelt. »Wenn Ihr mich allein ungeheit (ungeschoren) ließt mit den Ringen! Gefallens Euch nit, so brecht ihn den Kopf ab und werfts ins Scheißhaus, als der Peter Weisweber spricht. Was meint Ihr, daß mir an solchem Dreckwerk lieg?« Pirkheimer möchte Kranichfedern besorgt haben als Hutschmuck. Dürer kann keine auftreiben; aber Schwanenfedern von der Sorte, mit der man schreibt, die gibt's überall. »Wie, wenn Ihr ein Weil derselben auf die Hut stecket?!« Als Pirkheimer noch immer nicht locker läßt, heißt es im nächsten Brief ganz kurz: »Item, der Narrenfederle kann ich keins bekumen.«

Ganz besonders, schlecht trifft es Pirkheimer, wenn sr dem Freund, auf humanistische Art prahlerisch kommen will mit seinen großen Erfolgen als Diplomat und im Verkehr mit hohen Herren. Dürer redet ihn, ersterbend in erheuchelter Ehrfurcht, auf italienisch an (einem sehr zweifelhaften Italienisch, untermischt mit lateinischen Brocken): »Mächtigster, vornehmster Mann der Welt! Euer Diener und Sklave Albrecht Dürer entbeut seinen Gruß dem gewaltigen Herrn Willibald Pirkheimer.« O, er kann es sich wohl denken, daß ein Mann wie der Pirkheimer feinen Gegnern Eindruck macht. »Wann Ihr seht auch wild, und sunderlich im Heiltum (bei der Prozession), wann Ihr den Schritt hupferle gand.«

Pirkheimer hat sich dem Markgrafen gegenüber seines großen Gedächtnisses gerühmt, und daß er 100 Artikel frei vortragen könne. Dürer darauf: Der Markgraf wird kaum so viel Audienz geben können! »100 Artikel und jedlicher Artikel 100 Wort brauchen eben 9 Tag 7 Schtund 52 Minuten, ohn die suspiri (hörbares Atmen beim Sprechen), der hab ich noch nit gerechnet.« Dürer sieht ihn ordentlich vor dem Markgrafen stehen: »Tut eben, as wenn Ihr um die Rosenthalerin buhlt, also krümmt Ihr Euch.«

Immer wieder freilich gleicht Dürer die Dinge aus, indem er auch sich selbst zum besten hat. Ganz besonders mag Pirkheimer gelacht haben über einen mißglückten Versuch des berühmten Albrecht Dürer, auf seine reifen Tage noch – Tanzstunde zu nehmen. »Wißt auch, daß ich hätt fürgenommen, tanzen zu lehren (lernen) und ging 2 mol auf die Schul. Do mußt ich dem Meister 1 Dukaten geben, do kunnt mich kein Mensch mehr hinaufbringen.«

Zwischen Scherz und Ernst schwankt die Wagschale, wenn Dürer dem ruhmredigen Humanisten und Patrizier seine eigene Würde als Künstler entgegenstellt. Seine Tafel ist fertig: »Und wie Ihr Euch selbs wohlgefallt, also gib ich mir hiermit Euch zu verstehn, daß beßres Mariabild im Land nit sei. Wann all die Kunstler loben das, wie Euch die Herrschaft.« Pirkheimer spricht so viel von seinem Verkehr mit hohen Herrn: »Aber so Ihr so groß geacht daheim seid, werdt Ihr immer auf der Gassen mit ein armen Maler türfen reden, es wär Euch ein große Schand.« Es sind nur wenige Sätze, in denen Dürer so spricht, aber in ihnen steckt die ganze Kraft, die den handwerkernden Künstler des Mittelalters in Deutschland emporzuheben und ihn dem Gelehrten und dem Adligen gleichzustellen vermochte.

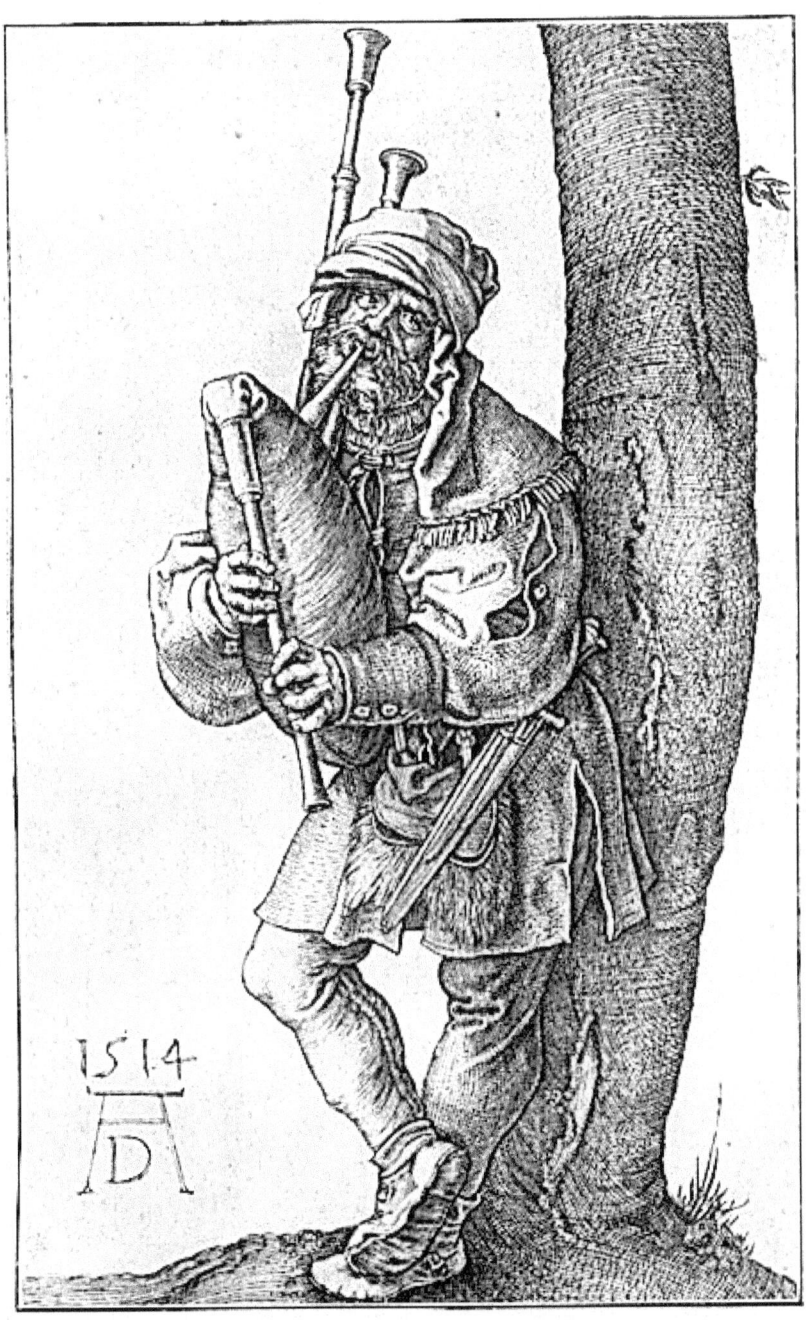

Dudelsackpfeifer (1514)

X. Gesteigerte Größe

1

Als Dürer 1494 in die Heimat zurückkam, da fand er ein anderes Nürnberg vor. Nun, zwölf Jahre später, bekam Nürnberg einen anderen Dürer zurück. Das war noch das mindeste, daß er ein wohlhabender Mann geworden war, daß er jetzt seine Schulden abzahlen und das elterliche Haus von der letzten Last befreien konnte. Entscheidend war die innere Wandlung. Als Dürer auf Gesellenfahrt war, hatte die Vaterstadt ihn überholt, kraft jenes freien Geistes, den der Humanismus gab. Jetzt war es umgekehrt. Ohne Vermittler hatte er sich aneignen können, was draußen in der Welt an neuen Gedanken umging. Nun war ihm offenbar geworden, was eigentlich die neue Welt emportrug, und was die Schwärmer für das Antikische in den neunziger Jahren nur hatten ahnen können. Über ein Jahr lang hatte er sich in der vornehmen Gesellschaft bewegt, deren lässig sichere Herrenart den Deutschen so viel Eindruck machte.

Er hatte Sinn bekommen für das, was den Gentiluomini als schicklich galt; so viel Sinn, daß sie ihn für einen der Ihrigen nahmen, und Wert darauf legten, ihn dazubehalten. Seine Nürnberger Freunde mochten spotten über seinen welschen Mantel und französischen Rock, vielleicht auch über manche seiner neuen Angewohnheiten. Eins aber spotteten sie ihm nicht weg: seinen neuen Künstlerblick, seine Fähigkeit, die Dinge auf italisch zu sehen, groß, gemessen, ruhig, und mit Bewußtsein sich verschließend gegen alles Hastige und Drängende. Im Geiste einer solchen Großheit wollte er fortan schaffen.

Da saß er nun wieder im Haus unter der Vesten in seiner alten Umgebung; eine kränkelnde, bigotte Mutter, unversorgte Geschwister und eine Frau mit ewigen Haushaltsorgen um sich her. Es waren andere Klänge, die vom holprigen Nürnberger Straßenpflaster zu ihm heraufdrangen als von Venedigs schweigsamen Kanälen. Die Freunde, die ihn während der Arbeit aufsuchen kamen, waren trotz ihrer welschen Hochschulbildung von ehedem doch eine recht ungeschliffene Gesellschaft. Der Werkstattbesuch dort unten war feiner gewesen. Und wieviel Kennerschaft hatte sich in der Rede der Edelleute gezeigt! Hier klebte noch alles am Wort, die Form war ihnen verschlossen, sie redeten vorbei an allem, was ihm jetzt wichtig war. Da konnte es einen wohl schon nach der Sonne frieren!

Sonne oder Nebel, Nürnberger Lärm oder Gondelgesänge – gleichviel das alles: nun war er da und es hieß anknüpfen an die Arbeit, die vor anderthalb Jahren hier liegengeblieben war. Der Werkstattbetrieb mit Gesellen für die Allerweltsaufträge wurde wieder aufgenommen. Welchen besonderen Aufgaben aber sollte er die eigene Kunst ausschließlich widmen? An der Großen Passion und am Marienleben fehlten noch verschiedene Blätter. Sollte er sie fertig machen? Aber eine ganze Welt stand jetzt zwischen ihm und der Meßbudenware. Unter all seinen früheren Sachen war nur ein Blatt, das ihn augenblicklich fesseln konnte: Adam und Eva, der Kupferstich von 1504. Die Erinnerung an diese Arbeit, mit der er einst das Größte gewollt, hatte ihn auch in Venedig nicht gelassen. Er hatte scharfe Augen bekommen für das noch Gebundene und Unvollkommene und hatte Studien entworfen, wie es zu bessern sei. Das wollte er nun in Ruhe vollenden. Nicht mehr als einfachen Kupferstich, sondern als ein stolzes Doppelbild; zwei lebensgroße Gestalten, die Gestalten allein, von einem dunklen Grund sich lösend.

In der Tat, das erste Dürerwerk der nachitalienischen Zeit (jetzt in Madrid) atmet ein Leben, wie es die nordische Menschendarstellung bis dahin nicht hatte geben können. Dürer hat auch diesmal beim Entwurf die Maße zu Hilfe genommen. Aber der fertige Bau läßt das Gerüst nicht mehr erkennen. Die einzige Befangenheit ergab sich aus der Forderung, Schamzweige anzubringen. Sie zwingen der Linken des Mannes und der Rechten der Frau erkünstelte Stellungen auf. Sonst aber ist alles ganz bei der Sache. Adam mit offenem Mund und begehrlichen

Augen hinüberblickend, die Finger der Rechten zuckend vor Erregung; Eva, leicht vornübergebeugt, ganz zärtliche schmiegsame Katze. Man muß sie mit einem frühen Versuch wie der Erscheinung im »Traum« vergleichen, um etwa im lauernd hinschleichenden Gang zu fühlen, wieviel unmittelbarer und sinnlicher Dürer hier empfunden hat.

Wir haben zwei Fassungen der Doppeltafel. Die geschilderte trägt von Dürers Hand die Inschrift » **Albertus Dürer faciebat post virginis partum 1507**«, der Deutsche Albrecht Dürer schuf dies im Jahre 1507 nach der Geburtschaft der Jungfrau. Eine alte Wiedergabe aus Dürers Zeit, wahrscheinlich aus der Werkstatt, besitzt Florenz (Galerie Pitti). Sie unterscheidet sich durch einen Hintergrund, der die Umwelt des Paradieses in einigem Getier andeutet. Der schwarze Grund wird zum Dunkel eines Waldes, angefüllt mit mannigfachem Leben. Papageien, Rebhühner, eine Löwin, ein Hirsch werden sichtbar.

Es ist ausgeschlossen, daß der Nachahmer das Beiwerk aus Eigenem dazutat. Wir haben außerdem für einzelnes Belege in Zeichnungen von Dürer selbst, und so muß man annehmen, daß Dürer ursprünglich auch auf seiner Doppeltafel noch das Beiwerk hatte, das die Geschichte des Sündenfalles noch biblisch anschaulich erzählt. Zwar längst nicht mehr so volkstümlich ausführlich wie der Kupferstich, aber doch noch verständlich. Es muß Dürer, als er das Bild nach einiger Zeit überprüfte, zu gotisch und zu schwatzhaft erschienen sein, und so überging er den Hintergrund und ließ außer den Steinen am Boden nur noch den Baumstamm mit der Schlange stehen. Wir heute bedauern es als eine Verarmung. Als Dürer später sich wieder ganz dem Deutschtum zuwandte, da ließ er grade solches Beiwerk in drängender Fülle wieder herein. Einstweilen aber war er dem »Unwesentlichen« abhold, und die Entwicklungslinie, die sich vom Kupferstich über das tierbelebte Doppelbild hinüberzieht zum tierlosen, war für ihn bindend auch in der folgenden Zeit.

2

Die ersten deutschen Bestellungen kamen. Zunächst eine von Kurfürst Friedrich dem Weisen. Die Marter der zehntausend Christen unter dem Perserkönig Sapor sollte der Gegenstand sein. Im Sommer 1507 wurde die meterhohe Tafel in Auftrag gegeben, 280 Gulden rheinisch waren ausgesetzt.

Dürer hatte die grausige Legende schon einmal erzählt in einem frühen Holzschnitt der neunziger Jahre, als die quälenden Gesichte der Apokalypse noch Macht über ihn hatten. Das lag nun lange hinter ihm. Aber so gleichgültig ihm jetzt das Blatt inhaltlich war, ein so starker Anreiz war ihm das Formale: Akte zu ganzen Haufen, in den verschiedensten Stellungen, und perspektivisch kunstvoll zu gruppieren. Beides, Akt und Perspektive, hatte er nach seinen neuen Erfahrungen im frühen Holzschnitt ganz kindlich behandelt. Es war eine schöne Aufgabe, in einer neuen Fassung, natürlich einem Gemälde, noch einmal darauf zurückzukommen und das inzwischen Dazugelernte wirken zu lassen. Es ist danach wohl anzunehmen, daß die Anregung zu dem Gemälde von Dürer selbst, und nicht vom Kurfürsten ausging. Dürer ließ sich damals kaum in einen ihm nicht gelegenen Auftrag hineinpressen, und der Kurfürst war ihm auch zu wohlgesinnt, um dergleichen von ihm zu fordern.

»Ich wollt, daß Ihr meines gnädigen Herrn Tafel sähet«, schreibt Dürer im März 1508 an Heller, »ich halt davor, sie würde Euch wohl gefallen.« Heute ist von Dürers großen Arbeiten keine weniger volkstümlich als diese, und das mit vollem Recht. Grusliges wird schließlich von jeder Schreckenskammer spannender erzählt, und für ein bloßes perspektivisches Musterblatt waren viele Monate Dürerscher Lebensarbeit doch eine starke Verschwendung. Die letzte Empfindung, wenn man sich durch den ganzen Termitenhaufen von Menschen endlich durchgefunden hat, ist die – einer gewissen Komik. Mitten durch all das angebliche Elend ergehen sich in vollster Seelenruhe Dürer und Pirkheimer. Pirkheimer faßt seine Paradekritik zusammen in einer Rednergebärde kühlen Bedauerns, und Dürer weist mit einem Stöckchen auf einen Zettel: **Iste faciebat anno Domini 1508 Albertus Dürer alemanus**«, dieser da, der Deutsche Albrecht Dürer machte das im Jahr des Herrn 1508. Bei den malenden Gentiluomini gehörte es zum guten Ton, sich vom Gegenständlichen nicht selbst ergreifen zu lassen, und Dürer wollte doch zeigen, daß auch er über das roh Stoffliche erhaben sei. Er hat von dem guten Recht des Auserwählten, gelegentlich auch einmal stärker als alle anderen danebenzugreifen, in diesem einen Fall ausgiebigen Gebrauch gemacht.

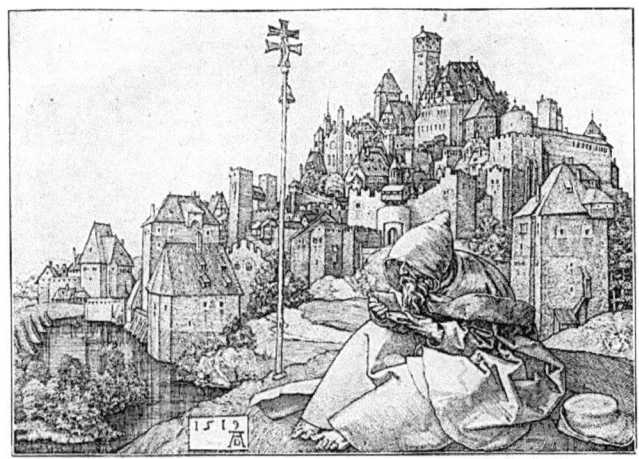

Der heilige Antonius (1519)

*

Das Marterbild war gerade begonnen, als ein neuer Auftrag kam; einer, bei dem Dürer nicht als bloßer Virtuose, sondern mit seinem ganzen Können dabei sein wollte. Der Auftrag kam vom Frankfurter Kaufmann Jakob Heller, einem gewissenhaften Manne, der es peinlich nahm mit seinen Geschäften, und peinlich auch mit seinem Seelenheil. Unter den frommen Werken, mit denen er sich beim lieben Gott bezahlt zu machen dachte, war das feierlichste die Stiftung einer Altartafel für die Dominikanerkirche seiner Heimatstadt. Er durfte dem gestrengen Herrn im Himmel nur mit einer ganz gediegenen Arbeit kommen, und so wandte er sich an den berühmten Albrecht Dürer, der sich des solidesten Rufes erfreute, also wohl auch die zuverlässigste Arbeit liefern würde.

Bei den Verhandlungen hatte er seinen ganz bestimmten Standpunkt. Für Dürer wäre eine Altartafel nach Art des Bellini, ohne Flügel und in stolzer architektonischer Fassung, das Liebste gewesen. Aber darauf konnte der Mann aus Frankfurt nicht eingehen. Alle reichen Leute stifteten Flügelaltäre, und er konnte sich vor seinem Herrgott doch nicht lumpen lassen. Man einigte sich, daß es ein Flügelaltar werden solle, daß aber die Flügel Gesellenarbeit sein dürften, während das große Mittel- und Hauptstück Dürer allein ausführte; und zwar in »guter« Arbeit.

»Und der Preis?« In seiner Freude über einen so willkommenen Auftrag, und in der Zuversicht, ihn bald erledigt zu haben, forderte Dürer nur 130 Gulden. Der Kaufmann schlug ein. »Aber gute Arbeit!«

Dürer machte sich ans Werk, und nun erst, da es ihm unter den Händen wuchs und wuchs, wurde er inne, daß der Preis entschieden zu niedrig war. Er stellte das dem Kaufmann vor, hier aber kam er übel an. Verbrieftes Übereinkommen! Dürer hatte sein Angebot gemacht, Heller hatte zugestimmt. Das war doch klar! Der Maler hatte zu liefern, und zwar, laut Vereinbarung, eine gute, gediegene Arbeit.

So entspann sich denn jener beschämende Briefwechsel (aber beschämend wahrlich nicht für Dürer), der in der deutschen Kunstgeschichte so viel von sich reden macht. Aber so widerwärtig dieses ganze Zwischenspiel auch ist, so in höchstem Grade peinlich, einen Dürer in der Zwangslage zu sehen, sich vor einem Jakob Heller zu rechtfertigen gegen den verkappten Vorwurf der Erpressung: Heller allem und sein Geiz waren es ganz gewiß nicht schuld, wenn Dürer in der qualvollen Arbeit an der Frankfurter Tafel die Lust an großer Malerei verlor, um sich danach wieder auf Jahre mit »kleinen« volkstümlichen Aufgaben zu befassen. Wir wollen den Zusammenhang aus dem Werke selbst zu klären suchen.

3

Die »Krönung der Maria« ist in der Heller-Tafel dargestellt. Die Legende erzählt, wie der Apostel Thomas nach dem Tode der Maria nach Jerusalem kam, ihre Leiche zu sehen. Man führt ihn zum Grabe und öffnet den Sarg. Aber siehe da, der Sarg ist leer. Thomas will es nicht glauben und beugt sich über den Sarkophag, genauer nachzuforschen. Ratlos stehen die anderen umher. Da trifft ihre Augen ein blendender Schein. Sie schauen empor, und vor ihren verzückten Blicken vollzieht sich ein Wunder. Von Engeln getragen schwebt Maria gen Himmel, wo Gottvater und Christus ihrer harren, sie mit der Krone des Lebens zu krönen.

Das seltsame Bild hat eine äußere, und hat eine innere Geschichte. Tragisch sind beide, aber nur die äußere Tragik wird gemeinhin begriffen.

An nichts hatte Dürer es fehlen lassen bei seiner Tafel. »Ich hab sie mit großem Fleiß gemalt, als Ihr sehen werdt. Ist auch mit den besten Farben gemacht, als ich sie hab mögen bekommen. Sie ist mit guter Ultramarin unter- über- und ausgemalt, etwa 5 oder 6 mal. Und da sie schon ausgemalt war, hab ich sie danach noch zwiefach übermalt, uf daß sie lange Zeut währe. Ich weiß, da Ihr sie sauber hallt, daß sie 500 Jahr sauber und frisch sein wird. Dann sie ist nit gemacht, als man sonst pflegt zu machen. Darum laßt sie sauber halten, daß man sie nit berühre, oder Weihwasser darauf werfe. Ich weiß, sie wird nit geschändt (gescholten), es sei dann, daß es mir zu Leid geschehe.«

Mehr als anderthalb Jahre, vom März 1503 bis in den Oktober 1509 hatte die Arbeit gewährt. Der ungeduldige Kaufmann, der endlich seine Ware haben wollte, gibt nicht einmal Zeit, die Beschläge für Mitteltafel und Flügel zu fertigen. Dürer tut ihm den Willen, skizziert nur auf einem Blatt, wie nach seiner Meinung Beschläge und Fassung aussehen müssen, und rät besonders, alles nur anzuschrauben, nicht einzuschlagen, »uf daß sichs Gemäl nit erschellete (spränge). Und so man die Tafel setzen will, so laßt die Tafel 2 oder 3 Zwerchfinger (Fingerbreiten) überhängend machen, so ist sie vor Glanz gut zu sehen. Und komme ich etwa über 1 Jahr 2 oder 3 zu Euch, so mußt man die Tafel abheben, ob sie wohl dürr wäre worden. So wollt ich sie von Neuem mit einem besonderen Fürneiß, den man sonst nit kann machen, uf ein Neues uberfirneißen, so wird sie aber 100 Jahre länger stehen dann vor.«

Aber 100 Jahr: ihrer 500 werde sie ohnehin aushalten nach der Güte des Stoffes und der Arbeit. Es kam anders. Im Jahre 1615 verkauften die Frankfurter Dominikaner die Mitteltafel, also die eigentliche Dürerarbeit, an den Kurfürsten Maximilian von Bayern. Sie selbst begnügten sich mit einer schwachen Wiedergabe, die ihnen der Nürnberger Maler Jobst Harrich lieferte. In München sollte die Tafel ihrem Schicksal verfallen. Bei einem Brand des Residenzschlosses im Jahre 1729 kam sie in den Flammen um. Wir haben also nichts mehr als Harrichs Nachbildung, um aus ihr jene anderen, inneren Erlebnisse zu lesen, die gerade dieses Werk für Dürer brachte.

*

»Undürerisch, italienisch«, das ist der erste Eindruck, den man vom großen Marienbild empfängt. Um das Grab her stehen die Apostel in der großartigen Haltung der Gentiluomini, und die Szene am Himmel erscheint ganz deren Gegenstück. Oben und unten die nämliche Vornehmheit, die sich beobachtet weiß, sich nichts vergeben darf. So gibt es sich uns beim ersten Eindruck als etwas Fremdes. Ist nun mindestens das Fremde ein in sich Geschlossenes und Stileinheitliches? Doch nein, auch dieser Eindruck hält nicht vor.

Wir sehen uns fester hinein ins Einzelne. Seltsame Widersprüche drängen sich auf. Die Gesichter fast aller Beteiligten sind so ganz und gar nicht die der vornehmen Herren, die ihre Art des Auftretens behauptet. Das sind nicht verwöhnte Grandseigneurs, denen von Kind auf alles Widrige ferngehalten wurde, und die stolz hinwegblicken können über alles ihnen nicht Genehme. Vom Leben stark mitgenommene Menschenkinder, gut deutsches Gewächs, erdhafte Charaktere blicken uns an. Es sind ihrer drunter, wie der in der Zeichnung erhaltene Paulus, die verklärt erscheinen, über alles Irdische erhaben. Aber das Leiden hat sie verklärt, ein Ausdruck ist ihnen zu eigen, den Italien nicht hatte und nie haben konnte Maria unter der Krone sucht sich königlich zu geben, und ist doch eine brave deutsche Mutter. Gottvater ist bei aller

Majestät der gutmütige und kluge Greis, der noch vom Altenteil aus die Familie am würdigsten vertritt, und den in dieser besonderen Form der Süden gleich? falls nie gestaltet hat.

In diesen Köpfen und in diesen Gestalten zog es Dürer nach zwei Seiten. Das ist das Innerdramatische des Werkes, das seinen Schöpfer, je mehr er sich darin versenkte, um so stärker zur Entscheidung mahnte, entweder ganz aufzugehen in der großen Malerei italienischen Stils, oder von ihr zu lassen. Er konnte die Folgerungen ziehen aus den Gestalten und aus dem großen Wurf der Gesamtanlage. Dann wurde er eben, bei stärkerer Betonung des Formalen, ein deutscher Rubens. Er konnte ferner die Folgerungen ziehen aus der Beseeltheit der Köpfe, wie er eben ihre Beseeltheit empfand, und dann mußte das Italienische weichen. Italien hatte ihm die Fähigkeit gegeben, über das Kleine wegzusehen; Italien konnte ihm aber nicht die Auffassung des Großen übermitteln, die uns in Deutschland taugte.

Das war die Lage. Dürers Entscheidung aber war, daß er sich in jene unvergleichlichen Bildnisse um 1510 vertiefte, die ihn das Fremde überwinden ließen und aufs neue ihm die Wege ebneten zu deutscher Art.

4

Noch einen Anlauf nahm Dürer in der Richtung der sogenannten großen Malerei, um dann für immer frei zu sein. Es ist die Anbetung der Dreifaltigkeit, auch Allerheiligenbild genannt. Das Bild selbst besitzt die Wiener Galerie, Rudolf II. kaufte es 1585 den Nürnbergern um 700 Gulden ab (zunächst ward es nach Prag geschafft). Der von Dürer gezeichnete und unter seiner Aufsicht geschnitzte Rahmen blieb in Nürnberg. Er wurde gelegentlich verstümmelt, aber es fanden sich alle Teile wieder zusammen, so daß der Bildhauer Geiger eine getreue Nachbildung schnitzen konnte, die auch die ursprüngliche Bemalung erhielt.

Auf endloser Hochfläche eine breite Ebene, ein weiter Bergsee inmitten, Dämmerung zieht über die Lande. Ein lichtes Rot umrandet die Weite und säumt die Wolken am Himmel. Es ist des Tages feierlichste Stunde, in der die ganze Welt ein Riesendom geworden scheint.

> Nun baut der Abend seine Kathedralen,
> Nun geht der große Friede durch die Welt,
> Nun schließen sich die goldnen Sonnenstrahlen
> Zu Chorgewölben durch das Himmelszelt.

Zu einer Kathedrale wird es auch für Albrecht Dürer. Ihm aber ist es nicht ein schweigender, von Menschen freier Riesendom: sein Gotteshaus ist angefüllt mit Menschen, wie nur je in weihevoller Stunde ein Dom mit ihnen erfüllt war, wenn der Priester am Altar stand und das Heiligtum enthüllte, wenn rauschender Orgelklang die Gewölbe noch zu weiten schien und die Menge in schweigender Ergriffenheit sich kniend beugte vor dem Unbegreiflichen.

Die Kunst der Gegenwart hat uns ein Werk gegeben, das Ähnliches in Tönen und im Bühnenbilde offenbart. Das ist Wagners Parsifal. Wie da der Gral enthüllt wird, indes die Taube niederschwebt und alles sich dem Wunder neigt, so ist es hier. Gottvater selbst weist, die Arme feierlich gebreitet, das Zeichen dar, das alle, die es schauen, in die gleiche Stimmung zwingt, sie alle aufgehn heißt in einem Höheren.

Die Ähnlichkeiten greifen weiter. In Klängen baut Richard Wagner das Gewölbe des Tempels leibhaft vor uns auf. Die vollen, erdenfesten Stimmen der Ritter legen den Grund. Höher hinan führt ein zweiter Ring, die lichteren Stimmen der Jünglinge, »aus der mittleren Höhe der Kuppel«. Und abermals leitet es aufwärts in den sonnenhellen Klängen der Knaben »aus der äußersten Höhe der Kuppel«.

Ganz ähnlich, Ring über Ring, läßt Dürer es werden. Der Erde noch nah ist das unterste Rund mit dem dichtesten Gedränge und der wuchtigsten Schwerkraft in den Massen; zur Rechten Kaiser Karl, von den heiligen drei Königen umgeben, gefolgt von weltlichen Scharen, einem Ritter, einem Junker, einem Bäuerlein, Bürgersfrauen im Sonntagsstaat; zur Linken zwei Päpste, deren einer Gregor, ein Bischof, wallende Züge geheiligter Nonnen. – Höher hinan ein zweiter, lichterer Ring; hüben Johannes der Täufer vor König David und Moses, Männer des alten Bundes geleitend; drüben Maria und Märtyrerinnen des neuen Bundes. – Wiederum höher der enger fassende Kuppelring der Jünglings- und Jungfrauenengel, mit leichtem Flügelschlag die Sphäre haltend. – Ganz oben dann, in Licht sich lösend die Kinderengel und Cherubim, umstrahlt von dem Glanz, den die heilige Taube erdwärts trägt. Das Ganze ein vierstimmiges Chorlied fürs Auge, jede einzelne Stimme ihre eigenen Weisen singend, und alle doch sich einend in Akkorden von getragenem und vollem Klang.

*

»Die letzte deutsche Verherrlichung des einen ungeteilten, römisch-katholischen Kirchensystems vor der Reformation« nennt Thausing das Allerheiligenbild Dürers. Ist es das wirklich? Faßt man die Art der künstlerischen Darstellung ins Auge, so wird man das Werk eher ansprechen als das erste des außerdeutschen, rein romanischen Katholizismus. Die Gegenreformation und der Barock haben, was Dürer hier als erster ahnte und mit seinen Mitteln zu gestalten trachtete, zur Vollendung geführt. Es ist die Malerei der Verzückung und der Hingenommenheit, die hier sich kündet. Wer immer, der Augen hat zu sehen, möchte etwas aussagen wider die Kunst, die auf ihre Art das Schöne und Vollendete gesucht hat, und auf ihre Art ihm nahekam? Nur eines können und dürfen wir als Deutsche nicht vergessen: diese gesamte Art, gleichviel welchen Wertes, ist nicht die unsere. Mag ihr sich anvertrauen, wen die Natur dazu bestimmte: in anderen Formen offenbart das Göttliche sich uns, in anderen Formen müssen wir es geben. Ein im italienischen Sinne katholisches Bild, das, mehr noch als der Heller-Altar, ist die Allerheiligentafel.

Dürer hat dem nach italienischer Art flügellosen Gemälde eine Umrahmung erdacht. Sie ist das venezianischste, was in der deutschen Kunst von Belang gemacht worden ist. Im abschließenden Halbkreis Christus als Richter, von Maria und Johannes verehrt. Zur Seite des Bogens Engel mit Posaunen des Gerichtes. Darunter das Weltgericht selbst; rechts vom Erlöser die Erkorenen, von Engeln zur Sonne geleitet, links die Verdammten, von Teufeln dem Höllenrachen zugetrieben. Das Ganze auf Säulen gelagert.

Wieder, wie beim Krönungsbild der Maria, geht es gleich einem Riß durch Inhalt und Form. Das Hingenommene, das willenlos sich Gebende hat die Gegenreformation gewollt; fest und erdenstandhaft ist die Reformation geblieben. Jenes hat Dürer geplant, und dieses hat es in allen Einzelheiten dennoch werden müssen. Kopf für Kopf betrachten wir die Betenden: sie taugen nicht zu dieser Art der Verehrung. Nicht einmal der kindlich gute, alte Landauer, Rotgießer und Metallschmied zu Nürnberg, der das Bild bei Dürer bestellte für sein Altmännerhaus, und dem der Bischof (in der untersten Reihe zur Linken) mit vielversprechender Gebärde den Weg zum Allerheiligsten freilegt – auch er paßt nicht zu dieser Frömmigkeit.

Das ist der Zwiespalt Dürers in der Zeit seiner großen Gemälde. Er hat hindurchgemußt durch diese Skrupel und Zweifel, die Lehrzeit aller deutschen Kunst hat es gewollt. Aber er hat sich herausgefunden in dem entschlossenen Willen, fortan die große Kunst der vornehmen Welt zu meiden.

*

Etwas anscheinend Nebensächliches will noch nachgetragen sein. Am Ufer des Bergsees auf seinem Allerheiligenbild hat Dürer sich selbst abgebildet, die Hand an einer Tafel, die da sagt: »**Albertus Dürer Noricus faciebat anno a virginis partu 1511**«, Albrecht Dürer aus Nürnberg machte es im Jahre 1511 nach der Geburtschaft der Jungfrau. Auch auf dem Marienbild steht Dürer im Mittelgrund und läßt seine Tafel erzählen, daß dieses Gemälde von ihm 1509 vollendet wurde. Aber auf der Tafel von 1509 nennt er sich **Alemanus**, der Deutsche, auf der von 1511 **Noricus**, der Mann aus Nürnberg. **Noricus** oder **Norenbergensis** hatte er sich bereits vorher genannt und behielt die Bezeichnung fürderhin bei; nur in der italienischen Zeit war er ein »**Alemanus**«. Es war eine bewußte Beschränkung, für uns heute eine Verkümmerung. Damals indessen war es das nicht. Das Sichbescheiden auf die engste Heimat erst gab dem Künstler die Kraft, in Wahrheit sich über die Welt zu verbreiten.

XI. Der Menschensohn

1

Das Jahr 1509, in dem Dürer sein Marienbild aus der Werkstatt gab in dem Gefühl, mit ihm eine Kunde seines Ruhmes in die Zukunft zu entsenden, ist von Bedeutung auch für seine äußere Lebensgeschichte. Das väterliche Haus unter der Vesten hatte er bis dahin in gemeinsamem Besitz mit seinem Bruder Andreas bewohnt. Nun bot sich die Gelegenheit zum Ankauf eines Hauses, das er ganz sein eigen nennen konnte. Der Astronom Bernhard Walther, des großen Regiomantanus berühmtester Schüler, war gestorben. Sein Haus beim Tiergärtner Tor, das Eckgebäude an der Zisselgasse, »gegen Sonnenaufgang stehend«, kam zum Verkauf. Dürer erwarb es für 275 rheinische Gulden, in barem Golde zu zahlen.

Es ist das aller Welt bekannte Dürerhaus in Nürnberg, ein Walfahrtsort der geistigen Menschheit wie die Lutherstube auf der Wartburg oder der Goethesitz in Weimar. In diesem Hause, in dem Raum, den wir wohl alle mindestens im Bilde kennen, wurden die geistigen Kämpfe ausgetragen, denen wir unverlierbare Werte unseres geistigen Besitzes danken. Härter waren sie nie als in den ersten Jahren, die Dürer hier gehaust hat. Damals geschah es, daß er das letzte Fremde in sich niederrang, daß er der Kunst in Deutschland die Wege freilegte zu deutscher Art.

»Meines Stechens will ich auß warten« schrieb Dürer an Jakob Heller, als er ihm seinen Entschluß mitteilt, niemand solle ihn mehr »vermögen ein Tafel mit so viel Arbeit zu machen«. Nach seiner Rückkehr aus Venedig hatte Dürer, wie wir wissen, Holzschnitt und Kupferstich stark vernachlässigt. Für 1507 ist nur ein einziger Stich durch Jahreszahl nachweisbar. Es ist möglich, daß wir von den unbezifferten kleinen Stichen noch etwa vier auf dieses Jahr hinübernehmen können; der Holzschnitt aber ruht vollständig. Auf 1508, die eigentliche Arbeitszeit für das Marienbild, kommen bereits fünf Stiche mit Jahreszahl; der Holzschnitt aber ruht noch immer. Erst 1509 meldet auch er sich mit zwei kleinen Blättern, während der Stich ein wenig zurückbleibt. Die Jahre 1510 und 11 gehören fast ganz dem Holzschnitt, und zwar das erste Jahr den großen Prachtblättern, das zweite den bescheidenen Blättern der Kleinen Passion. 1512 wiederum macht der Holzschnitt dem Kupferstich abermals Platz, der nun in gerader Linie hinangeführt wird zu Dürers großer Trilogie.

Wir haben also die folgende Entwicklung: Dürer, der volkstümlichen Kunst des gedruckten Blattes anfangs entfremdet durch die große Malerei, nimmt die alte Tätigkeit langsam wieder auf, zunächst nur im vornehmeren Stich. Auch da erst wie zögernd. Kaum aber ist er innerlich über die große Malerei hinaus, als er auch wieder für den Block zu zeichnen beginnt. Durch zwei Jahre hindurch beschäftigt diese Tätigkeit ihn immer stärker, 1511 so sehr, daß man sagen kann, sie sei führend gewesen für seine ganze Arbeit. Nicht einmal in der Zeit der Apokalypse und des Marienlebens hat er den Formschneidern reichlicher zu tun gegeben.

Was nun haben diese beiden Holzschnittjahre für Dürers Lebensarbeit zu bedeuten?

Von fünf Holzschnitten aus dem Jahre 1510, den Nachträgen zur Großen Passion, wurde schon gesprochen. Ihnen beizufügen sind von den Ergänzungen des Marienlebens die beiden Blätter vom Tod und der Verklärung Mariä. Rubenshaft fanden wir die Arbeit der nachgeschaffenen großen Passionsstücke. Die Bezeichnung ergab sich aus dem Gehaben der einzelnen Figuren. Zum Rubenshaften aber drängte Dürer, wenn wir seine gesamte Arbeit überblicken, noch etwas anderes. Das ist der Wille zur Masse, der sich in seinen großen Bildern von 1508 an kundgibt. Im Marterbild mit seinem »Kribbeln und Wibbeln« ist die Masse noch zusammengesetzt aus lauter Einzelheiten. Aber schon im Mariengemälde wird das Engelgeflatter zu einem wirklichen Schwarm, den man als solchen empfindet, noch bevor man Einzelheiten wahrnimmt.

Vollends in der Allerheiligentafel ballt es sich nach der Tiefe zu Ring über Ring zu höheren Einheiten, die alles Besondere in sich hineinziehen.

In der Erinnerung an alles dieses greifen wir zu dem Holzschnittwerk, das als das weitest ausladende der Arbeit Dürers in dieser Zeit das Gepräge gibt. Es ist die unter dem Titel der Kleinen Passion bekannte Folge von 37 Bildern. Mit unvergleichlich reicheren Mitteln, seelischen wie darstellerischen, als bei den stolzen Blättern der Großen Passion geht Dürer abermals daran, das Leiden des Herrn zu schildern. Als er vor 1500 zuerst an diesen Gegenstand sich wagte, da kam ihm die Anregung von außen, und es hat ihm nicht glücken wollen, das mancherlei Fremde sich wirklich anzuarten. Erinnerungen an die alten Passionsspiele klingen herein, Zugeständnisse werden gemacht an die Roheit früherer Darstellungen in den Volksszenen, und ebenso an die herkömmliche Rührseligkeit in der Auffassung Christi. Wir haben dazwischen wohl einen so ergreifenden Anblick wie den des Erlösers bei der Kreuztragung. Aber da ist es wieder Schongauer, den Dürer in der Empfindung das letzte Wort überließ. Alles in allem war es eine in großer Ausführlichkeit erzählte Heldengeschichte, ohne daß doch von Helden selbst eine klare und einheitliche Vorstellung mitgeteilt wurde.

Das ist die Überlegenheit der Kleinen Passion über die Große, daß in ihr der Held der Ereignisse mit der Klarheit eines Gesichtes gesehen wird. Und das ist der weitere Vorzug, daß die Art dieses Helden zum erstenmal seit Heliandtagen eine solche ist, wie sie ohne weiteres dem nordischen Menschen glaubhaft und überzeugend erscheint.

2

Zwei Lieder klingen in uns auf, wenn wir die Geschichte Jesu uns durch das Mittel der Tonkunst gegenwärtig halten wollen. »Ein feste Burg ist unser Gott« das eine, und das andere »O Haupt voll Blut und Wunden«. Es sind Lieder von scheinbar sehr verschiedenem Wesen, und dennoch fühlen wir das Einheitliche in ihnen, das einander Ergänzende, das erst in dieser Mischung dem Mann der neuen Botschaft den Charakter gibt, der unserer Auffassung des Heldischen entspricht. Es ist Dürer gelungen, das Auseinanderstrebende in eins zu fassen und damit die Gestalt des Erlösers so zu kennzeichnen, wie wir seitdem sie gar nicht anders mehr uns denken können.

Behaglich wie ein Volkserzähler, der nichts auslassen mag, setzt Dürer ein mit der Geschichte vom Sündenfall und der Vertreibung, der unseligen Sache, ohne die alles gut gewesen wäre. Es ist in diesen Blättern, und ebenso in den beiden nächsten, »Verkündigung« und »Geburt Christi«, noch viel vom Märchenton des Marienlebens. Doch schon die folgende Seite, »der Abschied«, bringt die Wendung ins Ernste. Gleich danach dann mit vollem Klang der eigentliche Passionston: »Christi Einzug in Jerusalem«.

Als ein Aufrechter, still in sich Gefesteter zieht Christus daher. Das ist nicht mehr der wehrlose Dulder Martin Schongauers oder die um Mitleid bittende, rührende Gestalt der Gotik. Ein Mann ist es, ein zur Führung Berufener, der auch, wenn es sein muß, aufbegehren kann. In jeder älteren Darstellung würde es als Widerspruch gewirkt haben, wenn gleich hinterher die Erzählung von der Vertreibung der Händler aus dem Tempel gekommen wäre. Hier stört es nicht, dieser Christus ist zum Heldischen geboren. Doch das Heldische ist anders begriffen als von den großen Italienern. Es ist nichts Condottierehaftes in diesem aufrechten Reiter, nichts Herausforderndes oder gar im weltlichen Sinne Fürstliches. Dieser Christus hat deutsche Bauernknochen im Leibe, der Geist der Reformation wird in ihm Erscheinung, mit einem Wort: ein feste Burg.

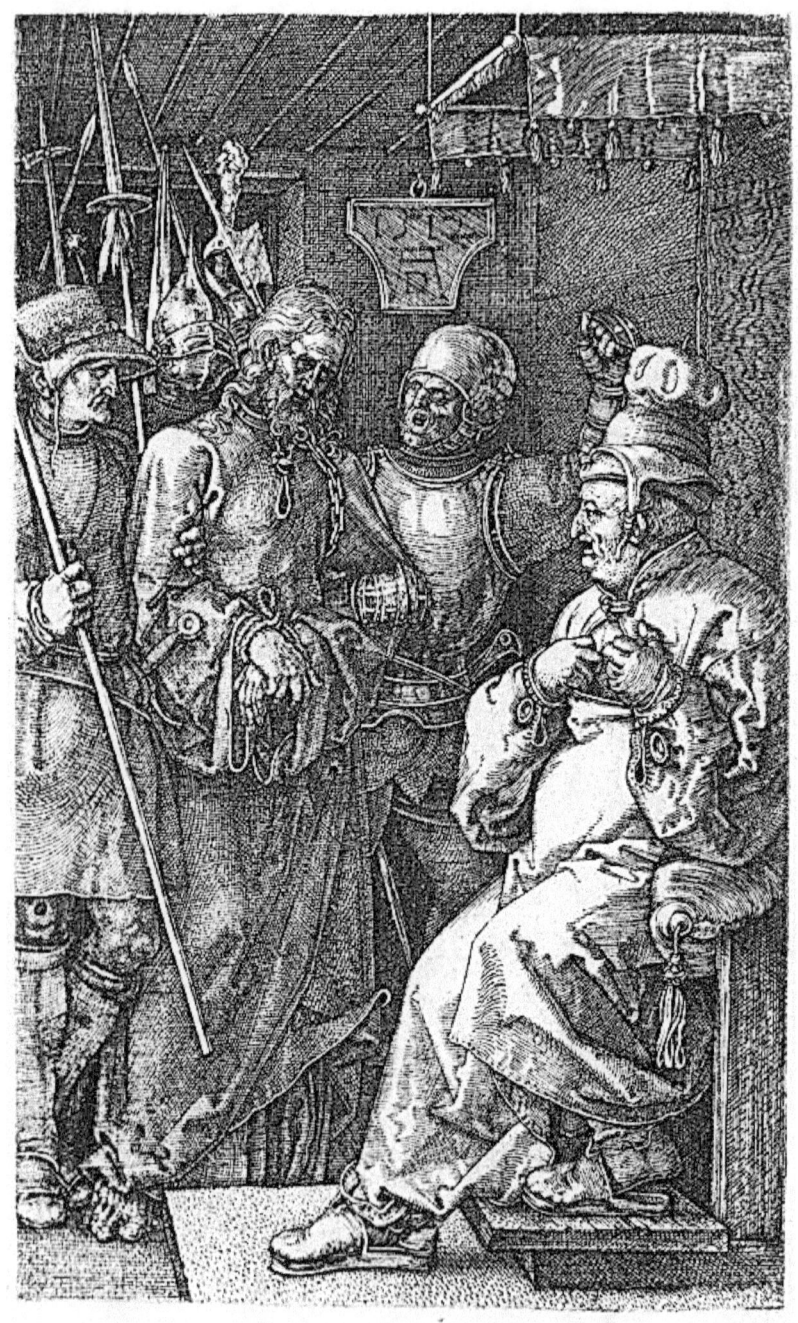

Christus vor Kaiphas (1512)
Aus der Gestochenen Passion

Grade und stolz, so sehen wir ihn dann vor seinen Richtern stehen, vor Kaiphas, dem er sein ruhiges »du sagst es« entgegnet, vor Herodes, der ihn mancherlei fragt, »er aber antwortete nichts.« Christus scheint hier der Richter, und der Thronsessel wird zur Anklagebank. Wie groß sind solche Blätter gegen das dreifach überragende Maß des früheren Werks! Das wahrhaft Große braucht nicht den Umfang, und auch die höhere Kunst und größere Sicherheit der Hand geben dem Dürer, der wieder zu seinem Volke redet, nicht das Übergewicht. Es ist die aufrechte Gesinnung der neuen Zeit, die in ihm lebt, das neue Deutschland selbst, das ihm die rechte Stellung weist.

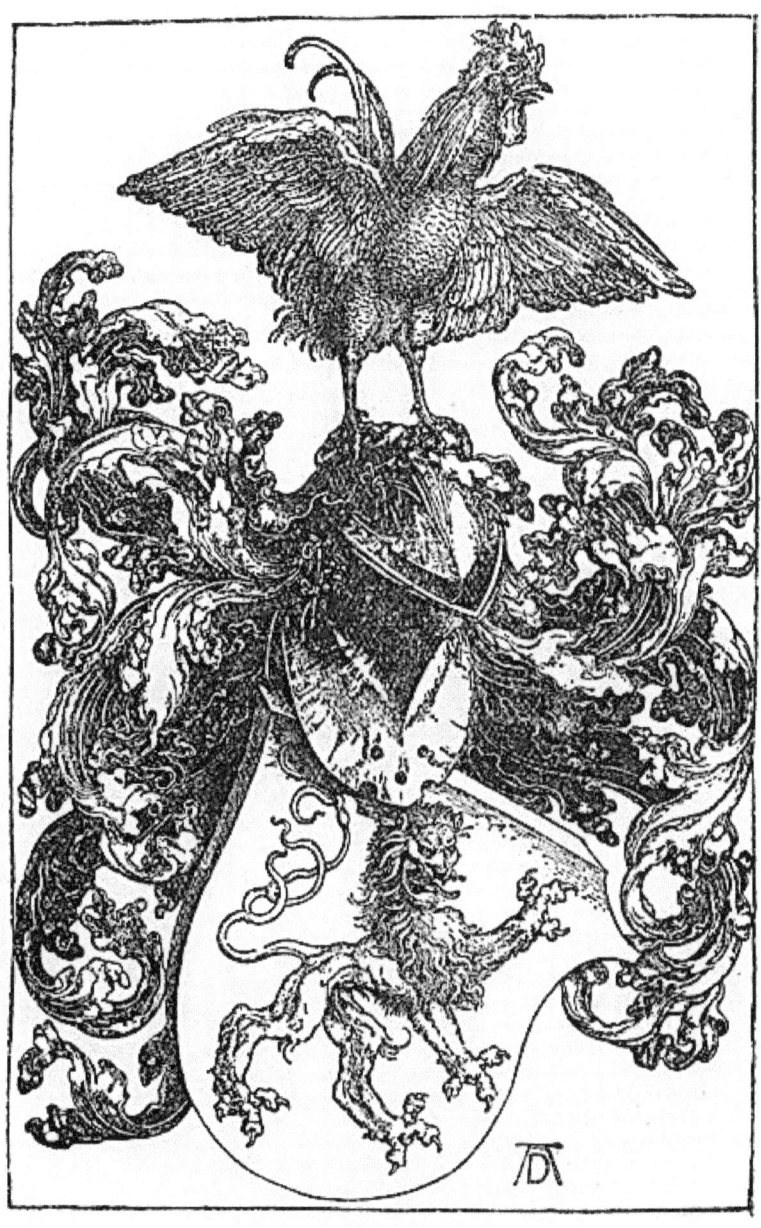

Das Löwenwappen
(um 1512)

Es folgt die Zeit der Schmach und Leiden, der wesentliche Inhalt früherer Passionsdarstellungen, der hier nur ein Kapitel unter Kapiteln ist. Ein Blatt aus der engeren Folge wird die Menschen immer wieder mehr als alles andere ergreifen: die Dornenkrönung. Drei Büttel haben es übernommen, unter der Aufsicht zweier Richter das erste Urteil auszuführen. Der eine drückt Christus mit einer eisernen Zange die Dornenkrone auf und holt gleichzeitig mit der Rute zum Schlag aus. Der zweite ist gar mit einer Mistgabel bewehrt, mit der er im Begriff ist, auf sein Opfer einzustechen. Der dritte, der älteste und tückischste der Bande, hat sich für sein Teil die seelische Folter ausgesucht. Er kniet höhnisch nieder vor dem König aus eigenen Gnaden, drückt ihm als Szepter einen Stecken in die Hand und bläkt die Zunge. Auf ihn hält Christus den Blick gerichtet. Es ist keine Verachtung in seinen Mienen und auch kein Schmerz, nur eine tiefe, tiefe Trauer über so viel menschliche Verirrung. »Vergib ihnen, sie wissen nicht was sie tun«: er sagt es nicht mit Worten, aber sein ganzes Denken ist auch in diesem Augenblick davon erfüllt, und es läßt ihn höher noch und heldischer erscheinen als zuvor.

Wie sehr Dürer gerade diese Stunde im Leben des Erlösers als geheiligt durch seelische Größe empfand, beweist er durch das Titelblatt, das er dem ganzen Buche wählte. Der Dorngekrönte, von seinen Schergen verlassen, hockt einsam auf einem Stein. Er sinkt in sich zusammen unter der Last der Qualen. Alles an seinem armen Körper scheint zu beben. Selbst der Glorienschein über dem Haupte verliert seine strahlende Ruhe und gerät in Flammenzuckungen. Der Dulder achtet auf nichts. Wie er den Kopf in die Hand drückt und die Finger in den Dornen wühlen, denkt er nicht mehr an die körperliche Pein; die Seelenqual aber und die unendliche Trauer über die Verworfenheit, der er ins Auge blicken mußte, die will nicht fort aus seinem Herzen. Hier hat Dürer in einem schlichten Bild gegeben, was ein anderer nach ihm Liedklang werden ließ:

> O Haupt voll Blut und Wunden,
> Voll Schmerz und voller Hohn,
> O Haupt zum Spott umwunden
> Mit einer Dornenkron,
> O Haupt, sonst schön gekrönet,
> Mit höchster Ehr und Zier,
> Jetzt aber höchst verhöhnet,
> Gegrüßet seist du mir.

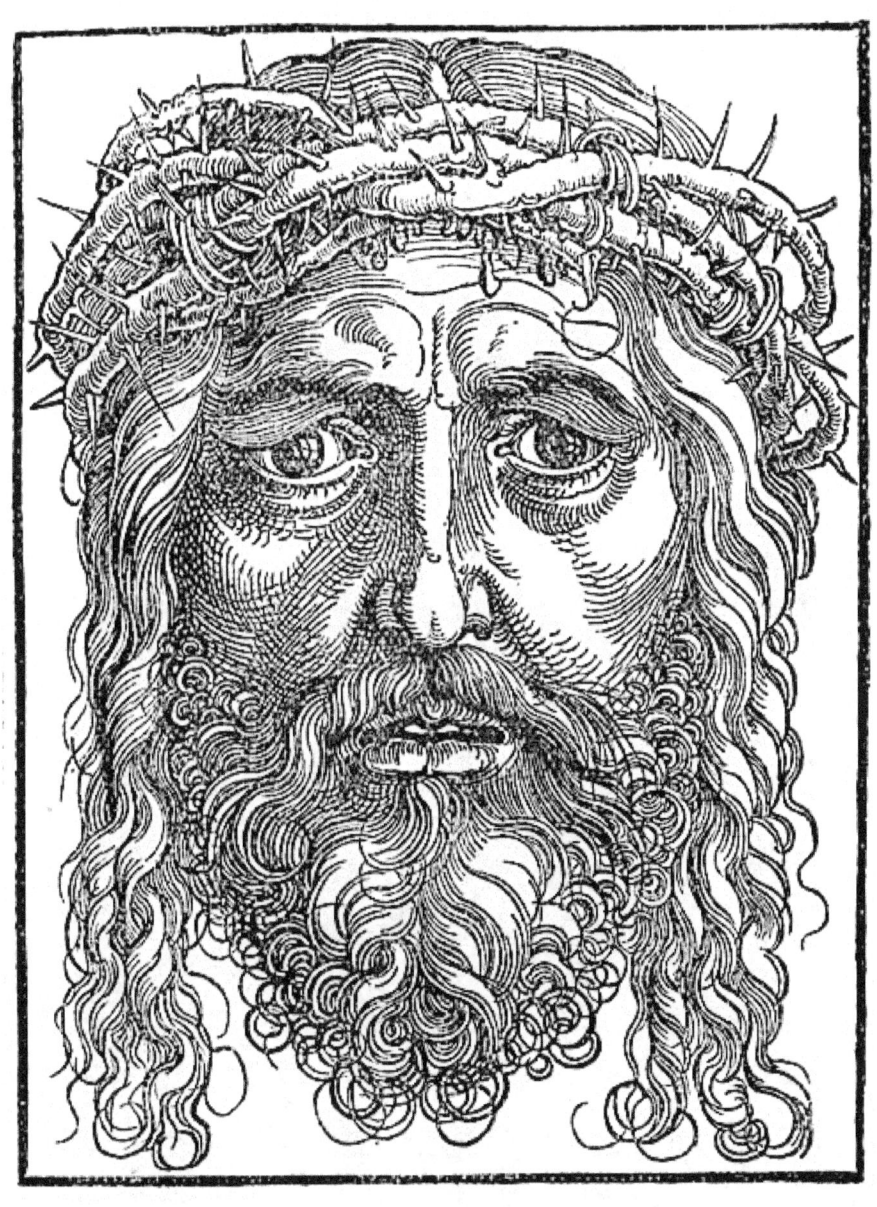

Der Dorngekrönte

Dann der stille Ausklang für unser Empfinden, ein Gegenstand, auf den Dürer auch sonst immer wieder zurückkommt: das Schweißtuch der Veronika. Die Heilige, zwischen Peter und Paul stehend, breitet es aus und weist uns das Haupt. Uns heute kann der Anblick kaum überraschen. Wir können uns den Menschensohn gar nicht mehr anders denken als in diesen Zügen. Von Anfang an, meinen wir, müsse die christliche Kunst ihn gerade so gestaltet haben. Das ist ein Irrtum. Dürer allein hat den Kopf herausgebildet in dieser besonderen Art, durch seine Augen sehen wir heute das Haupt der Christenheit. Wenn irgendwo, so kündet sich hier die zwingende Kraft eines Künstlers, dem es gegeben ist, die Anschauung zahlloser Menschen und vieler Jahrhunderte zu bestimmen nach seinem eigenen seelischen Erleben. Sein eigenes Erleben: das ist zu betonen, denn das ist das Geheimnisvollste am Verhältnis Dürers zum Neuen Testament, daß die äußere Erscheinung Christi, je mehr Dürer sich in sie hineinlebt, um so ähnlicher dem Menschen Dürer wird. Wie das geschehen konnte? Wir wollen der Frage erst nachgehen, wenn wir die anderen Werke dieser Richtung kennenlernten.

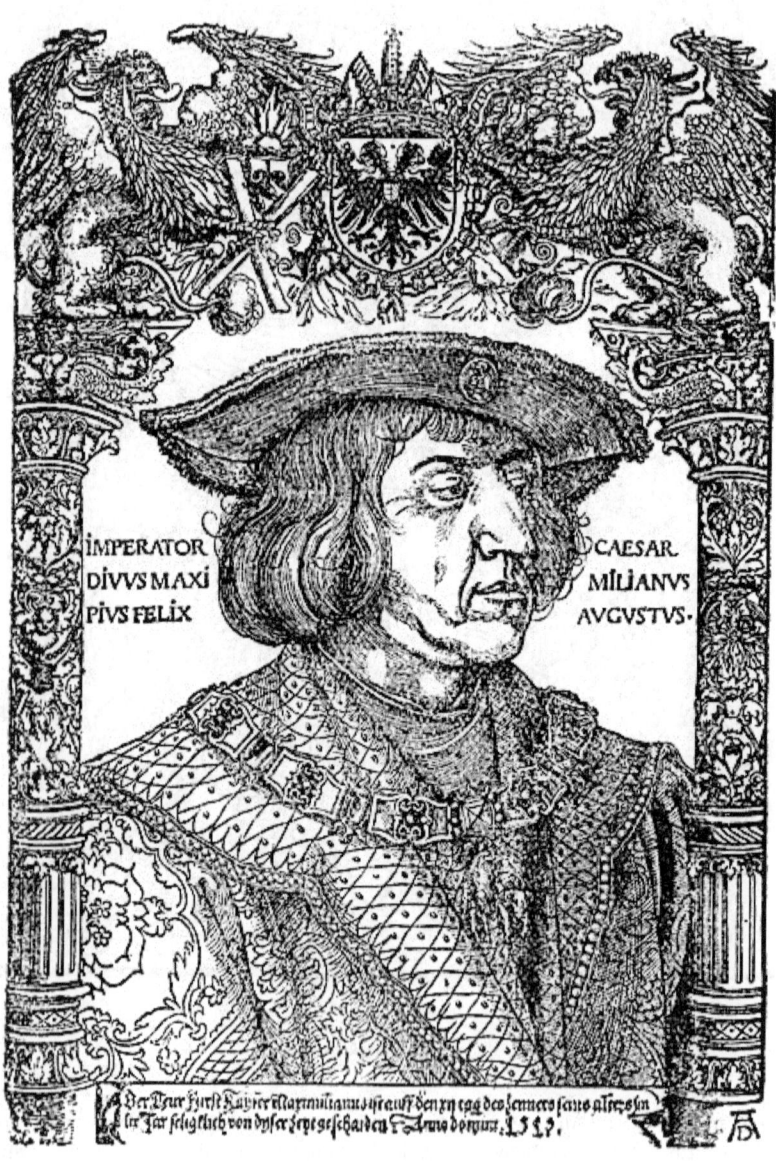

Maximilian I. (1519)

3

Noch einmal, gleich nach Vollendung der Kleinen Passion, ging Dürer daran, das Leben des Herrn zu erzählen. Noch stiller, noch abgeklärter wollte er sein, und wählte den Stich als Mittel des Ausdrucks.

Die »Gestochene Passion«, die so unmittelbar neben die Kleine gestellt ist, hat nicht ganz deren sichere Geschlossenheit und einheitliche Ruhe. Schon 1507 hatte Dürer in der »Kreuzabnahme« ein Blättchen vorweggenommen. Es ist in ihm noch viel ungelöst Schmerzliches, und die laute Klage der Magdalena übertönt alles andere. Auch das Gethsemanebild von 1503, dieser wilde Aufschrei vor dem Anblick des Kreuzes, so stark es Dürer gepackt haben muß, steht für uns im Widerspruch zu dem Heldischen, das der seiner Sache ganz sichere Künstler späterhin gab. Erst nach Vollendung der Kleinen Passion war Dürer so weit, daß er ganz ohne Schwanken auftrat, und seine Gestochene Passion wäre nicht von so eindringlicher Kraft, wenn ihr Schwergewicht nicht diesseits von 1511 gelegen wäre (zehn Blätter von den sechzehn entfallen auf 1512, eins auf 1513; vorher liegen außer den genannten der »Schmerzensmann« und die »Gefangennahme«, beide von 1509, und »Christus am Kreuz« von 1511).

Wir vergleichen die beiden Bilder, die Christus seinen Richtern gegenüber zeigen mit den früheren Darstellungen. Es ist die nämliche, aufrecht hohe Gestalt, aber das Seelische, das überlegen Forschende des Ausdrucks ist noch gesteigert. Im vergrößerten Wandlichtbild muß man diese an Umfang so zurückhaltenden Blätter gesehen haben, um zu wissen, wie groß empfunden sie sind. Kaiphas ist in beiden Fallen derselbe feiste Prälat mit den schwammigen, überfütterten Händen. Aber während er im Holzschnitt bei seinem Theatertrick noch frech zu Christus hinübersieht, weicht er im Kupferstich im verlegnen Gefühl des Durchschautseins den zu ihm hergerichteten Augen Christi aus.

Von erschütternder Tragik ist wieder der Dorngekrönte. Der Trauer um die Verlorenheit seiner Widersacher ist hier ein Ernst beigemischt, das dem Dulder – man möchte sagen: etwas von der Hoheit des Hauptes von Otricoli verleiht. Die Rolle des boshaft Verhöhnenden fällt diesmal einem jugendlichen Nobile zu, einem wohlgekleideten Gentiluomo. Es ist der stärkste Grad von Menschenverachtung, den Dürer geben konnte, daß er hier nicht von körperlicher Mißratenheit, sondern dem gesellschaftlich Anerkannten das Schändlichste geschehen läßt. Bei der Kreuztragung schildert Dürer zum erstenmal nicht den bereits am Boden liegenden Christus. Er wählt den Augenblick vorher. Christus wankt nur, sein Sturz ist erst zu erwarten. Er wird nicht dem Zufall eines am Wege liegenden Steines zugeschrieben, sondern der Bosheit der verwachsenen Kreatur, die ihm am Mantel zerrt. Im Hintergrund ein ganzes Arsenal starrender Waffen, wie von eigenem Wesen erfüllt jede einzelne, und jede eine Drohung von ganz besonderer Art. Stimmengewirr, Geschrei und Gelächter ringsum. Aus diesem Lärm hebt sich die stille Gruppe ab: Veronika vor Christus niederkniend, in stummem Mitleid ihm das Tuch darreichend, Christus schweigsam danach langend.

Man mag es bedauern, daß Dürer nach dieser Szene nicht wie bei der Kleinen Passion »Veronikon« in die Reihe der gestochenen Blätter mit aufgenommen hat. Doch wir werden entschädigt durch das berühmte Blatt, das, im Jahre 1513 entstanden, zwar nicht mehr der Passion angehört, aber doch immer als deren eigentliche Krönung empfunden werden kann: das Veronikatuch, von zwei in den Lüften schwebenden Engeln entfaltet und wie ein Heiltum dargewiesen. Wieder ist, der uns anblickt, der deutsche Christus, der das Leiden auf sich nahm, doch nur, weil es sein Wille war; ein Held, kein wehrloses Opfer. Und wieder fällt es uns schwer, uns klarzumachen, daß es erst Dürer, und nur Dürer allein war, der diese für die germanische Vorstellung heute bindende Auffassung schuf.

Die Kunstgeschichte kennt eine ganze Reihe von Fällen, in denen es Künstlern gelang, die ihnen eigene Auffassung, sei es einer geschichtlichen Persönlichkeit, sei es eines Landschaftscharakters, zu allgemeiner Gültigkeit zu erheben. Niemals aber geschah es, daß solch ein zwingender Herrschergedanke einem Künstler wie ein Gnadengeschenk mühelos zuteil ward. Sie alle haben um ihn ringen müssen, hatten vielleicht den besten Teil ihrer Schaffenskraft dranzugeben, ehe sie der Form das Einfache und Gebieterische eingeben konnten, an das die Allgemeinheit glaubt.

So auch Dürer. Wenn wir ihn im Jahre 1511, als er die Kleine Passion herausgab, fähig sehen, der nordischen Christenheit eine Auffassung des Lebens und Leidens Jesu mitzuteilen, die scharf entgegengesetzt ist der herkömmlich mittelalterlichen ebenso wie der katholisch südlichen, und die trotzdem wie geoffenbarte Natur ohne weiteres eine ganze Rasse überzeugt, dann wissen wir, daß hinter einem solchen Werk eine Geschichte von langen Jahren und tiefen seelischen Erlebnissen stehen muß. So schwer, ja vielleicht unmöglich es sein mag, dieser Geschichte bis ins letzte zu folgen, darf gleichwohl eine gewissenhafte Forschung ihr nicht ausbiegen. Sie ist wahrlich für das Kunsterkennen wesentlicher als die Feststellung gewisser handwerkerlicher Eigentümlichkeiten, um die heute so viel hin und her gestritten wird.

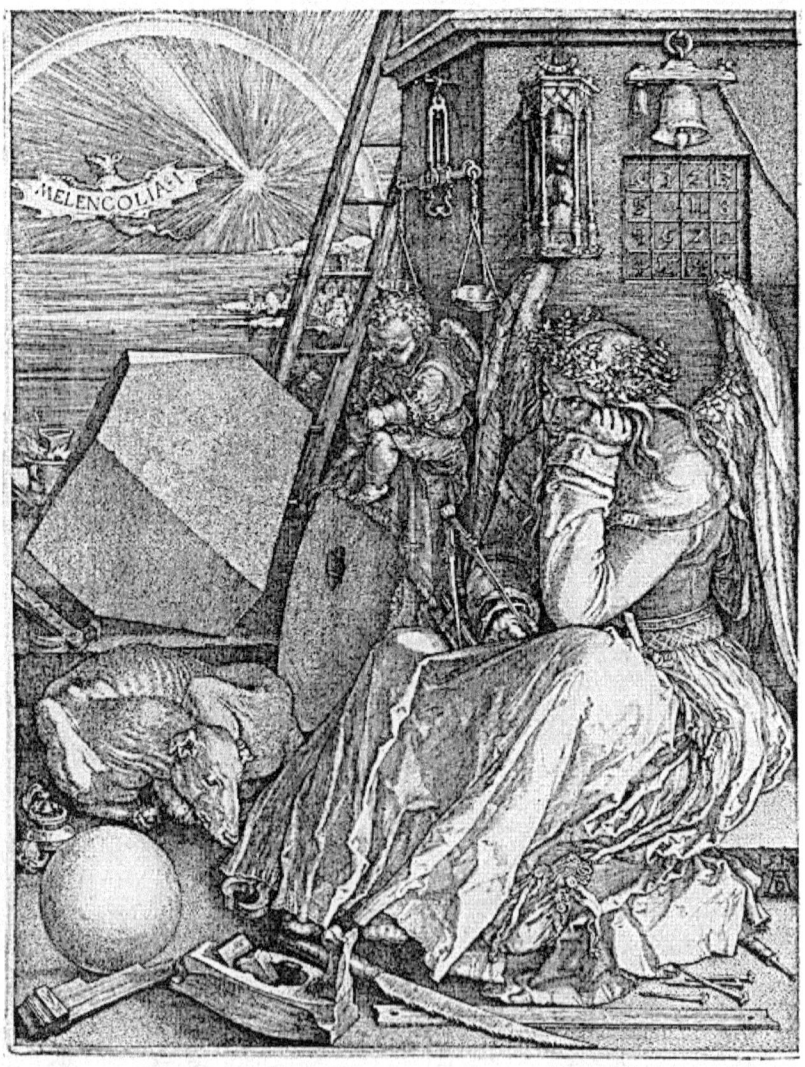

Die Melancholie (1514)

4

Im Britischen Museum befindet sich eine Kohlezeichnung aus dem Jahre 1503. Dargestellt ist der Kopf des dorngekrönten, mit dem Tode ringenden Heilands, das Antlitz zerwühlt von Schmerzen, mit offenem Mund und geschlossenen Augen. Namenszug und Jahr sind klar erkennbar; von der verwischten Inschrift lassen sich mit Bestimmtheit nur entziffern die Worte: »D... angesicht hab ich... gemacht in meiner kranckheit.«

Im eigenen Leiden fühlt Dürer die Schmerzen des Erlösers nach, und indem er sie bildet, gibt er ein Bekenntnis seiner selbst. Noch sind die Züge, die er dem Menschensohne gibt, den seinen kaum verwandt; dennoch fühlt er sich im Leiden mit ihm eins. Das ewige »Christus wandelt noch heute unter uns« kommt wie Erleuchtung über ein von Krankheit heimgesuchtes Menschenkind. Und das ist das Seltsame, daß nicht die ganze Gestalt des Gekreuzigten, wie er sie von Kind auf immer und überall vor Augen hatte, ihm in seiner Qual erscheint, sondern nur der Kopf, in dem der Ausdruck allen Schmerzes mit gesammelter Kraft sich vordrängt.

Wenige Jahre später. Dürer ist in Italien gewesen, hat Sinn bekommen für das Bleibende in der Flucht der Erscheinungen. Wie in allen wichtigen Zeiten seines Lebens gibt er sich auch diesmal Rechenschaft über das Gewonnene in einem Selbstbildnis, und es entsteht jenes unvergeßliche Bild, an dessen Anblick die meisten Menschen denken, wenn sie den Namen Dürer hören (der übermalte Hintergrund trägt einen unechten Namenszug und die gefälschte Jahreszahl 1500; das Bild, darüber ist man sich jetzt einig, kann nicht vor der italienischen Zeit entstanden sein).

Ist es wirklich nur Dürer? Oder ist es ein Christuskopf? Die Antwort lautet: Es ist beides. Ein Abbild seiner selbst hat Dürer gewollt, das ist nicht zu verkennen trotz offenbarer Abweichungen. Doch er wollte noch mehr. Auch dieses Gesicht ist, wie heute – nach L. Justi – feststeht, in den Spannrahmen der Maße gezogen. Über das persönlich Zufällige hinaus sollte das Gesetzmäßige, Dauernde, das Göttliche gewiesen werden, und so ergibt sich diese fast mystisch geheimnisvolle Annäherung des Menschen Dürer an den Kopf des Heilands. Nach jenen stürmischen Tagen der Krankheit und des Leidens wird Dürer hier das »noch unter uns« geoffenbart auch in einer Stunde der Ruhe.

In dieser Zeit erst ist Dürer vollkommen gelungen, was seine Lebensarbeit von Anfang an gewollt hat: die Entdeckung des Menschen für die nordische Kunst. Es folgt jene feierliche Reihe von Apostelhäuptern für den Heller-Altar. Aus oft sehr zeitlichen Köpfen ist hier das Ewige herausgeholt. Das war der deutschen Kunst bis dahin nicht gelungen. Sie verflüchtigte sich ins Allgemeine, Ausdruckslose, wo sie über die Kennzeichnung des Augenblicklichen hinauswollte. Dürer weiß das Besondere hinüberzuretten. Den einzelnen Kopf stellt er auf eine Weise dar, das sein Wesentliches, der schlummernde Herrgottsgedanke in ihm wach geworden scheint. Das war ihm möglich nur, weil er in sich selbst, durch Leid und Einsamkeit geprüft, Zeitliches vom Bleibenden zu sondern gelernt hatte. Der Weg zu diesem Ziele war das Sicheinfühlen in die Persönlichkeit des Menschensohnes.

In der Kleinen Passion sehen wir den Helden der Dürerschen Lebensdichtung als Charakter geklärt, doch in der Entwicklung noch nicht beschlossen. Ein Vergleich des Veronikabildes der Kleinen Passion (dem eine Zeichnung aus der Albertina zur Seite zu stellen wäre) mit dem von den Engeln entbreiteten Tuche zeigt, mit welcher Kraft Dürer grade diese Arbeit weiterzuführen entschlossen war. Auch der letztgenannte Stich ist noch kein Abschluß. Aus der Reihe späterer Zeichnungen und Entwürfe wollen wir, um diese Dinge beieinander zu haben, vorgreifend die zwei wichtigsten schon hier behandeln. Es sind: ein gezeichnetes Veronikatuch aus dem Gebetbuch Maximilians, und ein erst nach Dürers Tod erschienener Holzschnitt des Ecce homo.

Nur zwei Jahre trennen das gestochene und das gezeichnete »Veronikon«, aber es sind, wie wir noch sehen werden, die vielleicht wichtigsten zwei Jahre in Dürers Entwicklung und der Unterschied ist elementar. Wenn wir den Stich für sich betrachten und uns nur der Zeit vorher erinnern, so scheint es kaum denkbar, Christus männlicher und fester darzustellen. Dann aber sehen wir die Zeichnung, und es ist, als ob jetzt erst Wille und Kraft in die Züge gekommen und der Dulder zum Helden gewandelt sei. Die eherne Bestimmtheit eines Chorals liegt in beiden Blättern, doch erst im zweiten wird aus dem frommen Kirchensang ein Lied, das Gottesstreiter hineintragen in die heilige Schlacht.

Und nun die letzte Überraschung, das Männliche fast bis zur Härte gesteigert: der große Holzschnitt des **Ecce homo**. Dürer hat ihn nicht selbst auf den Block gezeichnet, erst nach seinem Tod kam das Blatt auf die Märkte. Wahrscheinlich geht die Ausführung zurück auf H. S. Beham. Darüber aber sind alle Stimmen einig, daß Beham die Zeichnung nicht entworfen haben kann. Weder er noch irgendeiner seiner Zeit hatte die Kraft zu solcher Tat. Das vermochte nur Dürer, dessen letzte Folgerungen aus der Passion das Blatt enthält. Es hat Dürers letzte Weisheit und Dürers letzte Schmerzen in sich aufgenommen; denn so gut wie alle vorigen ist auch dieser Kopf ebensosehr ein Bild des Erlösers als ein Selbstbildnis höheren Ranges.

Was hat aber Dürer gemeint, indem er sich so der für ihn vollendetsten Verkörperung des Menschengeschlechts gleichsetzte? Die nächstliegende und oberflächlichste Erklärung einer fast in Wahnsinn umschlagenden Selbstüberhebung braucht kaum gestreift zu werden. Ernster könnte man die Deutung nehmen, daß kein Dichter einen Helden zu ersinnen vermag, dem er nicht die besten Wesenszüge eingäbe, die er in sich selbst in hehren Stunden findet. Aber die Sache liegt noch tiefer.

Mystisch nannten wir die Annäherung eines strebend sich mühenden Menschen wie Dürers an den Gottessohn selbst. Das Wort Mystik will hier in dem ganz besonderen Sinn begriffen sein, der ihm aus der nordischen Geistesgeschichte zuteil geworden ist. An Meister Eckhardt wäre zu erinnern, an Johannes Tauler, Nikolaus von Straßburg und Nikolaus von Basel. Sie alle kamen zu ihrer Weisheit durch eine gläubig innige Selbstversunkenheit, die sie ganz wie Dürer als eine »Vereinigung mit Gott« empfanden. Die Kirche des Südens hatte guten Grund, die nordischen Mystiker als Ketzer zu verfolgen. Auch Dürer hätte ihr Rede stehen müssen, wäre statt des Bildes das Wort sein Mittel gewesen. In seinem Christempfinden ist reformatorischer, nordischer Geist. Es ist die » **unio mystica**«, jener Pantheismus, jenes All-Eins-Gefühl, das von den Liedern der Urzeit bis G.Th. Fechner immer wieder den Besten des Nordens Erleuchtung war. Dürer hat sich ihm hingegeben und hat aus seinen Tiefen die Kraft geschöpft zur Entdeckung des Menschen auch für die nordische Kunst.

XII. Die Trilogie des Todes

1

Wir stehen vor dem berühmten Dreiwerk: »Melancholie«, »Ritter, Tod und Teufel«, »Hieronymus«. Die stolzen drei Blätter sind Dürers volkstümlichste Schöpfung. Nichts anderes ist fleißiger nachgedruckt worden, nichts anderes ward von den Männern der Schrift lieber gedeutet. Aber wieviel die Weisen auch hin und her reden mochten: sie konnten beisammen nicht kommen. Es liegt ein »Problem« vor. Über den Sinn jedes einzelnen Blattes hat man sich schließlich einigen können. Was aber ist es, das die Gruppe eben zur Gruppe macht? Eine Einheit sind die Blätter, das hat man den Freunden Dürerscher Kunst nie ausreden können. Sie gleichen sich in der Größe (die genauen Maße sind 0,239:0,168; 0,250:0,190; 0,247:0,188), sind unmittelbar nacheinander entstanden und zeigen die nämliche Art der Ausführung. Über das alles hinaus aber empfindet man eine Gemeinsamkeit der Stimmung, die sie so untrennbar fest zusammenhält wie die Glieder eines dreigeteilten Gemäldes oder die Sätze eines symphonischen Werks. Und hier kam nun das Problematische: wie soll man es anfangen, daß man das unsichtbare und doch so fühlbare geistige Bild zu fassen bekommt?

Dürer hat darüber nichts geäußert. Seine Zeitgenossen begnügten sich dieser sichtbaren Trilogie gegenüber mit dem sicheren Gefühl, daß hier eins auf das andere angewiesen sei und machten sich keine weiteren Gedanken. Seither sind vierhundert Jahre vorüber. Keines der Geschlechter, die da kamen und gingen, hat Dürer ganz aus den Augen verloren, nie war man im Zweifel, daß die drei Blätter Wesentlichstes seiner Lebensarbeit enthielten, und so suchte man auch immer wieder Auskunft über die dunkle Frage ihres Zusammenhangs. Es ist nicht geboten, noch einmal Antwort um Antwort herzuzählen, denn keine ist drunter, die ihrer Sache sicher wäre; wenn sie es schienen, so kamen sie Dürer mit einer Forderung, daß er eine unfertige Reihe aus der Hand gegeben habe, und aus eigenem Ermessen ergänzten sie ihn. Unsere Sache ist es nicht, zu widerlegen, und so wollen wir über allen Meinungsstreit hinweg uns mit den Werken selbst verbinden. –

Dürer war, als er sich dem Griffelwerk wieder zuwandte, über die italische Kahlheit hinausgewachsen. Er bekannte sich wieder zur gotischen Freude am Vielerlei des Beiwerks. In unseren drei Blättern liegt es in allen Ecken und Winkeln umher und freut sich seines kleinen Lebens. Es kommt recht Unterschiedliches beisammen, doch nichts ist wiederholt – bis auf eins: zu Häupten der Melancholie hängt neben dem Totenglöckchen ein Stundenglas; der Tod auf dem Reiterbild weist dem Gewappneten ein Stundenglas; im Gehäuse des Hieronymus verkriecht sich im hintersten Winkel, dem einzigen, wo man sich in all dem sonnigen Wohnstubenbehagen ein mürrisches Spinngeweb denken könnte, ein Stundenglas.

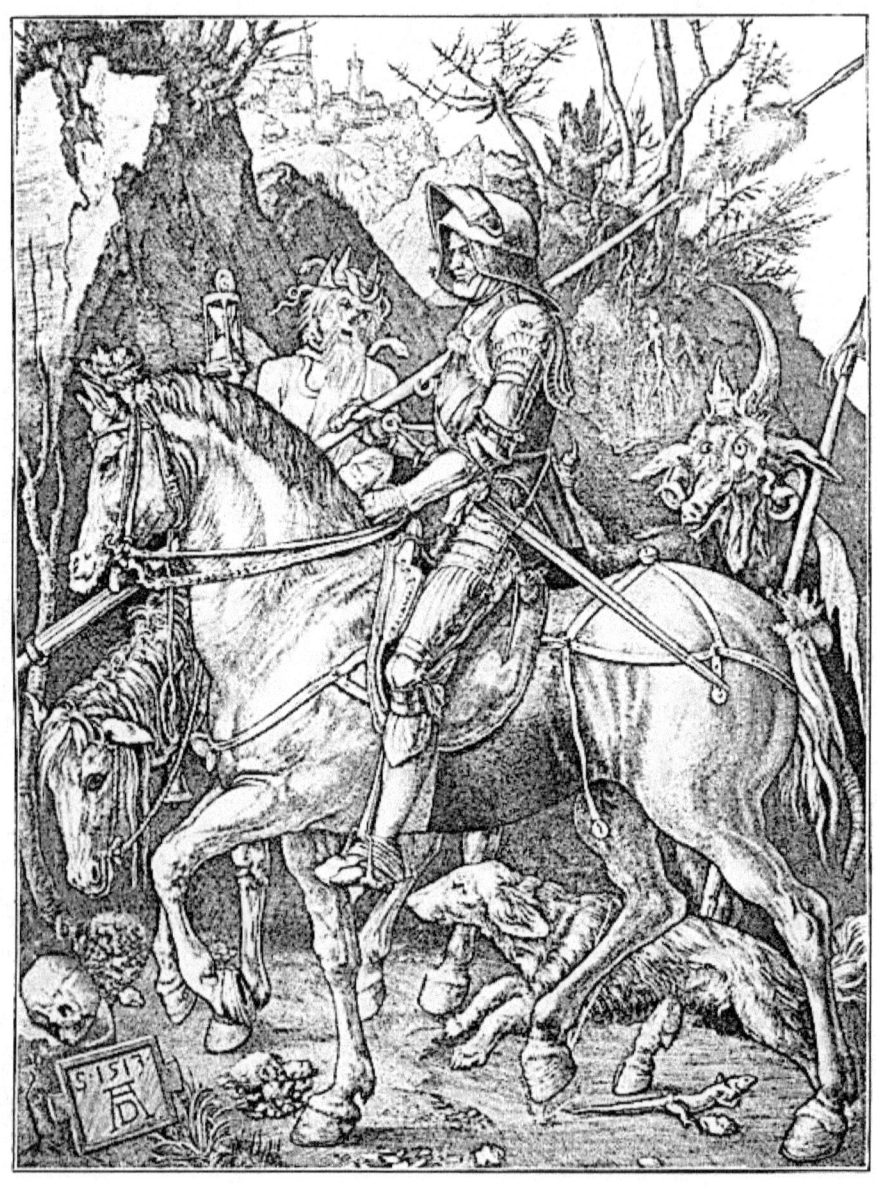

Ritter, Tod und Teufel (1513)

Das könnte Zufall sein, ein Lieblingseinfall, wie ihn jeder Künstler einmal hat und dann gelegentlich ohne jede Verbindlichkeit mehrmals zur Anwendung bringt. Aber Dürer ist kaum mit einem Sinnbild weniger leichtfertig gewesen als mit diesem. Nur dreimal kommt es noch in seinem Druckwerk vor. In einem frühen Kupferstich (um 1495) zeigt er ein Liebespaar, das sich im Freien ergeht, die Frau hochschwanger. Hinter den beiden lauert, von einem Baum halbverdeckt, der Tod, auf dem Schädel das Stundenglas, wie auf dem Sprunge, über die Frau in ihrer schweren Stunde herzufallen. Die beiden anderen Fälle gehören dem Jahre 1511. Auf einem fliegenden Blatt bemüht sich eine klapprige Beingestalt, mit dem Stundenglas einem

Landsknecht Furcht einzujagen, ohne indessen viel Eindruck zu machen. Der letzte Fall, ganz dem dritten Blatt der Trilogie entsprechend, ist ein Hieronymus in der Zelle, ein Holzschnitt; an der Wand hängt das Stundenglas wie ein Stück Hausrat, das zu der besonderen Einrichtung des Hieronymus nun einmal unerläßlich ist.

Ist nach diesen wenigen Fällen jede Zufallserklärung ausgeschlossen, so kann über die weitere Frage, was das Stundenglas oder die Sanduhr zu bedeuten habe, keinerlei Zweifel sein. Ein Sinnbild des Todes, des zu Ende laufenden Lebens, nichts anderes ist die Sanduhr für die bildende Kunst stets gewesen. So sehen wir sie schon auf einem Sarkophag des Palazzo Mattei in Rom in der Hand des Morpheus, und so hat sie die Kunst des Mittelalters immer wieder angewendet. Im Haushalt war die Sanduhr überall als ein bequemes Zeitmaß für bestimmte Zwecke im Gebrauch, und doch ließ man sie fort, wo ein behaglicher Innenraum geschildert werden sollte. Sie hatte eine zu unheimliche Nebenbedeutung, das Gerippe hantierte mit ihr so bedrohlich wie mit der Sense: nur in einem ernst mahnenden Kunstwerk mochte man daran erinnert sein. Zu einem Doppelleben war das Stundenglas damit bestimmt. Was im Alltag als etwas harmlos Selbstverständliches betrachtet wurde, empfand man im Bild als unzweideutige Drohung.

Mit anderen Augen als vorher sehen wir das Dreiwerk Dürers nun: der Tod schwebt über diesen Gebilden, sie konnten erstehen nur in einer Zeit, in der Gedanken über das Ende mächtiger als sonst in die Seele des Künstlers eindrangen; einer Zeit, in der er sich gezwungen sah, Standpunkt zu nehmen zu einem Rätsel, das ihn, den stetig Schaffenden, sonst nicht viel quälte.

Eine solche Zeit aber sind die Jahre 1513 und 14, in denen das Dreiwerk entstand, für Dürer gewesen. Täglich hatte er damals den Tod vor Augen. Er spricht davon in seiner Familienchronik: »Zwei Jahr nach meines Vaters Tod nahm ich meine Mutter zu mir, dann sie hätt nichts mehr. Und da sie bei mir wohnte, bis daß man zählte 1513 Jahr, da ward sie an einem Erichtag früh tödlich und jähling krank, darin sie ein ganz Jahr lang lag. Und von dem ersten Tag an über ein Jahr, als sie krank worden was an einem Erichtag, am 17. Tag des Mai im 1514 Jahr nach Empfahung des heiligen Sakraments ist sie christlich verschieden zwo Stund vor Nachts, der ich selbst vorgebett hab.«

Ein anderer Künstler hätte in solcher Stimmung, sich von ihr freizumachen, einen jener Totentänze ersonnen, wie sie seit der Zeit des großen Sterbens üblich waren. Dürer faßt zusammen. Eine Trilogie des Todes baut er auf, gewiß nicht so gestaltenreich wie die anderer Meister, aber in ihrer Beschränkung von unendlich tieferer Art als sie alle insgesamt. Vom Todesgrauen spricht er, von der Todesverachtung, der Todesgelassenheit. Es ist eine Philosophie des Todes, so allumfassend, wie sie kein Denker reiner geben kann.

2

Die Melancholie. »**Melencolia I**« hat Dürer dem Kupfer eingegraben und damit seinen Willen kundgetan, daß dieses Blatt den Anfang machen soll. Der Zeit nach kommt es erst später. Erst 1514 wurde es ausgeführt, »der Reiter«, wie Dürer das Blatt kurz nannte, geht ihm (1513) voraus. Beim Entwurf des zeitlich früheren Werkes mochte Dürer des Glaubens sein, alles gegeben zu haben, was er vom Tod zu sagen hatte. Ein aufwühlendes Ereignis erst ließ ihn die letzte Stunde noch in einem anderen Gesichte schauen, und nun erstand der größere Plan der dreigeteilten Folge in seiner Seele. In dieser Reihe aber durfte das Todesgrauen nicht dem reineren und sonnenhafteren Gedanken der Todesverachtung folgen; die dumpfere Seelenstimmung gehörte an den Anfang. **Melencolia I**: auch an einem Künstlerwort soll man nicht drehen und deuten, und das Wort hier zeigt, uns klar den Weg, den wir zu gehen haben. –

Die »Melancholie« ist eines der dämmernden Gesichte, wie Dürer sie von Jugend auf stets wieder einmal hatte. Im Wachen wie im Schlummern. Wir hören, wie die Freunde einmal bei Pirkheimer zusammenkommen, um einen Trupp Landsknechte vorüberziehen zu sehen, und wie Dürer das Schauspiel versäumt, weil ihn grade in dem Augenblick seltsame innere Gesichte überkommen (Pirkheimer erzählt es im Widmungsbrief seiner Lucianausgabe). Drei Jahre vor seinem Tod erlebt er jene schon erwähnte Traumvision von den fallenden Wassern, phantastisch wild, »wie ein Stück Edda«. In Bild und Wort hat er sie hingeschrieben, und kann doch keine der zugleich verworrenen und grellen Einzelheiten deuten. Geschaut, erträumt wie das Gesicht der fallenden Wasser ist auch die Melancholie. Wir kommen ihr nicht bei, wenn wir vom Einzelnen ausgehen: vom behauenen Steinbock und seiner mathematischen Bedeutung; vom mystischen Zahlenquadrat, das nach oben und unten und überkreuz stets die gleiche Quersumme ergibt; vom Werkzeugwirrwarr am Boden, vom Alchymistentiegel. Einiges ist wohl dabei, das eine klarere Sprache zu reden scheint: die Kugel zur Linken ist das entrollende Glück; von einer Fledermaus, die ein Haus umflattert, will der Volksglaube wissen, sie künde nahen Tod; Komet und Regenbogen sagen ähnliches an. Doch was wollen alle Einzelheiten! Tausend Gedanken überstürzen sich in einem zu Tode geängstigten Geist. Er kann nicht Rechenschaft geben vom einen und anderen, nur das Ganze ist ihm schreckhaft klar, nur aus ihm heraus wird all das haltlose Traumwerk lebendig.

So hier. Der Verstand, der Ding um Ding abtasten möchte, kann uns nicht leiten. Der Gesamteindruck allein ist hier das Wirkliche. In die hockende Gestalt müssen wir uns hineinfühlen, mit ihren Blicken die ganze zerrüttete Welt ringsum erleben.

Mit ihren Blicken – sie haben eine seltsam eigene Art. Nur einmal noch gab Dürer diese Richtung einem Augenpaar. Es ist das Bild der todverfallenen Mutter, dessen schon einmal gedacht worden ist. In ihrem Todesjahr ist es gezeichnet. So mag Dürer die alte, vom Schlag gelähmte Frau oft gesehen haben in ihrem letzten Leidensjahr, und der Anblick konnte ihn wohl grübeln lassen; so sah er sie sterben. »Und sie forcht den Tod hart, aber sie saget, für Gott zu kummen fürchtet sie sich nit. Sie ist auch härt gestorben, und ich merkt, daß sie etwas Gramsames sah. Dann sie fordret das Weihwasser, und hätt doch vor lang nit geredt. Also brachen ihr die Augen. Ich sah auch, wie ihr der Tod zween groß Stöß ans Herz gab, und wie sie Mund und Augen zutät und verschied mit Schmerzen. Ich betet ihr vor. Dovan hab ich solchen Schmerzen gehabt, daß ichs nit aussprechen kann. Gott sei ihr gnädig.«

»Ich merkte, daß sie etwas Grausames sah«: ist diese Vision, die als Eigenerlebnis so stark übersprang auf den erschütterten Sohn, daß ihm alle seine Kreise mit Zirkel und Maßwerk vernichtet schienen, ist dies das Schreckgesicht der Melancholie?

An einen während des Krieges verstorbenen Maler muß ich denken, an Oskar Zwintscher, der an die Kirche seiner Vaterstadt einen Christus auf der Bahre gab. Ich fragte ihn, wie ihm der Plan eines solchen Werkes gekommen sei, das seiner Art sonst fern lag. Und er erzählte, wie er in das Sterbezimmer seines Vaters kam. Beim Überschreiten der Schwelle, noch ehe er den Blick aufs Totenbette richtete, habe ihn mit erschreckender Gewißheit der Gedanke gepackt: hier hat ein Kampf stattgefunden. Wie er dann den Vater hingestreckt daliegen sah, da empfand er, was er in seinem Bild zum Ausdruck schuf.

Es gibt Dinge, über die man nicht gerne spricht. Oskar Zwintscher, der sonst die Feder wohl zu führen wußte, hat von seinem starken Erlebnis den Leuten nichts erzählt. Auch Dürer schwieg, auch er ließ die Empfindung Gestalt annehmen in einem einzelnen Bild, um dann, als ihn das Leben abermals in seine Kreise zog, sich anderen, ihm mehr gemäßen Werken zuzuwenden. –

Wer durchaus eine Erklärung für den Verstand haben muß, mag sie am ehesten finden in der Leiter, die an die Rückseite des Turms gelehnt ist. Es ist eine gewöhnliche Maurerleiter, die also auf einen noch unfertigen Bau hindeuten würde. Der Block berührt den Boden noch nicht mit ganzer Fläche, sondern nur erst einer Ecke. Soll man ihn als im Augenblick abgestürzt denken? Eine Baumeister-Solneß-Natur, um an Bekanntes zu erinnern könnte danach gemeint sein; eine tragisch vertiefte Natur, vor deren geistigen Augen alles ineinanderstürzt.

Doch es kann uns kaum gut sein, zu sehr in die Teile zu gehen. Traumdeuterei ist ungewiß wie Wahrsagekunst. Für Dürer selbst kann das einzelne sibyllisch rätselhaft geblieben sein. Klar war ihm nur das arme, starre Wesen, das dem Tod entgegenblickt, und das den Tod »hart forcht«. Die Lähmung fesselt es wie ein Alb, und doppelt schwer wirkt das unbeseelt Massige der Lähmung durch das mächtige Schwingenpaar; wie eine unbekleidete Gestalt doppelt nackt erscheint durch ein einzelnes Kleidungsstück.

3

Ritter, Tod und Teufel. Dem Todesgrauen entgegengestellt ist die Todesverachtung. Durch eine felsige Landschaft zieht ein geharnischter Reiter, den Hund zur Seite, in ruhigem Schritt seines Weges. Zwei gespenstige Wesen haben sich an ihn herangemacht. Der Teufel das eine, ein gehörntes Ungeheuer mit Eberkopf und Bocksbeinen; das andere der Tod, mit einem Leichenhemde angetan, auf einer abgetriebenen, für den Schindanger reifen Mähre, Schlangengewürm um Kopf und Hals, Nase und Lippen zerfressen. Der Weg biegt ein in eine enge Waldschlucht. Drohend hebt der Tod das Glas; sein Pferd beugt sich schnuppernd zu einem Totenschädel nieder; der Teufel streckt schon die Tatze, zuzupacken. Den Mann zu Pferde schreckt nichts von dem allen. Sein Visier bleibt offen, der kalte Hohn weicht nicht aus seinen Zügen. Was will das Gesindel! Unebenbürtige Gegner achtet man nicht! Und in gleich ruhigem Schritt zieht er ein in die Schlucht der Schrecken.

Mit vielem Fleiß hat man das Bild in seine Teile zerlegt und bestimmt, was Dürer aus der Erinnerung und aus seinen Mappen herübergeholt haben kann. Im Jahr der Apokalypse zeichnete er einen Gewappneten zu Pferde und vermerkte dabei: »Das ist die rustung zu der zeit im teutzschland gewest.« Die Rüstung hat Dürer ziemlich genau übernommen; der in ihr steckt, ist freilich gründlich anderer Art. Weiter hat er 1505 den König Tod gezeichnet, auf einem Halbgerippe von Pferde durch die Lande reitend, schleichend langsam und doch unentrinnbar; Erinnerungen an die Stimmung klingen nach im Tod des Reiterbildes. Eine Zeichnung nach der Natur von 1512 erwies sich in zusammengedrängter Form als brauchbar für einen Teil der Landschaft. Besonders viel Arbeit machte das Pferd. Es ist vorsichtig konstruiert und, wie das rechte Hinterbein zeigt, noch auf der Platte nachgebessert. Verrocchios Colleoni-Roß und Leonardos Modell zum Reiterdenkmal des Francesco Sforza sollen als Vorbilder in Betracht kommen. Die Kunstgeschichtler haben seit einigen Jahrzehnten für dieses Pferd eine solche Vorliebe, daß die Meinung ausgesprochen werden konnte, Dürer habe ursprünglich gar nichts anderes geben wollen, als ein schönes Normaltier. Der Ritter samt Tod und Teufel und die ganze Landschaft dazu seien erst später um das Musterpferd herumgezeichnet worden als ein Zugeständnis an die Schaulust der Menge. Das Urteil ist immerhin erwähnenswert als ein Beweis dafür, bis zu welcher Verblendung die Leidenschaft der Zergliederung führen kann, und wie bitter not es tut, vom Ganzen auf die Teile, nicht aber umgekehrt zu kommen.

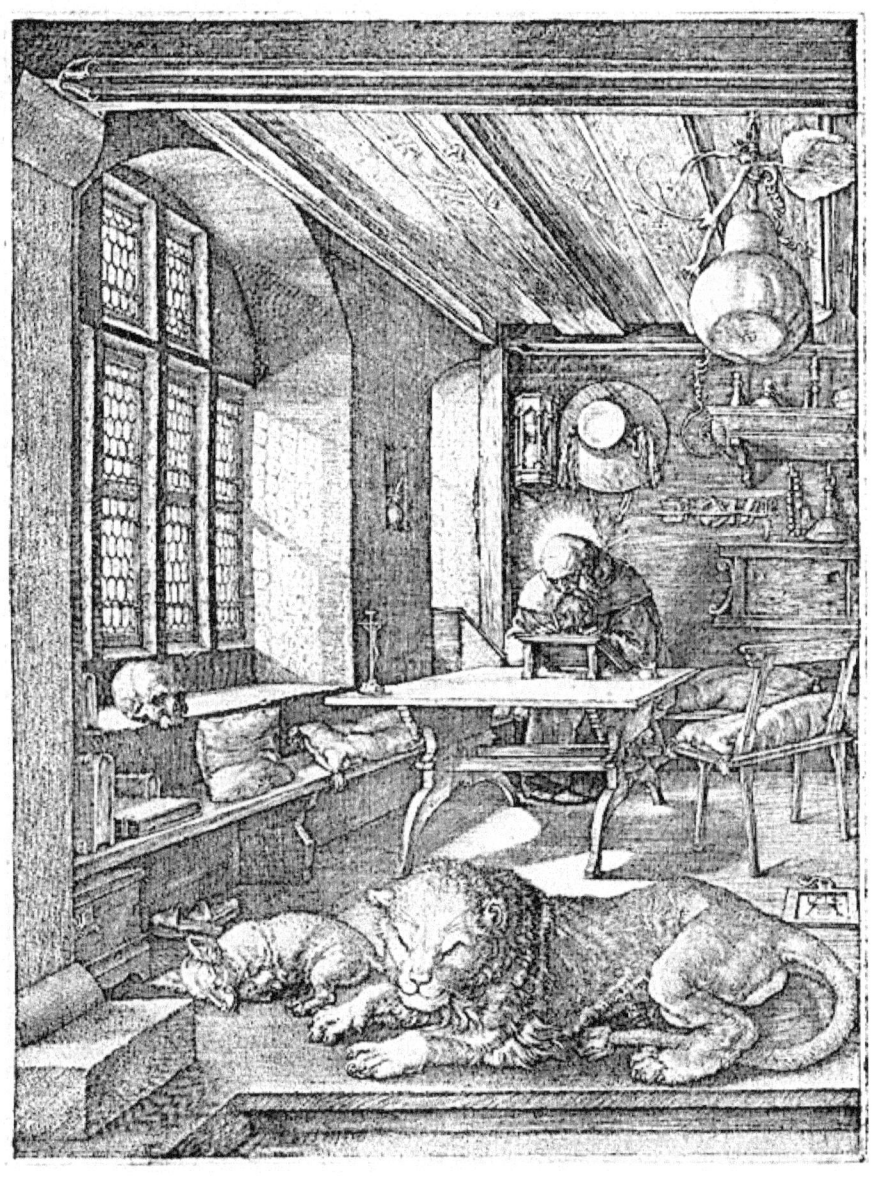

Hieronymus im Gehäus (1514)

Ins Wesentliche vorgedrungen war Herman Grimm, als er auf den Gegensatz hinwies zu den seit dem 14. Jahrhundert üblichen Totentänzen. »Die Idee des Totentanzes«, sagt er in der dritten Folge seiner Aufsätze, »ist keineswegs die, daß der Tod alle Gestorbenen gleichmache. Dies glaubte in gewissem Sinne niemand in jenen Jahrhunderten. Die Bevölkerungen Europas waren durch eine Reihe fast unübersteiglicher Schranken in Stände geschieden, die unter sich eine feste Rangordnung innehielten, deren Bestand über das Grab hinaus angenommen wurde. Wie der irdischen Hierarchie eine himmlische Hierarchie entsprach, verhielt sich der irdische Mensch in der Unsterblichkeit wie in einer Fortsetzung seines irdischen Standes, die sich bis auf die Kleider erstreckte. Wir gewahren da Fürsten, weltliche und geistliche, Ritter, Mönche, Bauern usw., bis ihnen endlich beim jüngsten Gericht erst der Rang nichts mehr hilft, wo die Kleidung ausgezogen und der Lohn für gute und böse Taten rücksichtslos zugemessen wird. Nun aber: der Totentanz hat mit dem Momente nichts zu tun, wo nach dem Abscheiden aus diesem Leben uns Verdammung oder Erlösung zugesprochen wird, er stellt vielmehr den Augenblick dar, wo es erst ans Sterben geht. Hier, wo wir vom Kaiser abwärts alle Stände als die Beute eines gleich heimtückischen, unbarmherzigen Überfalles erblicken, klingt etwas wie ein demokratischer Rachegesang aus diesen Darstellungen heraus. Einen Zustand, noch im wirklichen Leben, hatte das Volk hier vor Augen, wo alle Menschen gleich elend werden, wo hoch und niedrig von demselben unverschämten Bettelvogt am Kragen genommen und ins Loch gebracht wird. Mag man sich seiner erwehren wie man will, der Tod ist der Stärkere, und das zuschauende Publikum hat seine Schadenfreude daran.«

Diese häßliche Auffassung höriger Naturen war Dürer fremd. Das Grauen des Todes hat er gekannt, die hämische Freude, daß es nur bei anderen ans Sterben ging, konnte er nicht nachempfinden. Dem Kleinleuteschreck und den Stimmungen aus der Tiefe gegenüber vertritt er die Empfindung des aufrechten Mannes, der in Blick und Haltung fest bleibt, ja der das Entsetzen der anderen nicht einmal achtet. Im Schicksalsjahr der Mutter, als er beim Anblick der vom ersten Schlaganfall getroffenen Frau dem nahen Tod ins Auge sah, war seine endliche Empfindung nicht der Wille zur Verneinung, sondern ein lebensfestes »Dennoch!« Ihm hat er Ausdruck geschaffen in seinem Reitersmann.

Nach Dürers ganzer Gesinnung konnte nur ein Streiter Gottes so sich geben. Dieser Ritter ist des nämlichen Geblütes wie der heilige Georg zu Pferde, den er fünf Jahre zuvor im Stiche schilderte, des nämlichen Geblütes auch wie der »**Miles christianus**«, der Kämpfer Christi, von dem Erasmus sagt: »All die Schreck- und Spukgesichte, die dir entgegentreten, als nahtest du der Hölle selbst, du achtest sie für nichts.« Aber man tut Dürer unrecht, wenn man ihn deshalb von Erasmus abhängig machen will. Der Streiter Gottes, wie ihn der federgewandte Humanist so wohl zu schildern weiß, war ganz gewiß keine erasmische Erfindung. Den Mystikern bereits war die Vorstellung eines Pilgrims geläufig, dem Tod und Teufel zusetzen und doch nichts anhaben können, und ebenso die des streitbaren Ritters als des rechten Gottesmannes. Dürer hatte keine Anleihen nötig, um ganz so wie die Tiefsten im Volk den Gottesmann zu empfinden: aufrecht, unnahbar, unerschütterlich. Das lag ihm im Blute. Wie der Reiter in die Schrecken der Todesschlucht einbiegt, so auch zieht der Christus der Kleinen Passion in Jerusalem ein: unberührt von Not und Tod, die seiner harren.

4

Hieronymus im Gehäus. Zur höchsten Auffassung ist Dürer hier emporgeläutert. An nahen Tod gemahnt auch dieses Blatt, doch es spricht von ihm geruhig, es hat in sich die tiefe Weisheit des Sterbens und doch Lebens. Mächtiger noch als das gelassene Draufzu des Ritters ist das unbekümmerte An-sich-herantreten-lassen des Mannes im Gehäuse, den das Todesnahen nicht bei der Arbeit stören kann.

Öfter als jeden anderen Heiligen hat Dürer den alten Hieronymus geschildert; sechsmal im Druckwerk, einmal im Gemälde. Die beiden ersten Blätter, ein Holzschnitt und ein Kupferstich noch aus der Wanderzeit, sind uns bekannt. Der Holzschnitt, nur als Titelbild eines Buches gedacht, ist noch ganz äußerlich. Hieronymus ist nur der große Gelehrte, der die Bibel übersetzte, und der in seinem ärztlichen Nebenamt den berühmten Fall mit dem Löwen hatte. – In dem etwa ein Jahr späteren Kupferstich begegnen wir schon dem uralten Mann, von Einsamkeit umgeben, des nahen Todes gewiß. Er kasteit sich mit dem Stein, weil das zu seiner Tagesregel gehört, die häßliche Zerknirschung aber des mittelalterlichen Büßers ist ihm fremd. – Lange Zeit danach hat die einsame Gestalt Dürer nicht mehr beschäftigt. Erst im Jahr der Kleinen Passion, 1511, gibt auch sie ihm wieder zu denken. Er zeichnet sie für den Holzschnitt, in der Stille einer Arbeitszelle. Von der Wand her mahnt die langsam abrinnende Sanduhr. Für den Heiligen hat sie nichts Bängliches; sie sagt ihm nur an, wann es Schlafenszeit sein wird. Alles im Zimmerchen hat seinen rechten Platz. Den Deutschen, hat man einmal gesagt, sei es eigen, daß sie »in Ordnung sterben« wollen. – Es folgen im Jahre danach ein Holzschnitt und ein Kupferstich; jener Hieronymus in einer Felsenhöhle bei der Arbeit zeigend, wie er die gichtkrummen alten Finger zu sauberen Schriftzügen zwingt; dieser den Mann im Gebet, selbstversunken wie nur ein Mystiker, der Blick über das Kreuz hinweg verklärt gen Himmel schweifend. – Das letztemal, daß Dürer seinem Heiligen künstlerisch gehuldigt hat, wurde er 1521 auf der niederländischen Reise angeregt durch einen uralten Mann. Er zeichnete ihn auf dunklem Papier mit dem Pinsel und mit weißen Lichtern und schrieb dazu: »Der Man war alt 93 Jor und noch gesunt und fermuglich zu antorff.« Im Bilde (jetzt in Lissabon) deutet er mit der Linken auf einen Totenschädel, und sein ernst auf den Beschauer gerichteter Blick scheint ein Memento auszusprechen. –

Dürer selbst mag es uns sagen, wie er das ruhige Abwarten des Todes empfindet, das der weise Hieronymus für ihn verkörpert. Er hat ein paar »christliche Reime« geschrieben, die also lauten:

> Wer ein lauter Gewissen hat
>> Der fürchtt den Tod nit früh und spat,
> Und frogt nit viel nach langer Zeit,
>> Die uns Gott hier auf Erden geit.

Und weiter:

> Dem die Stund seines Todes allweg
>> Wohlbetrachtt in seim Herzen läg,
> Und sich all Tag zum Sterben schickt,
>> Den hätt göttlich Gnad angeblickt.
> Und würd in dem rechten Fried stahn,
>> Den Gott gibt und Welt nit geben kann.
> Dorum welcher recht leben thut,
>> Den überkommt ein starken Mut.
> Und ihn erfreut des Todes Stund,
>> Dorin ihm Seligkeit wurd kund.

Die Sanduhr verrinnt, doch neues Sonnenlicht strömt zu: das ist die Auffassung des Todes, zu der sich Dürer durch Leid und Qual durcharbeitete. Stundenglas und Sense, Gerippe und Teufelsspuk können ihn nicht mehr das Fürchten lehren; aller Holbeingraus ist von ihm abgefallen wie ein niederer Dämonenglaube – wie etwas recht »Subalternes«.

Deutschland weiß heute, was das heißt, den Tod überwinden. Auf fernen Meeren sind Männer unserer Seemacht mit einem Liede auf den Lippen ins Wellengrab gesunken. In der Schlacht bei den Falklandsinseln stießen Schiffbrüchige, die gerettet werden konnten, das dargebotene Ruder von sich: der freie Tod war ihnen lieber als ein Leben von Feindes Gnaden. Das alte »Tod, wo ist dein Stachel« war wieder einmal Tat geworden. – Auf eine stillere, bescheidenere Art hatte auch Dürer dieses letzte Heldentum. In seinem Hieronymus hat er ihm Ausdruck gegeben, und darum lieben wir das Blatt so über alles: es ist so deutsch.

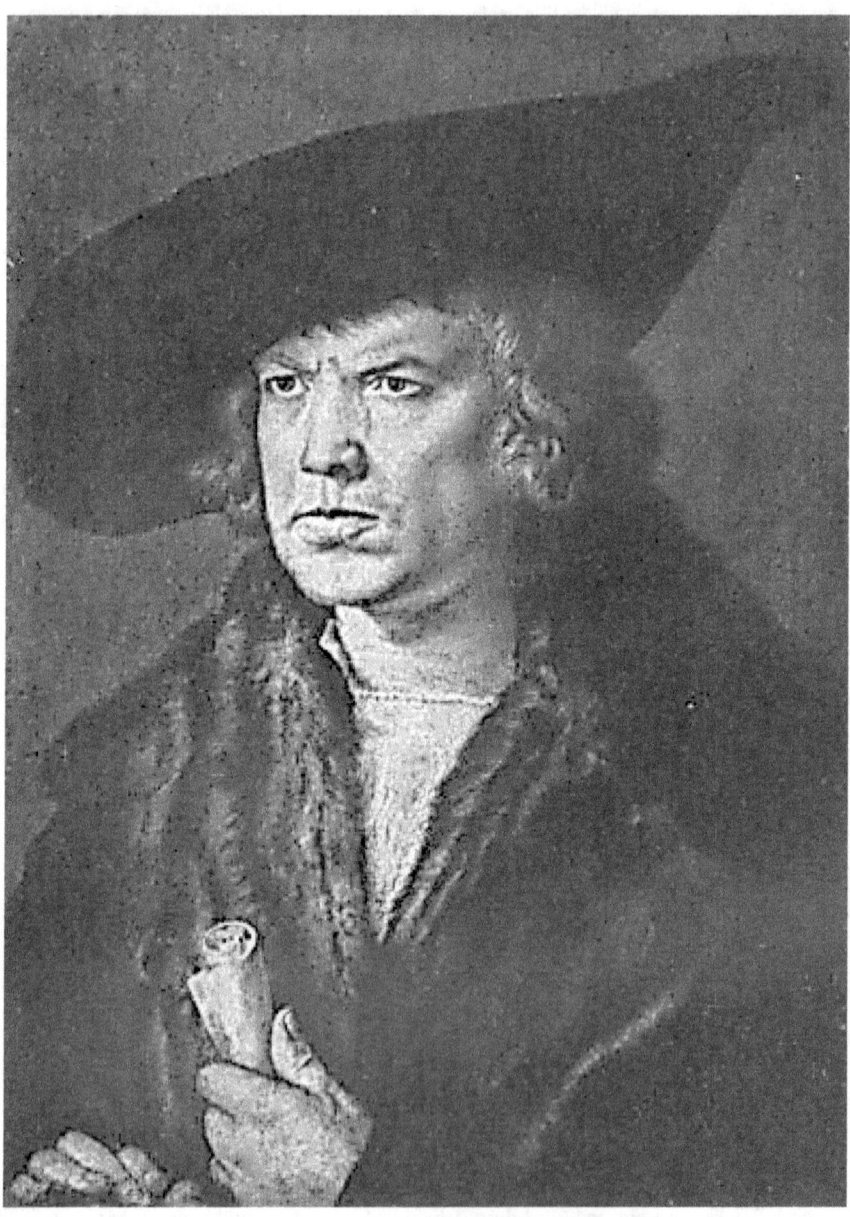

Sog. Hans Imhoff (1521) – Madrid, Prado-Museum

XIII. Unter Kaiser Max

1

Dürer arbeitete wieder für den Markt. Seit hundert Jahren waren dort Angebot und Nachfrage im wesentlichen gleichgeblieben. Das Heiligenbild und die Spielkarte waren die ersten Druckblätter gewesen, die es in den Meßbuden zu kaufen gab, wenn viel Volks bei den Kirchweihfesten und Walfahrten zusammenkam. Um diese beiden Pole dreht sich alles. Beides hatte dann seine besondere und reiche Entwicklung durchgemacht. Aus den frommen Bildchen, die dem Volk papierne Amulette waren, und die als »Prieffe« an der Wand eine Art Hausapotheke der Seele darstellten, waren in den Erbauungsbüchern ganze Heiligengeschichten geworden. Von den Spielkarten wieder gingen die Zeit- und Sittenbilder aus, die von den Herrlichkeiten und Wunderlichkeiten dieser Welt zu sagen hatten. Von Rittern und Bauern, Türken und Meerwundern, Kriegs- und Liebeshändeln, und was sonst von ernsten oder drolligen Begebenheiten zu erzählen war. Die Zeitung hier, die Hauspostille dort: mochte eines wie das andere sich vielhundertfach verästeln in Sondergebilden, so blieb doch der Grundgegensatz unverändert.

Auch dem Druckwerk Dürers gab er bis dahin das Gepräge. Nach der Doppelforderung derer, die sich in den Meßbuden nach Kunst umsahen, war inhaltlich alles gerichtet. Im Schnitt oder Stich gab Dürer Marienbildchen und biblische Geschichten, wußte von unserem Herrn, von Heiligen in der Einsiedelei, vom tapferen Ritter Georg und dem bußbereiten Hieronymus Erbauliches und Rührendes zu sagen. Den anderen wieder kam er mit Volksschwänken und Landstraßenbildern, zeigte dem einen Stand, wie es in dem anderen herging, und was in alten Büchern Wissenswertes aufgezeichnet war. Daß er mit all diesen Dingen den Leuten noch etwas obendrein nach Hause gab, daß er mit den nun einmal feststehenden Mitteln ein Erzieher des Volkes war, tiefer und wirksamer als selbst die Humanisten, wurde bewußt kaum wahrgenommen. Für das allgemeine Urteil war auch er so gut wie jeder andere Künstler ein Mann des Heiligenbildes und der Spielkarte. Er machte seine Sache geschickter als die Genossen, bekam dafür auch einen besseren Namen und höheren Absatz, aber am Wesen der Sache war damit nichts geändert.

Nun, im zweiten Jahrzehnt des neuen Jahrhunderts suchte etwas ganz Neues auf dem allgemeinen Kunstmarkt für das Volk sich Geltung zu verschaffen. Eine dritte Gattungsart wollte aufkommen neben jenen beiden anderen, und die ging aus vom Kaiser Max. Nicht von der Kirche und nicht von der Welt als ihrem Widerpart sollte den Leuten erzählt werden, sondern von Kaiser und Reich. Das Bild sollte in ihnen die Liebe für ihr Kaiserhaus erwecken, und damit die Liebe für ein einiges, in sich und nach außen gefestetes Reich. Das Mittel aber, dessen der Kaiser sich für seinen stolzen Zweck bediente, war der schlichte und volkstümliche Holzschnitt. Maximilians Charakterbild ist umstritten bis auf diesen Tag. Nur vierhundert Jahre liegen zwischen ihm und uns. Wären es tausend, so wäre er vielleicht eine jener Gestalten, deren Leben Sage und Mythos verklären. Den letzten Ritter hat man ihn genannt, den letzten Romantiker, einen Don Quixote höheren Ranges, einen Ideologen und was nicht noch alles. Jeder neue Geschichtsschreiber macht bei ihm eine neue Rechnung auf. Das Volk ist im Grunde nie über ihn unklar gewesen. Es hat ihn geliebt Zeit seines Lebens, und wie es ihn sah, hochgemut und überlegen, schlicht menschlich und doch kaiserlich, so lebt er fort im Liede. Mögen die Geschichtsschreiber Zug um Zug aus den Liedern als Irrtum erweisen, das Ganze stimmt dennoch. Der letzte unter den alten Kaisern, dem das Kaisertum noch etwas Lebendiges war, das ist Maximilian gewesen.

Eitel, das wird heute nicht mehr bestritten, war er nicht. Nur selbstbewußt und durchdrungen von der Würde seines Amtes. Als er auf dem Reichstag zu Worms, der alten Burgunderstadt, sich in der Reichssteuer des »gemeinen Pfennigs« eine unabhängige Stellung sichern wollte und die Stände wohl den Gedanken nicht abwiesen, aber in einem »Reichsregiment« den Kaiser einer ständigen Aufsicht zu unterstellen dachten, da meinte er stolz, er wolle kein König sein wie der Gunther, der sich an Händen und Füßen binden und an einen Nagel henken lasse. Es war nicht seine Schuld, sondern die Kleinlichkeit der anderen, wenn es schließlich doch dazu kam. Die allgemeine Mattigkeit des zerbröckelnden Deutschlands hat ihn gehindert, sich durchzusetzen und sein starkes Empfinden deutscher Art dem Volke mitzuteilen. Wie deutsch er fühlte, hat er immer wieder bewiesen; als er Celtes auf Reisen schickte für eine umfassende deutsche Landeskunde; in seiner Liebe zur alten deutschen Dichtung (hat er uns doch das Gudrunepos gerettet!); nicht zuletzt in seinem tiefen Verständnis für die lebenden deutschen Künstler. Unsere Kunstgeschichte wäre ärmer ohne ihn, und Albrecht Dürer fehlte ein wesentlicher Zug, wenn seine Lebensbahn nicht die des letzten alten Kaisers gekreuzt hätte und beide sich nicht bewußt gewesen wären, was sie aneinander hatten.

2

Der Gedanke, im Volk wieder Liebe zur alten Kaiserherrlichkeit erstehen zu lassen, fand in Nürnberg fruchtbaren Boden. Im Jahre 1424 hatte Sigismund der Stadt die Reichskleinodien und den Krönungsschmuck der Kaiser zur Bewahrung anvertraut. Nürnberg war stolz auf diese Auszeichnung, die es als die erste unter den deutschen Städten anerkannte. Alljährlich am Freitag nach Ostern wurden die Schätze auf dem Markt zur Schau gestellt. Der Feiertag, das Heiltumsfest oder das Heiltum genannt, entsprach ganz jenen hohen Kirchentagen, an denen die kostbaren Reliquienbehälter hervorgeholt und dem staunenden Volke dargewiesen wurden. Die nämliche feierliche Stimmung herrschte, wenn am Tag des Heiltums die Reichskleinodien aus ihrem Jahresschlaf erwachten. Wie der Anblick eines ehrwürdigen Banners waren sie, das Großes erlebt und gewirkt hat, und von dem noch immer eine Macht ausgeht. Überall sonst im Reiche war der Kaisergedanke halb abgestorben. Nur in Nürnberg brachte er alljährlich in den rauschenden Lärm der reichen Stadt mit seinem stillen Glanz etwas hinein, das Ehrfurcht heischte.

Dürer war groß geworden im Anblick des jährlich wiederkehrenden Schauspiels. Erinnerungen solcher Art vergißt man nicht. Wenn schon in seinen frühen Werken so viel Strahlendes und so viel Glanz sich zeigt, so hatte das Heiltum mit seiner hehren Stimmung gewiß sein Teil dazugetan. Noch war die Fühlung allgemein, aber jedes Erleben, auch ein geringes, konnte das Verhältnis innig machen und ihm seinen besonderen Charakter geben.

Die erste Anregung, die hier die Wendung brachte, ging noch nicht vom Kaiser selbst aus, sondern vom Nürnberger Rat. Es war Sitte, die Reichskleinodien in der Nacht, bevor man sie auf dem »Heiltumsstuhl« auf dem Markt vor dem Schopperschen Haus aufbaute, aus der Spitalkirche, ihrem ständigen Bewahrungsort, in eine Kammer des Schopperhauses zu bringen. Der Beschluß wurde gefaßt, dieser Kammer eine würdigere Ausstattung zu geben, und Dürer bekam den Auftrag, die Bildnisse Karls, als des größten Vertreters des alten Reichs, und Sigismunds, des Stifters, für Nürnberg zu malen.

Mit der ganzen Ehrfurcht, die er der Sache entgegenbrachte, ging Dürer ans Werk. In einer Anzahl von Federstudien bildete er zunächst das einzelne nach, zum Teil in Naturgröße. Einer bartlosen Gestalt wird der Königsschmuck mit den Heiltümern angetan. Die Inschrift besagt: »Das ist des heiligen großen kaiser Karls habitus 1510.« Es folgen auf besonderen Blättern die Krone, der Handschuh, Reichsapfel, Reichsschwert; die Krone mit den Inschriften: » **Rex Salomo**« und **per me reges regnant**«, durch mich sind die Mächtigen mächtig; beim Schwert: »Diez ist kaiser Karls schwert, awch dy recht gros, vnd ist dy kling eben als lang als der strick, damit daz papier awßen punden ist.« Im Jahr 1512 kamen beide Bilder zur Aufstellung; das Entgelt waren laut Urkunde 85 Gulden, 1 Pfund, 9 Pfennige und 10 Schillinge.

Von den Bildnissen ist das unbeträchtlichere das Sigismunds. Es scheint, daß Dürer durch eine bestimmte Vorlage gebunden war. Thausing nimmt an, durch ein Gemälde, das seit 1430 in der Kammer des Schopperschen Hauses hing, und das den Kaiser mit diesen wenig majestätischen Zügen schilderte. Die Hände fassen gotisch ungeschickt zu, die gebeugte Gestalt ist nicht die eines Herrschers, und der Gesichtsausdruck scheint mißtrauisch unterlegen. Die Aufschrift erklärt:

> Dieß Bild ist Kaiser Siegemunds Gestalt,
> Der dieser Stadt so mannigfalt
> Mit sundern Gaben was geneigt.
> Viel Heilthums, das man jährlich zeigt,
> Das bracht er her gar offenbar
> Der Kleinzahl vier und zwanzig Jahr MCCCC

Ganz frei, nur auf sich selbst verwiesen war Dürer beim Bildnis Kaiser Karls. Wir wissen heute, daß der Kaiser so nicht ausgesehen hat, daß der Schnitt seines Gesichts und die Barttracht anders waren. Trotzdem: wir haben hier eines der immer bestimmenden Werke. Auf das gesamte alte

Kaisertum hat unsere Vorstellung übertragen, was sie bei der einen bestimmten Persönlichkeit heute anders sieht.

> Dieß ist der Gestalt und Bildnus gleich
> > Kaiser Carl, der das Römisch Reich
> Den Deutschen unterthänig macht.
> > Sein Kron und Kleidung hoechgacht
> Zeigt man zu Nürnberg alle Jahr
> > Mit anderm Heilthum offenbar.

Der in strenger Vorderansicht gegebene Kopf ist des nämlichen Geistes wie das Münchener Selbstbildnis. Wohl fehlt ihm die letzte Vertiefung, die innige, halb mystische Beseelung. Es ist ein weltliches Bild. Die Aufgabe aber, die ihm so in engerem Umfang gestellt war, ist auch restlos erfüllt. Wir spüren im Anblick dieses Bildes etwas von der imperatorischen Stimmung der versunkenen Zeit. –

Um dieselbe Zeit nun, als Dürer die Werke dem Nürnberger Rat übergeben konnte, fügte es sich, daß der Künstler die persönliche Bekanntschaft des lebenden Kaisers machte. Im Februar 1512 war Maximilian nach Nürnberg gekommen, voll seiner Pläne, in volkstümlichen Kunstblättern den Deutschen eine Vorstellung des Kaisertums zu geben, wie er es empfand. Für die beiden größten Unternehmungen sollte Dürer herangezogen werden. Von seinen Kriegen und Siegen wollte Maximilian erzählen, von seinen Vorfahren, seiner Arbeit und seinen Liebhabereien.

Der Kaiser hatte viel Sinn für das Festliche und sonnig Prangende. Er träumte von stolzen Triumphbogen, durch die er hindurchzog inmitten eines endlosen Zuges voll buntbewegter Gruppen mit wehenden Fahnen, Drometengeschmetter und Paukengedröhn. Eine solche Ehrenpforte nun und einen solchen Triumphzug wollte er in allen deutschen Städten haben: die Künstler sollten dafür sorgen, mit den nämlichen Mitteln, mit denen sie auch der Kirche so gute Dienste leisteten. So kam das merkwürdige Zwiewerk zustande, das riesenhafteste Doppelbilderbuch, das uns mehr vom sinkenden Kaisertum zu sagen hat als ganze Bände von Chroniken, und das durch Dürer und einige feiner Mitarbeiter, unter denen Burgkmair und Altdorfer die größten sind, auch künstlerisch geadelt wurde.

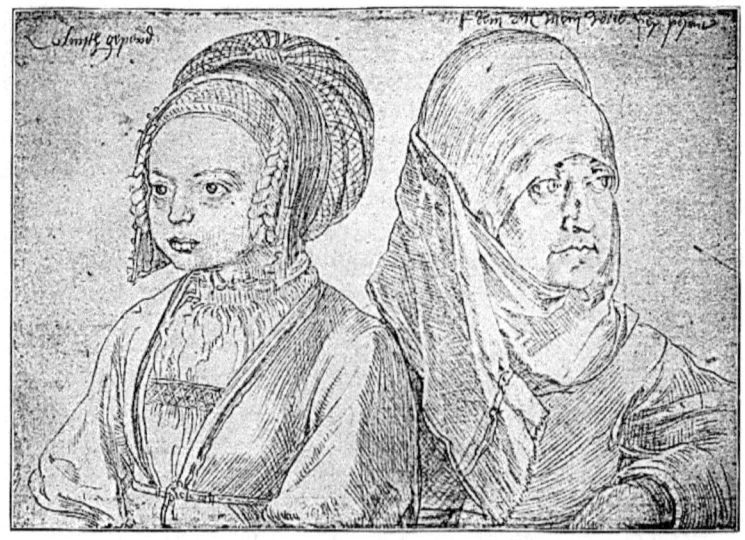

Aus dem niederländischen Skizzenbuch (rechts Dürers Frau) – Wiener Staatsbücherei

3

Der Hofgelehrte Stabius, Astronom und Mathematiker von Beruf, Dichter aus Liebhaberei, arbeitete den kaiserlichen Gedanken zuerst zu einem festen Plan aus. Für die »Pforte der Ehren des Kaisers Maximilians« verlangte er von den Künstlern, sie in der Gestalt zu errichten, »wie vor alten Zeiten die **Arcus triumpkales** der römischen Kaiser in der Stadt Rom, deren etliche zerbrochen sind, und etliche noch gesehen werden«.

Vom römischen Triumphbogen konnte nun freilich nicht viel bleiben, da das Ganze nur ein Gerüst darstellen sollte für eine weit ausholende Geschichte Maximilians und seines Hauses. Allein 35 Bildererzählungen mit erklärenden Reimen waren vorgesehen, über hundert Wappen, an die hundert Brustbilder und neun geschichtliche Persönlichkeiten in ganzer Gestalt. Das verlangte viel Fläche, weit mehr als ein richtiger **Arcus triumphales** vertrug. Viel Fläche ist geschaffen worden, es kam alles drauf, was verlangt wurde und noch einiges dazu. Die Ähnlichkeit mit den römischen Vorbildern verflüchtigte sich dabei allerdings fast ganz, das ist nicht weiter zu verwundern. Was aber sehr überrascht, das ist, daß der schließlich zustande kommende Bau, der bis auf drei enge Tore ein geschlossenes Mauerwerk darstellt – rein gotisch wirkt. Die Gotik arbeitet mit durchbrochenen Formen, kann in reiner Gestalt keine breite Fläche, keine ungelöste Masse anerkennen. Hier nun ist alles Fläche und Masse, nichts ist am eigentlichen Bau durchbrochen. Und dennoch die gotische Wirkung des Ganzen! Wie war das zu erreichen?

Drei Tore führen durch das Mauerwerk. In der Mitte, ganz steil und schmal, »die Portenn der Eeren vnnd Macht«; zu den Seiten, nicht weniger eng, aber niedriger, die Pforten »des Lobs« und »des Adels«. Die drei Hallen eines römischen Bogens, jede einzelne sich wölbend in einem ruhigen, voll austönenden Rund, scheinen selbst wieder einer gemeinsamen Form ähnlichen Charakters unterstellt. Bei der Maximilianpforte hingegen ist die bindende Form kein Rund, sondern der ganz entschiedene Winkel eines nordischen Giebels.

Wer es bestätigt sehen will, prüfe den Gesamtumriß. Alle wesentlichen Teile laufen aus in runde Formen, nirgends aber kann deren Charakter rein zur Geltung kommen. Es liegt nicht daran, daß der Abschluß, in Rom balkenförmig, immer wieder unterbrochen wird durch das launische Linienspiel alles möglichen figürlichen und sachlichen Aufbaus. Entscheidend ist vielmehr, daß alles sich einer Gesamtrichtung unterordnet, und daß diese unverkennbar die des steilen nordischen Giebelhauses ist.

Das Giebelhaus ist nun zwar nordisch, aber doch noch nicht im engeren Sinne gotisch. Wir forschen weiter, was diese fernere Steigerung erwirkt, und finden es zunächst im Verhältnis der einzelnen Bauteile. Überall eine pfeilerartig emporschießende Kraft, nirgends durch lastende Kräfte gehemmt. Der Stammbaum über dem Mittelportal windet sich in Schlangenlinien aufwärts, ohne Widerstand zu finden. Bei den je zwölf Bildern über den Seitenpforten ist statt der gegebenen Wagerechten die gerade Stabeinteilung gewählt. Und so die angegliederten Rundbauten zu äußerst rechts und links: das Bildwerk kann sie nicht hindern, wie Treppentürme steil emporzusteigen, und die leichte Schweifung der Spruchbänder verstärkt den Eindruck. Auf daß auch ja nichts mißverstanden werde, springen vier mächtige Doppelpfeiler vor, die über alle Schichten hinweg zur Höhe eilen.

Nun gar das Letzte, das ursprünglich kaum wohl Verlangte im Beiwerk. Keine Kathedrale ist mehr voll Gerank als diese Pforte. Und wie das sich rankt und hineinwindet in jedes Winkelchen, in jedem Vorsprung sich ansetzt und sich seines kleinen Lebens freut, da freilich gewinnt es Macht auch über die stärksten Massen und Flächen, und es triumphiert der sonnige, strahlende Eindruck ungeschwächter Gotik.

*

Auf 92 große Blätter verteilt sich das Riesenwerk, die, aneinandergelegt, eine Fläche von etwa dritthalb Meter Höhe und drei Meter Breite bedecken (genau: 3,409 und 2,922 Meter). Ein Büchlein für sich würde es werden, wenn man den Inhalt ganz erschöpfen wollte. Der Schild des Achilleus ist eine bescheidene Novelle gegen den kapitelreichen Roman dieser Pforte. Die

Kulturgeschichte wird immer wieder zurückgreifen auf das Einzelne. Die zahlreichen Schlachtendarstellungen geben ein umfassendes Bild vom Kriegswesen jener Tage. Am rechten Eckturm enthält das Schatzkammerbild eine ganze Kunstgewerbesammlung, das Baumeisterbild gibt eine klassische Schilderung von einem werdenden Bau. Wir müssen es uns versagen, ins Letzte zu gehen. Nicht das ist für Dürer das Wesentliche, wie er mit Hilfe seiner Mitarbeiter Bild um Bild zu den Reimen des gelehrten Hofdichters lieferte, sondern wie er alles in eins fügte, daß es sich schickt in diesen einheitlichen Prunkbau gotischen Charakters.

Nur mit einiger Mühe konnte Dürer seinen gezeichneten Bauplan beim Kaiser durchsetzen. Ein älterer Entwurf lag vor, vom Innsbrucker Hofmaler und Baumeister Jörg Kölderer stammend (sein Wappen steht vor dem Pfeilerpaar rechts zwischen denen Dürers und des Stabius). Es scheint, daß Kölderer mehr Gewicht auf den Stammbaum über dem Mittelportal gelegt hatte, bei dem er von seinem 1496 errichteten Innsbrucker Wappenturm ausging. Der Kaiser mochte erst nichts wissen von Dürers freien Abänderungen, die dem spielerischen Beiwerk so viel Bedeutung gaben. Schließlich fügte er sich und gab dem stärkeren Kunstwerk die Bahn frei.

Nie vorher ist Dürer so sehr Gotiker gewesen wie jetzt nach der vollen Überwindung Italiens. Aber es ist eine Gotik höherer Art: eine solche nämlich, der das Ornament nicht länger gefährlich ist. Das ist das Erstaunliche an dieser Pforte, daß sich für ein erstes flüchtiges Hinsehen alles rein Bauliche auflöst in das altbekannte Gekräusel und Geschnörkel, und daß erst der eindringende Blick wahrnimmt, wie nichts herkömmliche Zierform ist, sondern alles Figur. Tierisches und Pflanzliches unterscheidet man, Menschen und Fabelwesen. Was in der alten Tier- und Pflanzenornamentik nach Ausdruck verlangte und doch unter dem Bann labyrinthischer Formen ein Stammeln blieb, das ist hier zum ersten- und außer im Gebetbuch, zum einzigenmal in der gesamten Kunstgeschichte klare Sprache geworden. Jeder Säulenfuß und Säulenkopf wird zu einem Nest des Lebens; alles rührt und tummelt sich, spielt Versteck und Haschen oder lauert sich auf. In der rauschenden Krone eines vollen Waldbaums kann es nicht lebhafter zugehen. Und trotzdem nirgends das Chaos. Die strengen Forderungen eines gegebenen Bauwerks mit seiner gemessenen Gegenteiligkeit konnten Dürers erfinderischen Geist wohl in Schranken, nicht aber in eine Beschränkung bringen. Wie arm ist gegen ein solches Werk doch alles, was der Süden selbst in seinen größten Meistern im »Dekorativen« geleistet hat!

*

Mit der Ehrenpforte gedanklich eine Einheit war das zweite große Holzschnittwerk zum Ruhme Maximilians, bei dem Dürer dabei sein sollte: der Triumphzug, nach der Mittelgruppe des kaiserlichen Gespanns auch kurz der Triumphwagen genannt. Dürer war dabei, aber das eigentliche Gepräge hat nicht er dieser Arbeit gegeben, sondern der Augsburger Meister Hans Burgkmair. Es kann heute als feststehend ausgesprochen werden, daß von dem ganzen meterfressenden Bilderfries auf Dürer einzig die allerdings wesentliche Gruppe des kaiserlichen Wagens kommt. Noch andere arbeiteten mit. Einer unserer ersten, Albrecht Altdorfer, der den deutschen Wald als Künstler entdeckt hat, ließ sich gleichfalls einstellen. Der Geist der besonderen Arbeit, die hier verlangt wurde, war ihm nicht weniger fremd als Dürer, und so blieb die Führung durchaus bei Burgkmair, der als ein Festordner größten Stils mit ganzer Natur durchfühlte, was der Kaiser hier haben wollte.

Es gibt eine eigene Fürstenkunst des Nordens. Sie ist ganz gewiß noch nicht abgestorben, zeigt sogar eine so starke Triebkraft, daß ihr das Recht zum Dasein nur absprechen kann, wer eine wesentliche Äußerung des Lebens nicht sehen will. An jedem Orden, jedem Degengriff, jedem Rangabzeichen und Wappen ist sie wirksam. Eine Fülle von Kunstgedanken bringt sie oft auf kleinstem Raum zusammen. In unbedeutenden Fällen läßt sie das Stoffliche kostbarer Metalle oder Edelsteine, deren Farben im Licht verschieden brechen, für sich arbeiten. Dann aber wieder weiß sie in einem kunstvoll verschlungenen Linienspiel so viel Eigenes zu sagen, daß sie als der rechtmäßige Erbe unserer uralten Labyrinthornamentik erscheint. Mag es einer solchen Fürstenkunst immerhin verwehrt sein, das Letzte zu geben: Sonne und Licht bringt auch sie in das Dasein, und darum ist es töricht, sich ihr ganz zu verschließen.

In Maximilian war der Sinn für das Berauschende höfischer Kunst besonders stark entwickelt, und unter allen Künstlern, die ihm zu Willen waren, konnte Burgkmair seiner ganzen Natur nach grade hier ihn am besten verstehen. Die gestaltenreichen Gruppen seines Triumphzuges beweisen es, wo mit klingendem Spiel die Fanfarenbläser und Paukenschläger daherreiten, wo die Banner sich spreiten und Vollblutpferde mit köstlichem Behang die prunküberladenen Wagen ziehen. Es ist im Grunde die nämliche Stimmung von Gruppe zu Gruppe. Daß gleichwohl das Auge immer wieder mit Behagen sich satt sieht an diesen stattlichen Bildern, beweist auf alle Fälle eine starke Künstlerkraft.

Hier also tat Dürer mit. Er übte sich erst ein in manchem Entwurf, hatte viel Arbeit, bis er ganz mit seinem kaiserlichen Gönner einer Stimmung war. Dann aber gelang es ihm auch. Alles strotzt in seinem Kaisergespann. Unter dem Sonnenbaldachin Maximilian selbst, von üppigen Jugendgestalten umgeben. Zwölf Pferde ziehen den Wagen, burgundisch schwere Rassetiere, von zwölf halbnackten Frauengestalten geleitet, die blasse Sinnbildnamen führen, im übrigen aber handgreiflich irdische Weiber sind.

Trotz alledem bleibt der »Wagen« im Gesamtwerk Dürers eine Nebenarbeit. Wir wollen froh sein, daß wir ihn haben, unentbehrlich aber wäre er nicht. Was wir dagegen nicht missen können bei Dürer und nicht missen in unserer ganzen Kunst, das ist jenes andere berühmte Werk, das die Zusammenarbeit Dürers und Maximilians gezeitigt hat; ein ganz stilles Werk, für die Einsamkeit bestimmt, dort aber wirksamer, als es der lauteste und prächtigste Triumph sein konnte: das Gebetbuch.

4

Im Frühjahr 1808 wurde Goethe die erste Lieferung eines Steindruckwerkes zugesandt, in dem Strixner unter dem Titel »Albrecht Dürers christlich-mythologische Handzeichnungen« die Federspiele des Maximiliangebetbuches nachbildete. Goethes erstes Urteil war: »Man hätte mir soviel Dukaten schenken können, als nötig sind, die Platten zuzudecken, und das Geld hätte mir nicht soviel Vergnügen gemacht, als diese Werke; denn ich hätte es doch ausgeben müssen, und es wäre mir dabei vielleicht nicht so wohl geworden als bei Betrachtung des unschätzbaren Nachlasses.« Er zeigt die Bilder herum und kann sich nicht genug tun in begeisterten Worten. Der Fall komme ja so selten, daß man »von ganzem Herzen und mit vollen Backen loben« könne. Öffentlich erklärt er in der Jenaischen Literaturzeitung: »Sonst hielten wir Dürer für einen ernsten Künstler, der mit peinlichster Treue und offenem Sinne für Leben, Farben und Formen die Natur nachahmte, dem diese Nachahmung auch zuweilen ohne die gewöhnliche Härte gelungen, und von dem alsdann verschiedenes Einzelne zustande gebracht worden, z. B. Porträtköpfe, welches dem Herrlichsten in der neueren Kunst nahe kommt: wir erkannten ebenfalls, daß er Fruchtbarkeit in Erfindungen besessen; allein wir glaubten ihn ohne Anmut und wenig fähig, in eine heitere poetische Stimmung überzugehen. Die vorliegenden Nachbildungen Dürerscher Handrisse erweitern und berichtigen indessen unsere Ansicht seines Kunsttalents. Er erscheint hier freier als wir gedacht, anmutiger, heiter, humoristisch und über alle Erwartung gewandt in der durch äußere Bedingungen notwendig gewordenen Wahl seiner Motive, der Symbolik seiner Darstellungen... Der große Meister hat einen überschwenglichen Reichtum bedeutender Gegenstände anzubringen gewußt; ja, man kann wohl sagen, er läßt die ganze Welt der Kunst vor uns vorübergehen, von Figuren der Gottheit bis zu den Kunstzügen des Schreibermeisters. Überall erscheint in diesen Zeichnungen die sichere Fertigkeit eines großen vollendeten Meisters, der mit wenig Strichen viel zu bedeuten versteht. Herr Joh. Joachim von Sandrart, der sie gesehen, hat also wohl recht, wenn er versichert: sie seien ›über die Maßen vernünftig schraffiert‹. Wir stehen nicht an, diesen Ehrenmann noch überbietend zu sagen: wie Gottes Friede und höher als alle Vernunft!«

Das Gebetbuch ist wie fast alle Unternehmungen Maximilians Stückwerk geblieben. Bestimmt war es für die Mitglieder des St. Georgsordens, den Maximilians Vater gegründet, und den er selbst durch eine Laienbruderschaft erweitert hatte (die Untersuchungen Giehlows haben über die Geschichte des Werkes Licht gebracht). Bei keinem seiner Buchpläne wollte Maximilian die Mitwirkung des Bildes entbehren, und ganz Besonderes hatte er im Sinn bei dem von ihm selbst zusammengestellten Gebetbuch. Nicht Vollbilder sollten eingeschaltet werden, sondern Randleisten den Druck umrahmen und ihn so der Art einer alten Handschrift nähern. Sieben Künstler wurden zur Ausführung berufen: Albrecht Dürer und sein Bruder Hans, Lukas Cranach, Hans Waldung Grien, Burgkmair, Altdorfer und ein Unbekannter mit dem Namenszug M. A. Den Rohdruck besorgte der Augsburger Hans Schönsperger. Ein Abzug auf Pergament wurde den Künstlern überwiesen, um die leeren Ränder mit ihren Federspielen zu füllen, die dann später in Holz geschnitten werden sollten. Es kam nicht dazu. Eine Kalenderbeigabe, die erst dem Papst vorgelegt werden mußte und deren Bestätigung sich hinzog, verhinderte die Fertigstellung. Maximilian starb drüber hinweg und sein Nachfolger nahm sich der Sache nicht mehr an. Das Buch wurde später zerteilt, aber die 45 von Dürer gezeichneten Blätter blieben beisammen und sind nun der stolze Besitz der Münchner Bücherei.

Schwer und wuchtig wie Choralakkorde stehen die gotischen Schriftzeichen des Textes da, und die getragenen Weisen alter Kirchensänge scheinen herauszuklingen aus dem, was der Text zu sagen hat. Aus diesen Akkorden und diesen Weisen nun hat Dürer etwas entwickelt, was man Ziermusik nennen möchte, wenn Wort und Begriff nicht gar zu leicht und spielerisch wären. Ein ganzer Kosmos mit groß' und kleiner Welt ist wie im Flug erhascht. Was irgend Dürers Gedankenwelt erfüllte, Gott und die frohe Botschaft, Heilige und Ritter, Gestalten aus der alten Mythologie und vom Tanzplatz der Dorfkirchweih, was da kreucht und fleugt in Wald und Feld, was an sonnendurstigem Gerank dem Boden entsprießt, Reben, Disteln, Rosen, Eichen, wunderliche Menschen ferner Länder, wunderliche Tiere fremder Breiten, das alles und noch viel mehr ist zusammengedrängt auf den schmalen Rändern von 45 Buchseiten. Ein Romane hätte die Mauern ganzer Städte mit Wandbildern füllen müssen, um mühevoll aneinanderzureihen, was der Deutsche spielend hingibt.

Und wie ist es gesagt! Man meint, Dürer denken zu sehen, und seine Gedanken sind so leicht und beflügelt, wie man es sonst nur im Traum erlebt, wenn die Freizügigkeit des Gedachten entbunden ist der letzten Erdenschwere. Aus Ranken werden leichte Schnörkel, die Schnörkel schließen sich zu Gesichtern und Tieren, naturhaft Genaues löst sich ab mit federleichten Andeutungen, und ob es nur eine Linie sei oder wohlgerundete Form: von Leben und von Lebensfreude ist alles voll bis zum Rande.

Dem Reichtum des Inhaltlichen entspricht der Reichtum der Stimmungen. Ein symphonisches Werk kann nicht mannigfaltiger sein. Erhabenes wechselt ab mit Schrecklichem, Kindliches mit Grüblerischem. Eine Stimmung aber setzt sich doch immer wieder als die eigentliche Tonart durch: die einer sonnigen Heiterkeit, einer nicht unterzubringenden Laune. Gleich auf dem ersten Blatt wird neben die Textworte »höre, erhöre mich, süße Maria« ein Pfeifer in das Geringel gesetzt; er bläst seinen Singsang vor sich hin wie der Spielmann in der Legende seine Straßenlieder zum Lob der Mutter Gottes. Die »menschliche Gebrechlichkeit« erläutert ein Arzt, der ein Uringlas prüft (ein merkwürdiger Gesell mit Hakennase und fliehendem Kinn, Dürer hat ihn schon früher einmal auf einem fliegenden Blatt einen Schulmeister spielen lassen); sein ärztliches Urteil schwankt zwischen Aussichtslosigkeit und Hoffnung; jene wird angedeutet durch einen erhängten Vogel, diese durch ein Häschen, das es sich wohl sein läßt bei einer Traubenkur. Dem heiligen Antonius naht sich als Versucherin eine sittig ausschauende Bürgersfrau, die der alte Herr mit Kennermiene prüft, die Möglichkeiten still bei sich erwägend. Bei der Gefangennahme Christi fallen die Kriegsleute um wie hölzerne Spielsoldaten, »Nürnberger Tand«. Ein Fuchs, der wie ein anderer Rattenfänger von Hameln die Hühner durch Flötenspiel lockt, bedeutet »führe uns nicht in Versuchung«. Die Allmacht Gottes ist gekennzeichnet durch einen Löwen, der einen daherhumpelnden alten Klausner anspringen will und daran gehindert wird durch ein winziges Insekt; zum schmunzelnden Ergötzen eines der Bauernmusikanten, die hinter dem heiligen Gichtiker die Ehre Gottes blasen.

Das sind nur einige Beispiele der vielen freundlichen Gedanken, die gleich Ostereiern überall versteckt sind. Nicht alle sind sie leicht zu finden, aber darauf kommt es auch nicht an bei einem Werk, das nächst den Meisterstichen Dürer am beredtesten vor allen Kommenden vertritt, und außer Dürer nicht weniger die Zeit, in der ein solches Werk entstehen konnte. »Wer überlegt,« sagt Goethe in seiner Besprechung vom 19. März 1808, »daß die Zeichnungen bloß Marginalverzierungen eines Andachtsbuches sind, muß zur Verehrung und Hochachtung gegen ein Zeitalter sich gedrungen fühlen, in welchem so viel Kunst, so viel Kunstliebe geherrscht, als es bedarf, solche Werke hervorzubringen. Wir sind keineswegs geneigt, die Zeit, in der wir selbst leben, herabzusetzen; aber gerade von dieser Seite möchte ihr eine Vergleichung mit jener schwerlich zum Vorteil gereichen.«

Es bleibt die Frage, die immer wieder vor Dürers Gebetbuchblättern gestellt wird: Sind diese Arbeiten nach ihrem Formgefühl mehr »Gotik« oder mehr »Renaissance«? Was die Renaissance anlangt, so genügt es, an die gleichzeitig entstandenen Loggien des Rafael zu erinnern, um die ganze Entfernung abzuschätzen, die Dürer von Italien scheidet. Zur Gotik freilich scheint unmittelbar eine Beziehung ebensowenig gegeben. Wörtlich abgeschrieben ist nichts. Fassen wir aber den Begriff des Gotischen so tief, wie wir ihn kennenlernten, dann ist die Arbeit Dürers Blatt für Blatt, Zug um Zug aus dem gleichen Geiste geboren. Es kann nur mit stärkerer Betonung hier wiederholt werden, was schon bei der »Ehrenpforte« gesagt worden ist. Das labyrinthische Ornament in seiner Bedeutung als einer Zauberformel, die Sonnenfreude wirkt, herrscht überall. Von ihm geht Dürer aus, zu ihm kehrt er zurück.

    Schlag deine Augen auf im Sonnenschein,
      Laß allen Glanz der Welt tief in dich ein,
      Bis ganz dein Herz davon durchleuchtet ist

> Und selber du ein Stücklein Sonne bist,
> Das aus sich selber wärmend wieder strahlt
> Und auch noch trübe Tage goldig malt.

Das hat Oskar Zwintscher, der Frühverstorbene, als Lebensregel ausgesprochen. Dürer hat danach getan. Lange hatte er die nordische Zauberformel sich aus dem Sinn geschlagen, da sie ihm den Willen zur Gestalt Verwirren konnte. Jetzt, da er die Gestalten meisterte, kehrte er zurück zum nordischen Sonnenlinienspiel. Man fühlt die Freude, die es ihm macht, sich immer wieder beider Dinge mächtig zu erweisen, der heimischen Überlieferung und der Gestaltenkunst, die er der Heimat nun endlich für immerdar gewonnen hatte. Er selber ist »ein Stücklein Sonne« geworden, »das aus sich selber wärmend wieder strahlt und auch noch trübe Tage goldig malt«.

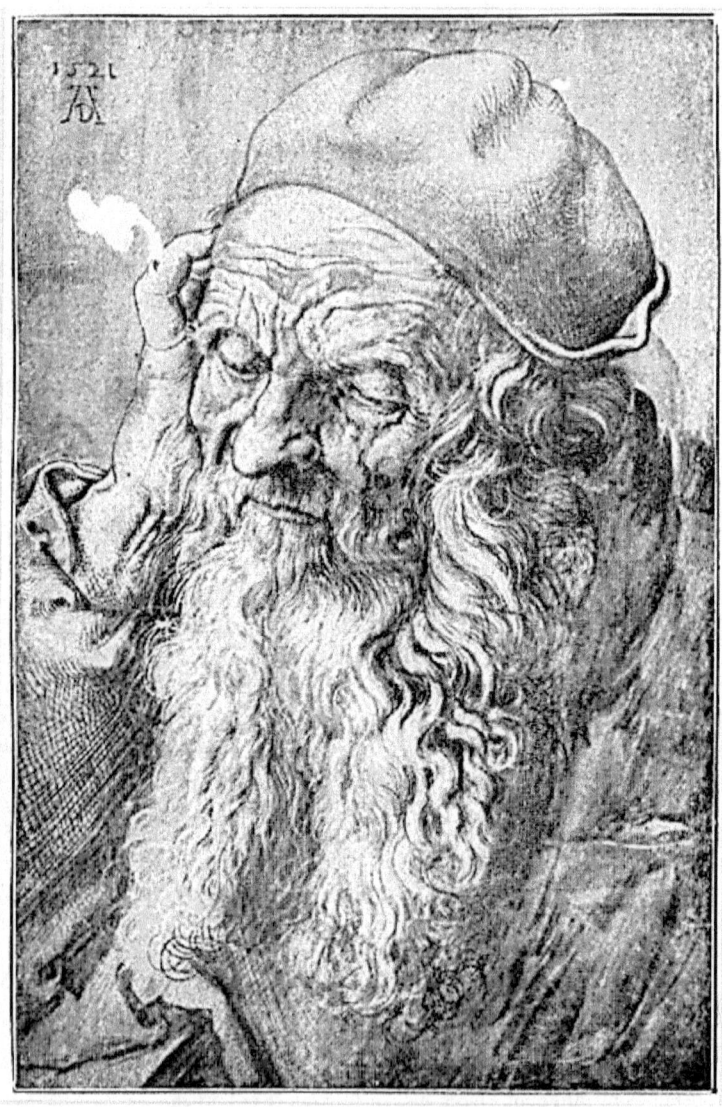

Zeichnung nach einem 93 jährigem (1521) – Wiener Albertina

XIV. Stille Jahre und Weltlärm

1

Drei stille Jahre folgen. Ihre künstlerische Ernte ist für die Triebkraft eines Dürer nur gering und steht in starkem Gegensatz zu der Fruchtbarkeit der vergangenen Jahre und derer danach. Und noch etwas anderes fällt auf, wenn man sich ihnen nähert mit der frischen Erinnerung an das »Gebetbuch«: die merkwürdige Kälte, das Ausgeklügelte bei den meisten dieser Arbeiten. Wir nehmen als bezeichnendes Gemälde das Augsburger Marienbild mit der Jahreszahl 1516. Man möchte fast an eine Fälschung glauben, so taub im Ausdruck ist dieses Werk, so wenig aus dem innigen Gefühl heraus für unsere liebe Frau; selbst die vornehmen Damen aus der Venezianer Zeit sind eines reicheren Lebens voll. Aber eine Fälschung ist es nicht, die sorgsamste Prüfung hat die Echtheit anerkennen müssen. Zudem steht dieses Werk ja auch nicht allein. Eine große Aktfigur, zum »Selbstmord der Lukretia« hergerichtet (München), der Kopf einer »betenden Maria« (Berlin), so verschiedenes sie gegenständlich sagen, haben doch gemeinsam das Kalte und mühselig Erdachte. Was ging in Dürers Seele vor, das seine Arbeit eine so scharfe Wendung machen ließ?

Der andere in ihm, der Grübler und Gelehrte, hatte wieder einmal Macht gewonnen über den Künstler. Maximilian hatte Dürer für seine treuen Dienste mit einem Leibgeding von hundert Gulden jährlich bedacht, der Sorgen um das tägliche Brot war er enthoben, und so konnte er jener anderen Tätigkeit, der er im Drang der Arbeit durch Jahre hatte entsagen müssen, wieder Raum schaffen. Ein Werk wie die Augsburger Maria ist uns fremd und unverständlich für sich allein. Zeichnen wir ihm aber die Maße ein, aus denen es entstand (Justis vortreffliche Untersuchung über die »konstruierten Köpfe und Figuren« ist der Sache in allem einzelnen nachgegangen), dann ist es uns gewiß, daß die scheinbare Unfruchtbarkeit und Kälte der Jahre 1516 bis 18 nicht die Folge einer Brache ist, sondern daß die Kraft damals nur auf einem anderen Gebiete, dort aber mit allem Eifer tätig war.

Es ist etwas unendlich Rührendes um Dürers Bemühungen, der nordischen Sehnsucht nach reiner Gestalt durchaus auf diesem Wege Bahn zu schaffen. Er erkennt, »daß unsrer teutzschen Nation bei den itzigen Zeiten viel Moler der Lernung notdürftig wären. Denn sie mangeln der rechten Kunst und haben doch viel große Werk zu machen, dazu fast not wär, daß sie ihre Werk beßreten«. Über das bloß Sonderbare nordischer Wirklichkeitsdarstellung will er sich erheben zu allgemeiner Gültigkeit, zu dem, was in der Sprache der Bücher »das Typische« heißt, und was er selbst »das Schöne« nennt. Er hat über den Begriff der Schönheit nachgedacht wie nur je ein Weltweiser, und muß doch schließlich sehen, daß wir nichts wissen können. »Was die Schönheit sei, das weiß ich nit.« Wir sehen »in etlichen Dingen ein Ding für schön an, in eim andern wär es nit schön; schön und schöner ist uns nit leicht zu erkennen«. Nur wie er es sich selbst zurechtgelegt hat, kann er melden, und da will es ihm scheinen: »Was zu den menschlichen Zeiten van dem meinsten Theil schön gedacht würd, des soll wir uns fleissen zu machen. Item der Mangel an eim idlichen Ding ist ein Gebrech. Dorum zu viel und zu wenig verderben alle Ding. Es ist eine große Vergleichung zu finden in ungleichen Dingen. Aber daß man wiß, was unnütz sei, so ist Hinken unnütz und viel dergleichen. Dorum is Hinken und desgleichen nit schön.«

Also: schön ist, was nicht häßlich ist; »so viel der Gebrechlichkeit ausgeschlossen würd, so viel beleibt das Schöne dest mehr im Werk.« Und weiter: in seinem Urteil hat sich der Künstler der Stimmenmehrheit der anderen zu fügen; »dann Viel merken mehr dann Einer. Wiewohl das auch möglich ist, daß etwan Einer mehr versteht dann ander Tausend, so geschieht es doch selten.«

Im Geiste einer solchen Stimmenmehrheits-Auffassung ist es, wenn Dürer den Künstlern den folgenden ernsten Rat gibt: »Man durchsucht oft zwei- oder dreuhundert Menschen, daß man kaum eins oder zwei schöner Ding an ihm findt, die zu brauchen sind. Dorum so thut not, willt du ein gut Bild machen, daß du van Etlichen das Haupt nehmest, van anderen die Brust, Arm, Bein, Hand und Füß, also durch alle Gliedmaß alle Art ersuchest. Dann van viel schöner Ding versammelt man etwas Guts, zu gleicher Weis wie das Hönig aus viel Blumen zusammengetragen würd.«

An Einzelheiten seiner Frühwerke ist zu merken, wie fest Dürer von diesem Auslesegedanken überzeugt war. Erfahrung und Selbsturteil ließen ihn dann mehr und mehr davon abkommen und schließlich auch den Gedanken als solchen preisgeben. Was er aber Zeit seines Lebens nicht verwarf, das ist der unbedingte Glaube an die Gültigkeit der Maße und Verhältnisse.

Beim Erlernen der Perspektive hatte Dürer es einsehen müssen, wie unerläßlich die Kenntnis dieser reinen Wissenschaft für eine gute Raumdarstellung sei. Er hatte Räumliches erst wie die anderen rein nach der Anschauung gegeben, und sah dann, welchen Irrtümern auch die beste, wissenschaftlich nicht geschulte Beobachtung noch unterworfen war. Ähnliche Fehler fürchtete er auch beim Darstellen des rein Gestaltlichen. Auch hier, meinte er, müsse es Gesetze geben, deren Kenntnis für den Künstler so unentbehrlich sei wie die der Sehpyramide bei Raumdarstellungen. Bei Jacobo war ihm die Einsicht blitzartig aufgegangen. Doch weder er noch Vitruv sagten Endgültiges. In Italien wußte er den Leonardo um ähnliches bemüht. Auch ihn vergebens. Das war kein Grund, zu zweifeln, daß die Gesetze sich doch finden müßten – ja, daß sie schon einmal gefunden waren. »Vor viel hundert Jahren sind etlich beruhmt Moler gewesen, als mit Namen der Phidias, Praxiteles, Abelles, Polteclus, Parchasias, Lisipus, Protogines und die anderen, unter denen etlich ihre Kunst beschrieben haben und zumal künstlich angezeigt, klar an Tag gebracht. Doch sind dieselben ihre löbliche Bücher uns bisher verborgen und vielleicht gar verloren... Ich hab oft Schmerzen, daß ich der vorbestimmten Meister Kunstbücher beraubt muß sein.«

Über das bloß Sonderbare hinaus zum Allgemeingültigen sich zu erheben, war Dürers heißer Wunsch: es ist ihm gelungen in seiner Christusgestaltung, in seinen Aposteln, bei denen er schließlich alles Messen vergaß und sich nur auf das verließ, was ein inniges Erleben ihm sagte. Nicht gelungen ist es ihm bei den Mutter-Gottes-Bildern, soweit er mit Zirkel und Richtscheit das Gesetz ihrer Schönheit »herauszureißen« trachtete. Wie ein Daimonion verfolgt es ihn, und je stärker es ihn faßt, um so unheilvoller wirkt es hinüber in sein Schaffen. Am Schlusse seines Lebens hat es ihn so gut wie völlig brachgelegt. In den Jahren 1516 bis 18 scheint es mehrmals nahe daran. Starke Erlebnisse mußten kommen, die Hemmung aufzuheben. Das erstemal war es Italien und Venedig gewesen; im Jahre 1513, als wieder einmal das Zirkeln ihn nicht losließ, das Erlebnis der vom Schlag gerührten Mutter; nun in den Jahren 1518 und danach 1520 wurden die unseligen Kreise ihm zum Heile gestört durch zwei notwendige Reisen; nach Augsburg führte die eine, die andere in die Niederlande.

2

In Augsburg ging es laut her zu jener Zeit. Reichstag war angesagt. Maximilian zog ein, am ersten Augusttag, und mit ihm die hehre Sinnenfreude und Feiertagsstimmung, die kein Gewölk am Himmel litt. Großes sollte entschieden werden. Von Rom entsandte der Papst dem deutschen Kaiser Degen und Sturmhut zum Kriege gegen die Türken. Daraus nun freilich wurde nichts. Was Degen und Sturmhut! Rom schien der deutschen Christenheit ein schlimmeres Ärgernis als der Islam. Die Dinge da hinten in der Türkei hatten keine Zugkraft mehr; wenn Leo vermeinte, mit ihnen dem Reichstag Farbe zu geben, so ward seine Hoffnung schmählich enttäuscht. Trotzdem: die festliche Stimmung wurde kaum unterbrochen. Ihm Wichtigeres hatte der Kaiser im Sinn. Von den fünf Kurfürsten dachte er sich die Wahl seines Enkels, des spanischen Karl, zum deutschen König zu sichern. Wohl gab es auch da manchen Vorbehalt, aber ein bindendes Gelöbnis kam doch zustande, und Maximilian konnte zufrieden sein.

So war es im Sommer des Jahres. Anders kam es im Herbst, so gründlich anders, daß dieser denkwürdige Reichstag für uns ein Janushaupt trägt, das in zwei Welten schaut. Vom Norden her kam, der streitbare Mönch, dem Gaetaner Kardinal Rede und Antwort zu stehen. Wir sehen sie einander gegenüber, den vornehmen Herrn im Purpurmantel und den plumpen Deutschen, der für eine Sache um ihrer selbst willen stand. In seiner unbeugsamen Gradheit war er dem Gentiluomo der Kirche so zuwider, daß der die Herrschaft über sich selbst verlor und die deutsche »**bestia**« nicht mehr sehen wollte. Luthers Verhandeln mit Gaeta, und Luthers eilige Flucht, die Deutschland den verhängnisvollsten Scheiterhaufen ersparte, die sind es, die der Augsburger Tagung von 1518 Weltbedeutung geben. Doch als sich das begab, war Maximilian schon abgereist, und auch Dürer, der um seines Kaisers willen nach der Fuggerstadt gekommen war, war wieder in Nürnberg. So ist denn für uns der Augsburger Reichstag, wenn wir von ihm nur das sehen wollen, was Dürer sah, ohne düstere Schatten, und nur jenes andere Antlitz des Doppelkopfes, ein Antlitz voller »Frohlichkeit« nehmen wir wahr, das sich der alten Herrlichkeit zuneigte. –

Für seine besonderen Arbeiten war Dürer außer dem ständigen Leibgeding ein einmaliger Ehrensold von zweihundert Gulden zugesagt, aber noch immer nicht ausgezahlt worden. Dürer war wieder einmal »notig«, und so begleitete er die beiden Nürnberger Abgeordneten, den Ratsherrn Caspar Nützel und den Stadtschreiber Lazarus Spengler nach Augsburg, durch eine Aussprache mit Maximilian sein Geld zu erwirken. Es wurde ihm von neuem zugesagt, Martini 1519 sollte er es von der Nürnberger Stadtkasse namens des Kaisers erheben. Wichtiger als diese äußere Angelegenheit ist, daß Dürer durch die weltfrohe Stimmung um ihn her wieder herausgerissen wurde aus seinem Grüblerwahn. Die Erde hatte ihn wieder, und in einer Reihe herrlicher Werke konnte er seine Lebensarbeit weiterführen.

Gleich das erste, eine einfache Bildniszeichnung, mit Kohle ausgeführt, wird mit Recht von den besten Kennern Dürers großzügigsten Werken beigezählt. Dargestellt ist Maximilian. Von den Umständen, unter denen das fast lebensgroße Bild (jetzt in der Albertina) zur Aufnahme kam, heißt es in der Beischrift: »Das ist kaiser Maximilian, den hab ich Albrecht Dürer zu Awgsburg hoch oben awff der Pfalz in seim klein stüble kunterfett, do man tzalt 1518 am mandag nach Johannis tawffer« (28. Juni). Auch dieses gütig blickende und doch adlig stolze Antlitz ist ein geschichtliches Urteil und eine Richtigstellung gegen die Verkleinerer und Bespöttler Maximilians.

Die Sitzung des Kaisers kann nur kurz gewesen sein. Die Eile, mit der die kennzeichnenden Striche hingeworfen sind, die bloßen Andeutungen des Damastmusters auf dem Kragen beweisen das. Maximilian mochte damals nicht in der Stimmung zum Modellsitzen sein. Wie wohl ihm trotzdem die Gegenwart Albrecht Dürers tat, zeigt eine hübsche, durch Melanchthon verbürgte Erzählung. Der Kaiser entwarf ein Bild, das er von Dürer ausgeführt haben wollte. Er nahm die Kohle, aber es ging nicht recht, der Stift brach mehrmals ab. Da nimmt Dürer den Stift selbst in die Hand und bringt den Entwurf leicht zu Ende. Der Kaiser fragt erstaunt, wie es komme, daß die Kohle nun hielt. Dürer gibt zur Antwort: »Gnädigster Herr, ich möchte nicht, daß Euer Majestät so geschickt zeichnen könnte wie ich.« Melanchthon deutet die Antwort aus mit der Bemerkung »**aliud est sceptrum, aliud plectrum**«, dem einen das Szepter, dem anderen die Laute; ein Kaiser versteht sich aufs Regieren, ein Maler aufs Zeichnen.

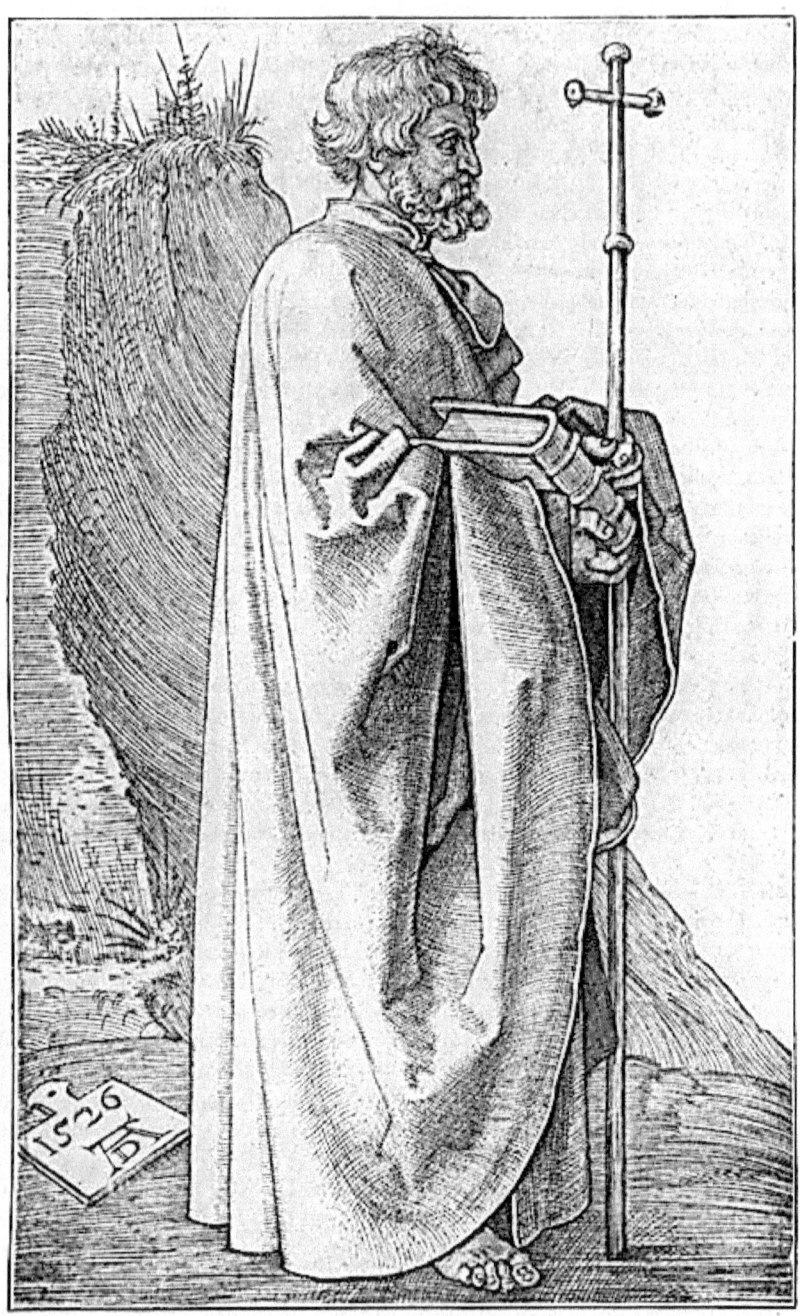

Der Apostel Philippus (1526)

Dürer hat seines Kaisers auch nach dessen Tode immer treu gedacht. Nicht weniger als vier Werke hat er aus jener einzigen Zeichnung herausgeholt: zwei Gemälde (in Wien und Nürnberg) und zwei Holzschnitte. Auf dem Wiener Bild werden in einer Beischrift die Tugenden Maximilians in lateinischer Sprache gerühmt und mit dem Wunsche geschlossen: » **Quem devs opt. max. in numerum vivencium referre velit**«, möge ihn Gott der Allmächtige und Allgütige in die Schar der Seligen aufnehmen. Auf dem einen Holzschnitt, dem prächtiger ausgestatteten, heißt es: »Der Teur Fürst Kayser Maximilianus ist auff den XII. Tag des Jenners seins alters Im LIX. Jar seligklich von dyser Zeyt geschayden Anno domini 1519.«

Noch andere Bilder hat Dürer in Augsburg aufgenommen. Die wichtigsten sind nächst dem Kaiser die Kardinäle Lang von Wellenburg und Albrecht von Brandenburg. Das letztgenannte nahm er zur Vorlage eines Kupferstichs, den er im Jahre 1519 herausgab, um dieselbe Zeit, als auch die beiden holzgeschnittenen Kaiserbilder erschienen. Es sind die ersten Bildnisblätter für den Markt, ein Gebiet, das Dürer für Deutschland geschaffen und in den folgenden Jahren selbst so stark erweitert hat, daß eine ganze üppige Kunstgattung auf ihm gedeihen konnte. Auf eine Augsburger Anregung scheint auch nach der Art der Behandlung das Blatt mit der »Feldkanone« zurückzugehen. Neben einem Schuppen, vor dem eine Wache mit geschulterter Lanze auf und nieder geht, hat man die schwere »Büchse« aufgefahren; sie gehört zur Nürnberger Wehr, wie das Wappen am Laufende anzeigt. Eine Gruppe fremdartiger Besucher tritt unter militärischer Begleitung näher, und ein Ritter, den Arm auf dem Lauf, erklärt das Mordzeug, das in seiner stummen Bedrohlichkeit so scharf absticht gegen die dörflich stille Landschaft.

Das Blatt ist ein Eisen- oder Stahlstich, ausgeführt mit den Mitteln der Radierung, deren erste tastende Versuche damals begannen. Die Harnischmacher waren darauf gekommen, mit einer verdünnten Säure den Rüstungen Ziermuster einzuritzen, und einer der ihren, August Hopfer aus Augsburg, war dazu übergegangen, entsprechend behandelte Eisenplatten zu Bildzwecken auszunutzen, um mit ihnen dem Kupferstich einen Wettbewerb zu machen. Dürer hatte schon 1515 und 16 die Sache ausgeprobt, veranlaßt wahrscheinlich (bündig beweisen läßt es sich nicht) durch das Augsburger Verfahren. Er hatte es dann wiederaufgegeben. Daß er es nun 1518 noch einmal auf einem so umfangreichen Blatte wagt, macht eine Anregung durch Hopfers Werkstatt glaubhaft. –

Und wieder, wie immer, wenn die Schöpferkraft sich stärker in ihm regt, nähert Dürer sich dem Volk. Nach den frostig gemalten und gestochenen Marienbildern, die wie Pflichtarbeit anmuten, fühlt man wieder die alte Wärme vor dem stattlichen Holzschnitt »Maria unter Engeln«. Etwas gar feierlich sitzt sie ja da auf ihrem Thron unter der kostbaren Krone. Dürer hatte eben mit dem Formschnitt lange Jahre nur in höfischen Diensten gestanden. Aber wie luftig ist das Durcheinander der Engel! Das reicht fast hinan an die Traulichkeiten des Marienlebens. Ganz besonders liebevoll ist das Konzert zur Linken Marias durchgeführt. Ein ungezogener Engelbub, der einem kleinen Pfeifenbläser das Notenblatt vor der Nase wegzieht, macht dem Jesuskind so viel Vergnügen, daß es strampelt vor Ausgelassenheit.

Auch im Kupferstich lebt wieder die alte Frische auf. Ein Griff ins volle Menschenleben sind die »Marktbauern«. Eier und Geflügel haben sie aus ihrem Dorf zur Stadt gebracht. Der Alte scheint schlaftrunken von der frühen Morgenfahrt und dem ewigen Ausrufen, sie ein wenig belustigt über sein Bemühen, trotzdem forsch dazustehen. Dürer hat immer Sinn gehabt für das Drollige der ungeschlachten Bauern, nie aber hat seine Schilderung jener Städter-Überheblichkeit gedient, die sich in den Fastnachtsspielen in so roher Weise über den Dörfler hermachte, und die man sich erst in den Bauernkriegen abgewöhnen lernte. Dürers Verständnis für das niedere Volk, wie wir es kennen seit dem Marienleben, zeigt auch dieses Bildchen, das trotz seines leisen Spottes uns die Mühseligkeit der Kleinen mitfühlen läßt.

Das köstlichste Blatt Dürers aus jenen beiden Jahren aber ist der »heilige Antonius«. Weither ist er gewandert bis vor die Mauern einer hochgetürmten Stadt. Am Flußufer hält er Rast, stößt seinen Kreuzstab mit dem Glöckchen ins Gras und zieht ein Buch hervor: er will sich sammeln, ehe er unter die Menschen kommt. – Kluge Männer haben viel Schönes gesagt von den Freuden, die ein schönes Buch uns geben kann. Nie aber wurde das hohe Lied des Buches reiner angestimmt als in diesem kleinen Blatt. Wie lauscht der alte Einsiedelmann der stummen Rede seines Büchleins! Wie zärtlich umspannen es die Finger! Wie umfängt er es mit seiner ganzen Gestalt! Bis in die Zehenspitzen hinein ist er ganz Aufmerksamkeit. Wenn wir es nicht längst schon wüßten, dann erführen wir es hier, welch ein begeisterter Freund von Büchern Albrecht Dürer war.

3

Als kranker Mann schied Maximilian am 28. September 1518 von Augsburg. Eine seiner letzten Anordnungen war, daß er Martin Luther, dessen Ankunft in einigen Tagen erwartet wurde, der Milde des päpstlichen Sendboten empfahl. Beim Wegreiten wandte er sich noch einmal um und sprach die müden Worte: »Segne dich Gott, du liebes Augsburg, und alle frommen Bürger drinnen. Wohl haben wir manchen guten Mut in dir gehabt, nun werden wir dich nicht mehr wiedersehen.« Er hatte wahrgesprochen: in der Einsamkeit der Welser Burg in Oberösterreich ist er am 12. Januar 1519 gestorben. Mit ihm starb die alte Zeit. Für das ganze Deutschland kam nun eine Wende, wie sie der Augsburger Reichstag beim Nahen Luthers erfuhr: jenseits das alte Reich und seine Herrlichkeit, diesseits eine harte, düstere Zeit mit dem ehernen Gebot, sich neu sein Erbe zu erwerben.

Maximilian war tot: auch für Dürer war das eine Lockerung von alten Sicherheiten. Noch waren ihm die vom Kaiser zugesagten 200 Gulden nicht ausgezahlt. In einer Eingabe vom 24. April schickt er dem Rat die kaiserliche Anweisung und bittet: »Nun bin ich zu Eurer Ehrbarkeit ja der untertänigen hohen Zuversicht, dieselb werde mich als ihren gehorsamen Burger, der viel Zeit in Kaiserlicher Majestät als unser aller rechten Herrn Dienst und Arbeit und doch ohne große Belohnung zubracht und domit andern seinen Nutz und Vortheil merklich versaumt hat, günstlich bedenken und mir sölche zweihundert Gulden auf Kaiserlicher Majestät Geschäft und Quittung itzo folgen lassen.« Dürers Bitte wurde abgeschlagen. Nicht genug damit: sein jährliches Leibgeding stand in Frage. Der Rat war nicht sicher, daß Maximilians Nachfolger es anerkennen werde, und so war Dürer gezwungen, zur Einholung einer Bestätigung den neuen Herrn aufzusuchen. Man erwartete den Herrscher in den Niederlanden: Dürer entschloß sich, ihm entgegenzufahren. Das war die Veranlassung zu der berühmten niederländischen Reise, die dem Fünfzigjährigen noch einmal eine neue Jugend geben sollte.

Am 12. Juli 1520, einem Donnerstag, hielt der Reisewagen vor dem Haus am Tiergärtner Tor. Es war keine fröhliche Abfahrt, niemand von Dürers Freunden war zugegen. Eine Pest war ausgebrochen, und wer es irgend schaffen konnte, war mit den Seinen auf die Dörfer und weiter hinaus ins Land geflüchtet. Es war selbstverständlich, daß Dürer seine Frau nicht in der verpesteten Stadt zurücklassen konnte, und so nahm er sie und ihre Magd Susanne mit auf die Fahrt. Zum Gepäck kamen eine Menge Kunstsachen: mehrere Bilder, ganze Stöße von Kupferstichen und Holzschnitten, darunter auch solche ihm nahestehender Künstler wie Schäufelin und Hans Baldung Grien. Als Selbstverleger durfte Dürer die gute Gelegenheit nicht versäumen, unterwegs von seinen Sachen abzusetzen. Zudem waren die Arbeiten als Geschenke eine vortreffliche Einführung bei einflußreichen Herren.

War die Abfahrt trübe gewesen, so lag es schon über dem ersten Reiseziel, der Bischofstadt Bamberg, wie lautere Sonne. Mit bestem Erfolg versuchte Dürer die empfehlende Kraft seiner Geschenke. Er verehrte dem Bischof Georg, der ihn als einen Mann von Ruf mit allen Ehren empfing, »ein gemalt Marienbild, unserer Frauen Leben, ein Apocalypsin und für ein Gulden Kupferstück«. Da »löste« ihn der Bischof aus der Herberge, wo er »bei einem Gulden« verzehrt hatte, und gab ihm drei wichtige Empfehlungsschreiben und einen Zoll- und Freibrief mit auf den Weg. Der Zollbrief namentlich war eine sehr angenehme Sache. Wie ein Kehrreim geht es durch die ersten Seiten des Tagebuches, in dem Dürer seine großen und kleinen Erlebnisse verzeichnet und Haushalt führt: »Do wies ich mein Zollbrief, do ließ man mich frei.« Der Schlagbaum gehörte überall zum deutschen Landschaftsbild, und es war von hohem Wert, auf eine weite Strecke hinaus durch keinerlei Sperre belästigt zu sein.

Auch sonst hat Dürer kaum Anlaß, kleinlicher Schereien zu gedenken, dagegen kann er mit freudigem Stolz feststellen, wieviel sein Ruhm in deutschen Landen gilt. Wohin er kommt, ist man beflissen, ihm den Willkommentrunk (den er nicht nur als Sinnbild gern entgegennimmt) in die Herberge zu senden. Schon in Bamberg waren die Maler so zu ihm gekommen. In Frankfurt, wo Heller wohnt, wiederholt es sich, ebenso in Mainz. »Item Peter Goldschmidt,« heißt so ein Reisevermerk, »hat mir zwei Flaschen Wein geschenkt. So hat mich Veit Farnpühler

181

geladen, aber sein Wirt wollt keine Zahlung von ihm nehmen, sondern selbst mein Wirt sein. Und sie beweisten mir viel Ehr.«

Zu Schiffe geht es dann stromab nach Köln, wo ihm Hieronymus Fugger den Trunkgruß entbietet. »Auch hat mir Jan Chrosenpeck den Wein geschenkt. Auch hat mir mein Vetter Niclas den Wein geschenkt. Auch hat man uns ein Collation im Barfüßerkloster geben, und der ein Münch hat mir ein Fazalet geschenkt (**fazzoletto**, Taschentuch). Mehr hat mir Herr Johann Großerpecker 12 Maß des besten Weins geschenkt.«

Zu einem wahren Triumph aber steigert es sich, als Dürer nach einer langen Wagenfahrt von Köln aus endlich am 5. August in Antwerpen eintrifft, oder Antorff, wie es damals noch niederdeutsch hieß, dem Ziel seiner Reise und Standort aller weiteren Pläne. »Am Sonntag was auf Sankt Oswaldt-Tag da luden mich die Maler auf ihr Stuben mit meinem Weib und Magd und hätten alle Ding mit Silbergeschirr und andern köstlichen Gezier und überköstlich Essen. Es waren auch ihre Weiber alle do. Und do ich zu Tische geführt ward, do stund das Volk auf beeden Seuten, als führet man einen großen Herren. Es waren auch unter ihnen gar trefflich Personen von Namen, die sich all mit tiefen Neigen auf das Allerdemütigste gegen mir erzeugten. Und sie sagten, sie wollten alles das thun, als viel möglich, was sie weßten, das mir lieb wäre. Und als ich also bei verehrt saß, da kam der Herrn von Antorff Ratsbot mit zweien Knechten und schenket mir von der Herren von Antorff wegen 4 Kannen Wein, und ließen mir sagen, ich soll hiemit von ihnen verehrt sein und ihren guten Willen haben. Das sagte ich ihnen unterthänigen Dank und erbot meine unterthänige Dienst. Darnach kam Meister Peter, der Stadt Zimmermann, und schenket mir zwei Kannen Wein mit Erbietung seiner willigen Dienst. Also, daß wir lang fröhlich beieinander waren und spat in die Nacht da beleitten sie uns mit Windlichtern gar ehrlich heim und baten mich, ich sollt ihren guten Willen haben und annehmen und sollt machen, was ich wollt, darzu wollen sie mir all behülflich sein. Also dankte ich ihnen und legt mich schlafen.«

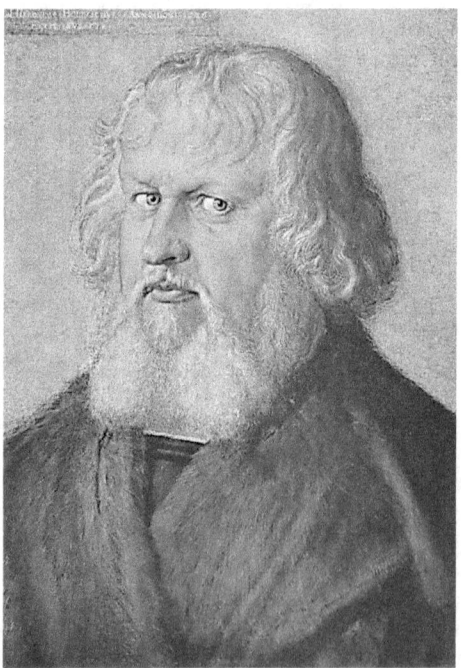

Hieronymus Holzschuher (1526) – Berlin, Kaiser Friedrich-Museum

Es waren dieselben Niederlande, in denen Dürers Vater einst von Stadt zu Stadt nach Arbeit gezogen war. Wie einen Fürsten empfing man den Sohn. Es hatte sich wahrlich manches geändert seither, und Dürer durfte sich sagen, daß es ihm allein zu verdanken war, wenn der deutsche Künstler, einst nur als »Schmarutzer« angesehen, nun als ein Herr gefeiert wurde.

In der Herberge des Jobst Plankfeldt nahm Dürer Wohnung. Er selbst tafelt mit dem Wirt zusammen im Zimmer unten, Weib und Magd führen droben gesondert Küche. Es gibt unendlich viel zu sehen; Gebäude, Festzüge, Gemälde, Merkwürdigkeiten. Wertvolle Bekanntschaften werden gemacht, wie mit Massys, Patinir, vor allem dem Erasmus, den er brieflich ja lange schon kannte. Noch immer ist der König nicht in Sicht, und Dürer schafft sich inzwischen allerlei Arbeit; Bildniszeichnungen namentlich, aber auch mit allem Fleiß durchgeführte Ölbilder. Von den mitgebrachten Blättern wird fleißig verkauft, vertauscht und verschenkt. Und was wird nicht alles aufgestapelt für daheim in Nürnberg! Der Geist der alten Kuriositätenkabinette scheint Fleisch und Blut geworden im Sammler Albrecht Dürer. Elfenbeindinge, Alabaster, Porzellane, indianische Nüsse, kalekuttische Schilde, Korallen, Pulverhörnlein, Tiergeweih, Schalen aus Ahornholz, Paternoster aus Zederbaum usw. usw. Es muß viel zu sehen gewesen sein im Haus am Tiergärtner Tor nach der Heimkehr aus Niederland.

Ein Kulturbild für sich ist es, wenn Dürer, der Sohn des alten Europa, staunend vor den Schätzen des neuentdeckten Mexiko steht, die für den König angekommen sind: »Auch Hab ich gesehen die Ding, die man dem König aus dem neuen gulden Land hat gebracht, ein ganz guldene Sonnen, einer ganzen Klafter breit, desgleichen ein ganz silbern Mond, auch also groß, desgleichen zwo Kammern voll derselbigen Rüstung, desgleichen von allerlei ihrer Waffen, Harnisch, Geschütz, wunderbarlich Wehr, seltsamer Kleidung, Bettgewand und allerlei wunderbarlicher Ding zu manniglichem Brauch, das so viel schöner anzusehen ist dann Wunderding. Diese Ding sind alle köstlich gewesen, daß man sie beschätzt um hunderttausend Gulden wert. Und ich Hab aber all mein Lebtag nichts gesehen, das mein Herz also erfreuet hat als diese Ding. Dann ich Hab darin gesehen wunderliche, künstliche Ding und Hab mich verwundert der subtilen Ingenia der Menschen in fremden Landen.«

*

Am 23. September hielt der König seinen Einzug in Antwerpen. Die Antorffer verstanden sich auf solche Sachen. Schon bei einem Umzug am Himmelfahrtstag hatte Dürer die verschwenderische Pracht solch einer Schaustellung bewundert. Ins Leben selbst sah er hier übertragen, was sein armer Kaiser nur auf dem Papier hatte träumen können. Beim Einholen des Königs war nun alles vollends übertrieben. Durch vierhundert Bogen bewegte sich der Zug, »ein jeglicher 40 Schuh lang, auf beiden Seiten der Gasse aufgemacht, hübsch geordnet, zweier Gaden (Stockwerke) hoch«. Alle Bogen waren »köstlich geziert mit Kammerspielen (Schaustellungen), groß Freudigkeit und schöne Jungfraubilder, dergleichen ich wenig gesehen hab«. Auf seine schönen Weiber war Antorff ganz besonders stolz, und mit einer gradezu orientalischen Weitherzigkeit stellte man die schönsten fast nackt zur Schau, nur von ganz dünnen, durchsichtigen Schleiern umflattert. Der König, erzählte Dürer später Melanchthon, habe sie keines Blickes gewürdigt, er aber als Maler habe sich schon ein bißchen dreister umsehen dürfen.

Bald danach fuhr König Karl wieder ab. Dürer hatte keine Gelegenheit gefunden, an ihn heranzukommen. Es blieb ihm nichts übrig, als ihm nach Aachen zu folgen, wo man sich zur Kaiserkrönung rüstete. Am 7. Oktober kam Dürer dort an. Es gab wieder viel zu sehen; »die proportionirten Säulen mit ihren guten Capitälen von Porphit grün und rot und Gossenstein, die Carolus von Rom (in Wirklichkeit war es Ravenna) dahin hat bringen lassen und do einflicken«; ferner »Kaiser Heinrichs Arm, unserer Frauen Hemd, Gürtel und ander Ding vom Heilthum«. Über alle Maßen herrlich war die Feier am 23. Oktober. Da »hat man König Karl zu Aach gekrönt, da hab ich gesehen alle herrliche Köstlichkeit, desgleichen Keiner, der bei uns lebt, köstlicher Ding gesehen hat«. Aber in all der Herrlichkeit hatte der Neugekrönte wieder keine Zeit für den Maler aus Nürnberg, und abermals muß Dürer seiner Bestätigungsurkunde nachreisen.

Endlich, in Köln ist es soweit, und Dürer kann am 12. November in sein Tagebuch vermerken: »Mir ist mein Confirmacia von dem Kaiser an mein Herrn von Nürnberg worden am Montag nach Martini, im 1520 Jahr, mit großer Mühe und Arbeit.« Von den zweihundert Gulden, die er außerdem haben sollte, ist nicht mehr die Rede. Er muß sich drein finden, wie er die vielen wertvollen Geschenke verschmerzen muß, durch die er sich langsam an sein Ziel herangearbeitet hatte. Die Hauptsache blieb, daß er sein Leibgeding nun sicher hatte auf Lebenszeit und er nicht mehr für die Zeit zu fürchten brauchte, da einem »abgeht am Gesicht und Freiheit der Hand«.

4

Zehn Tage danach war Dürer wieder in Antwerpen. Der geschäftliche Zweck seiner Reise war erreicht, aber bis zum Juli 1521 zog die Heimreise sich hin. Wir wollen hier nicht noch einmal das ganze Tagebuch in seiner Buntheit nacherzählen, die Fahrten kreuz und quer nach Mecheln, Brüssel, Brügge, Gent, Malcheren, die vielen Mahlzeiten tief in die Nacht hinein mit feierlichem Heimgeleit, die ehrenvollen Aufnahmen bei der Statthalterin Margarethe, dem König Christian von Dänemark, dem Kaiser selbst, der noch einmal zurückkam. Eins nur muß hervorgehoben werden als im höchsten Grade wesentlich: der Rat von Antwerpen bot ihm ein stattliches Haus zum Geschenk, dazu ein Jahresgehalt von 300 Gulden und die Zusicherung, jede Arbeit, die er dem Rate leisten würde, besonders zu vergüten. Mit Dürers eigenen Worten:»Desgleichen hat mir der Rat zu Antorff bei kurzer Zeit, als ich in Niederland war, alle Johr dreihundert Philippsgulden Besoldung geben, mich bei ihnen frei setzen, mit einem wohlerbauten Haus verehren und darzu alles das, so ich der Herrschaft machet, insunders bezahln willn.«

Diese einfache Tatsache ist wie eine Quersumme alles dessen, was das Vielerlei des Tagebuchs zu sagen hat. Dauernd heimisch werden konnte Dürer nicht in den Niederlanden. Sie redeten dort wohl eine der seinen verwandte Sprache, aber ihre Art zu denken und ihre Sitte waren seinem Wesen fremd.

Pracht und eitel Sinnenfreude sah Dürer, wo er hinkam. Die Kraft in alledem aber war nicht die strahlende Heiterkeit des sonnenfrohen Nordens. Etwas Schwüles, das unserer Art nicht taugt, lauerte darin. Die nackten Mädchen, die beim Einzuge Karls auf den Straßen allem Volk zur Schau gestellt wurden, sind dafür das rechte Sinnbild. Der Westen Europas hat sich bis tief in frühgeschichtliche Zeiten hinein (was man so das »Keltische« nennt) einer solchen verweichlichten Kultur willfährig erwiesen. Rassendurchsetzungen vom Süden her mögen den Boden bereitet haben. Das ist es gewesen, was in der Folge eine besondere belgische Kultur von der holländischen löste. Im 16. Jahrhundert geschah es, daß wir den belgischen Gau, germanisches Kernland vordem, verloren und in eine lateinische Provinz sich wandeln sahen.

Eine tiefer schürfende Geschichte der südniederländischen Kultur würde sich eingehend mit den »Kunstwerken des Augenblicks« beschäftigen müssen, für die bei kirchlichen wie weltlichen Festen so große Summen künstlerischer Kraft vergeudet wurden. Wir lesen bei Dürer von dem erwähnten Himmelfahrtsumzug Einzelheiten wie diese:»Do trugen 20 Personen die Jungfrau Maria mit dem Herrn Jesu auf das Köstlichst geziert, zu Ehren Gott dem Herrn. Und in diesen Umgang war gar viel freudenreichs Dings gemacht und gar köstlich zugerichtet. Dann do führet man viel Wagen, Spiel auf Schiffen und andern Bollwerk. Darunter was der Propheten Schaar und Ordnung, darnach das neu Testament, als: der englisch Gruß, die heiligen 3 König auf großen Kameelthieren und auf andern seltsamen Wundern reitend, gar artig zugericht, auch wie unser Frau in Ägypten fleucht, fast andächtig, und viel ander Ding, hie um kurz willen unterlassen. Auf die Letzt kam ein großer Drach, den führet S. Margareth mit ihren Jungfrauen an einer Gürtel, die was forder hübsch. Der folget nach S. Georg mit seinen Knechten, gar ein hübscher Kürisser (Ritter). Auch ritten in dieser Schaar, gar zierlich und auf das köstlichs bekleidet, Knaben und Mägdlein, auf mancherlei Landsitten zugerichtet, anstatt mancherlei Heiligen.« – Das sind Folgen von wohldurchgearbeiteten Bildern, die Unsummen von Schaffenskraft auf die Straße warfen und rückwirkend wiederum dem Schaffen daheim die Richtung wiesen.

Die Anregung zu derlei Festen, die bei weltlichen Gelegenheiten das Äußerste boten, kam aus Italien. Schon um die Mitte des 15. Jahrhunderts waren dort bestimmte Überlieferungen fest, nach denen bei Triumphzügen eine fahrende Gruppe mit allegorischen Weibern, der Fortuna etwa mit den sieben Tugenden, nicht fehlen durfte. So weit wie in Antwerpen gingen sie in Italien nicht, mindestens nicht in der Öffentlichkeit der Straße. An solchen Zügen übte sich die Kunst. Zur Vollendung kam es hier erst später in Peter Paul Rubens, dem Auserwählten der romanisch gewordenen Niederlande. Vergleichen wir ihn mit den zu Dürers Zeit lebenden Flamen„ Mabuse oder Ward van Orley, so scheinen deren Werke freilich noch zahm, ja herbe. Am Vergangenen müssen wir sie messen, um zu erkennen, wie sehr sie bereits auf Rubens gestimmt waren, wie stark im Laufe eines Jahrhunderts das Land des Hubert van Eyck schon romanisiert worden war.

Das dürfen wir niemals vergessen, wenn immer wieder von den »romanischen Anregungen« gesprochen wird, die sich Dürer und die Niederländer gleichermaßen aus Italien geholt hätten, und die das belgische Kunstleben noch immer dem deutschen hätte verwandt erscheinen lassen. Gewiß waren die Anregungen selbst einerlei Art. Aber in wie weltverschiedener Weise wurden sie benutzt! Bei Dürer über die großen Gemälde zu der gemessenen und starken Kunst der Erneuerung, bei den Niederländern über das Spiel mit Allegorien zu einer Sinnlichkeits-, nicht aber einer Sinnenkultur.

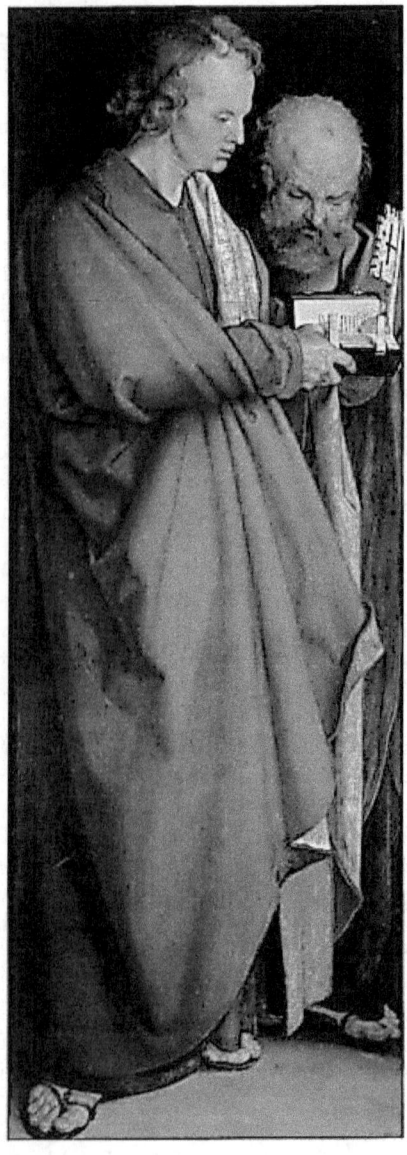 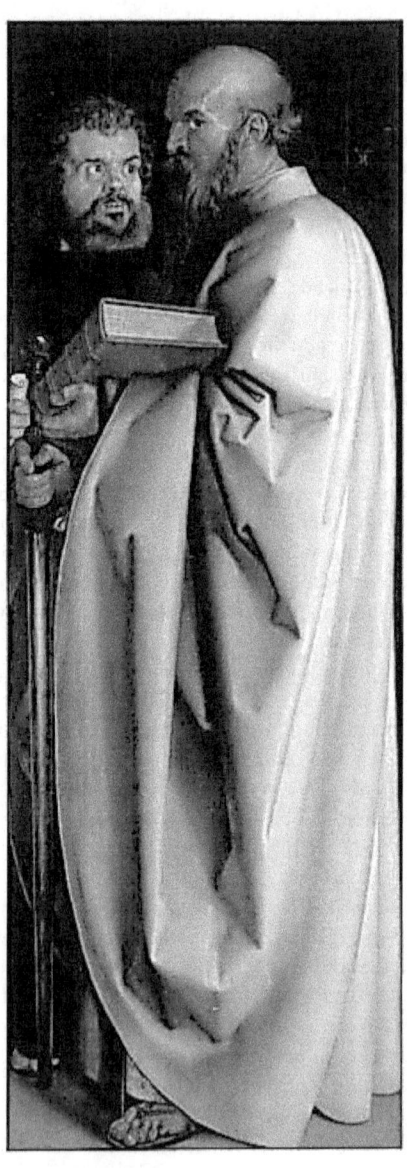

Die »vier Evangelisten« (1526) – München, Alte Pinakothek

So lagen die Dinge um 1520; das mußte der Deutsche als Künstler im tiefsten empfinden und sich klar sein, daß hier seines Bleibens nicht war. Schwelgerei und Taumel waren es, was die Kunst bei denen in Niederland auszulösen begann: in Dürer wirkte sie einen Ernst, der sich steigern sollte bis zum heiligen Zorn. Die stärkste Anregung war für Dürer nicht die lebende Malerei der Niederländer, deren er kaum gedenkt, sondern die versunkene Kunst der Eycks, von deren Genter Altar er sagt: »Das ist ein überköstlich, hochverständig Gemäl, und sonderlich die Eva, Maria und Gott Vater sind fast (= fest, sehr) gut.« Und stärker noch als alle Kunst wirkte auf ihn die in der Tiefe gärende Bewegung, die der deutschen Neugestaltung ein Ende zu bereiten drohte. Wenn sein niederländisches Tagebuch mit Recht als ein Zeugnis ersten Ranges für unser aller Kultur geachtet wird, dann ist es, weil sich in ihm jene ergreifenden Worte aufgezeichnet finden, die die Kunde von Luthers vermeintlicher Gefangennahme Dürer eingaben.

XV. Die Erneuung

1

In das qualmende Fackellicht und das Menschengedränge des Wormser Reichstags hinein hatte Luther sein letztes Wort gesprochen: »Es sei denn, daß ich durch Gezeugnis der Schrift überwunden werde, oder aber durch scheinlich Ursachen – denn ich glaub weder dem Papst noch den Konzilien allein, weil es am Tag ist, daß dieselben zu mehrmalen geirrt und wider sich selbst geredet haben – sintemal ich von Schriften, von mir angeführt, gefangen bin im Gewissen an Gottes Wort: so mag und will ich nichts widerrufen, weil wider das Gewissen zu handeln beschwerlich, unheilsam und fährlich ist. Gott helfe mir, Amen.«

Kaiser Karl, bis dahin übermüdet und gleichgültig, horcht auf. Er läßt den störrischen Geistlichen fragen, ob er bei der Meinung verharre, auch Konzilien könnten irren. »Als ein Fels« ist Luthers Antwort. Schweigend erhebt sich der Kaiser und verläßt mit den Seinen den Saal. Er hatte sich entschieden. Luthers Schicksal schien besiegelt: ein Mann mit solchen Ansichten war ein Ketzer, ihm gebührte die kaiserliche Acht. Unmittelbares hatte er nicht zu fürchten. »Frei gestrack Sicherheit und Geleit« war ihm zugesagt worden, und daß es gehalten wurde, verbürgte die zu allem entschlossene Stimmung des Volkes. Was aber würde die Zukunft bringen?

Die Freunde Luthers sorgten vor. Am 4. Mai wurde der Heimkehrende in der Nähe von Eisenach auf die Wartburg entführt und gleichzeitig das Gerücht verbreitet, er sei überfallen und wahrscheinlich getötet worden. Zwei Wochen später kam das Gerücht in die Niederlande. Albrecht Dürer war in Antwerpen, mit Gelegenheitsbildnissen beschäftigt und an Tafeleien sich zerstreuend. Da erreichte ihn die schlimme Kunde, und er unterbricht das Einerlei seines Tagebuches mit diesen Worten:

»Am Freitag vor Pfingsten im 1521 Jahr kamen mir Mähr gen Antorff, daß man Martin Luther so verrätherlich gefangen hätt. Dann do ihn des Kaisers Carols Herold mit dem kaiserlichen Gleit war zugeben, dem ward er vertrauet. Aber sobald ihn der Herold bracht bei Eyssenach in ain unfreundlich Ort, saget, er dörfe sein nit mehr, und ritt von ihn. Alsbald waren 10 Pferd do, die führten verrätherlich den verkauften frommen, mit dem heiligen Geist erleuchteten Mann hinweg, der do war ein Nachfolger Christi und des wahren christlichen Glaubens. Und er lebt noch, oder haben sie ihn gemördert, das ich nit weiß, so hat er das gelitten um der christlichen Wahrheit willen, und um daß er gestraft hat das unchristliche Pabstthum, das do strebt wider Christus Freilassung mit seiner großen Beschwerung der menschlichen Gesetzt, und auch dorum daß wir unsers Blut und Schweiß also beraubt und ausgezogen werden, und dasselbige so schandlich von müßiggehendem Volk lästerlich verzehret wird, und die durstigen kranken Menschen dorum Hungers sterben müssen (Andeutung der hohen Romabgaben und der Üppigkeit der Kirche).

»Und sonderlich ist mir noch das Schwerest, daß uns Gott vielleicht noch unter ihrer falschen blinden Lehr will lassen bleiben, die doch die Menschen, die sie Väter nennen, erdicht und aufgesetzt haben, dardurch uns das göttliche Wort an vielen Enden fälschlich ausgelegt wird, oder gar nichts fürgehalten. Ach Gott vom Himmel, erbarm dich unser, o Herr Jesu Christe, bitt für dein Volk, erlös uns zur rechten Zeit, erhalt in uns den rechten wahren christlichen Glauben, versammele deine weite zertrennte Schaf durch dein Stimm, in der Schrift dein göttlich Wort genannt, hilf uns, daß wir dieselb dein Stimm kennen und keinem andern Schwigeln (Locken), der Menschen Wahn nachfolgen, auf daß wir, Herr Jesu Christe, nit von dir weichen. Ruf den Schafen deiner Weide, derer noch ein Theils in der römischen Kirche erfunden werden, mitsamt den Indianern, Moscabitern, Reußen, Krichen wieder zusammen, die durch Beschwerung und Geiz der Päbst, durch heiligen falschen Schein zertrennet sind worden.

»Ach Gott, erlös dein armes Volk, das dar durch großen Bann und Gebot gedrungen wird, der es keines gern thut, darum es stätiges sündigen muß in seinen Gewissen, so es die übergehet. O Gott, nun hast du mit Menschengesetzen nie kein Volk also größlich beschweret als uns Arme unter den römischen Stuhl, die wir füglich durch dein Blut erlöst frei Christen sein wollen. O höchster himmlischer Vater, geuß in unser Herz durch deinen Sohn Jesum Christum ein solch Licht, dabei wir erkennen, zu welchen Geboten wir zu halten gebunden sind, auf daß wir die andern Beschwerniß mit gutem Gewissen fahren lassen und dir, ewiger himmlischer Vater, mit freiem fröhlichen Herzen dienen mögen.

»Und so wir diesen Mann verlieren, der do klärer geschrieben hat dann nie keiner in 140 Jahren gelebt (1381 begann Wicliff in England seinen Kampf gegen die römische Kirche), den du ein solchen evangelischen Geist geben hast, bitten wir dich, o himmlischer Vater, daß du deinen heiligen Geist wiederum gebest einem andern, der do dein heilige christliche Kirch allenthalben wieder versammel, auf daß wir all rein und christlich wieder leben werden, daß aus unsern guten Werken alle Ungläubige, als Türken, Heiden, Calacuten, zu uns selbst begehren und christlichen Glauben annehmen.

»Aber, Herr, du willt, ehe du richtest, wie dein Sohn Jesus Christus von den Priestern sterben mußt und vom Tod erstehn und darnach gen Himmel fahren, daß es auch also gleichförmig ergehe deinen Nachfolger Martins Luther, den der Papst mit sein Geld verrätherlich wider Gott um sein Leben bringt, den wirst du erquicken. Und wie du darnach, mein Herr, verhängest, daß Jerusalem darum zerstöret ward, also wirst du auch diesen eignen angenommenen Gewalt des römischen Stuhls zerstören.

»Ach Herr, gieb uns darnach das neu gezieret Jerusalem, das vom Himmel herabsteigt, davon Apocalypsis schreibt, das heilig klar Evangelium, das do nit mit menschlicher Lehr verdunkelt sei. Darum sehe ein Jeglicher, der Doktor Martins Luthers Bücher liest, wie sein Lehr so klar durchsichtig ist, so er das heilig Evangelium lehrt. Darum sind sie in großen Ehren zu halten und nit zu Verbrennen, es war dann, daß man sein Widerpart, die allezeit die Wahrheit widerfechten, ins Feuer würf mit allen ihren Opinionen, die do aus Menschen Götter machen wollen, aber doch, daß man wieder neue lutherische Bücher druckt hätt.

»O Gott, ist Luther todt, wer wird uns hinfürt das heilig Evangelium so klar fürtragen! Ach Gott, was halt er uns noch in 10 oder 20 Jahren schreiben mögen! O ihr alle fromme Christenmenschen, helft mir fleißig beweinen diesen gottgeistigen Menschen und ihn bitten, daß er uns einen andern erleuchtten Mann sönd.

»O Erasme Roderadame, wo willt du bleiben! Sieh, was vermag die ungerecht Tyrannei der weltlichen Gewalt und Macht der Finsternüß? Hör, du Ritter Christi, reit hervor neben den Herr Christum, beschütz die Wahrheit, erlang der Martärer Kron! Du bist doch sonst ein altes Männiken, ich hab von dir gehört, daß du dir selbst noch 2 Jahr zugeben hast, die du noch tügest etwas zu thun. Dieselben leg wol an, dem Evangelio und dem wahren christlichen Glauben zu Gut, und laß dich dann hören, so werden der Hellen Porten, der römisch Stuhl, wie Christus sagt, nit wider dich vermögen. Und ob du hie gleichförmig beim Meister Christo würdest und Schand von den Lügnern in dieser Zeit leidest und darum ein klein Zeit desto eher stürbest, so wirst du doch ehe aus dem Tod ins Leben kommen und durch Christum clarifizirt. Dann so du aus dem Kelch trinkest, den er getrunken hast, so wirst du mit ihm regiren und richten mit Gerechtigkeit, die nit weislich gehandelt haben.

»O Erasme, halt dich hie, daß sich Gott dem rühme, wie vom David geschrieben stehet, dann du magst thun, und fürwahr, du magst den Goliath fällen. Dann Gott stehet bei der heiligen christlichen Kirchen, wie er ja unter den Römischen stehet, nach feinem göttlichen Willen. Der helf uns zu der ewigen Seligkeit, Gott Vater, Sohn und heiliger Geist, ein einiger Gott, Amen.

»O ihr Christenmenschen, bittet Gott um Hilf, dann sein Urtheil nahet und sein Gerechtigkeit wird offenbar. Dann werden wir sehen die Unschuldigen bluten, die der Pabst, Pfaffen und die München vergossen, gerichtet und verdammt haben. Apocalypsis. Das sind die Erschlagnen, unter dem Altar Gottes liegend, und schreien um Rach, darauf die Stimm Gottes antwort: Erwartet die vollkommene Zahl der unschuldigen Erschlagenen, dann will ich richten.«

*

Im ganzen niederländischen Tagebuch sind dies die einzigen, Dürerisch gesprochen, »mit großem Fleiß« gegebenen Ausführungen. Alles andere ist hingeschrieben, wie der Tag es brachte, im Gelegenheitsstil eines Briefes, oft nicht einmal das. Dürer muß bei ernstem Anlaß sonst nach dem rechten Ausdruck suchen: hier strömen ihm die Worte zu, und in jeder Zeile ist zu merken, daß da nur herausströmt, was sich lange in ihm angesammelt haben mußte.

Luther ist es, dessen Ungewisses Schicksal Dürer Beredsamkeit verleiht. Seit fünf Jahren schon war er dem Reformator zugetan. Die Hammerschläge an die Wittenberger Schloßkirche waren auch ihm eine erlösende Tat gewesen. Er hatte dem Ausdruck gegeben, indem er Luther von seinen Arbeiten schickte und in einem Brief an Scheurl läßt auch Luther ihm in herzlichen Worten seinen Dank dafür aussprechen. Er versenkt sich in die Schriften Luthers, die ihm »aus großen Ängsten helfen«, nicht weniger als ihrer 16 kann er auf einem Blatt um 1520 als sein eigen bezeichnen. Sein inniger Wunsch ist es, den großen Mann selbst kennenzulernen, um ihn »mit Fleiß kunterfetten und in Kupfer stechen« zu können zu einem langen Gedächtnis. In Antwerpen sucht er sich seine besten Freunde (Kalkoff ist den Spuren bis ins einzelne nachgegangen) in den dem Reformator ergebenen Kreisen.

Aber so nahe ihm Luther auch menschlich stehen mochte: es ist doch nicht die bloße Menschenverehrung der Renaissance, die ihn bei jener Kunde so zu Tod erschrecken läßt. Nicht den Kämpfer an sich, sondern die Sache, für die er einsteht, sieht er bedroht. Des Wiclif erinnert er sich, der vor 140 Jahren einen ähnlichen Streit durchfocht und den die Kirche so ingrimmig haßte wie auch den Ketzer Huß.

Nein, kein Persönlichkeitskult, nichts, was erst seit wenigen Jahren sich in ihm stauen konnte, strömt hier hervor. Die Quellen liegen tiefer. Apokalypsis: zweimal kehrt das Wort wieder. Dieselbe ernste, zum Tode ernste Stimmung, die ihn in seiner Jugend erst zu einem Künstler höheren Ranges gemacht hat, sie lebt wieder auf, und sie ist es, die auch sein Schlußwerk verklärt in seiner ganzen Großheit. Die Reformation schon unterwegs nannten wir die »heimlich Offenbarung« Dürers. Die Reformation selbst, Fleisch und Blut geworden und am Ziel, blickt uns an aus den Männerbildnissen und den heldischen Gestalten, mit denen Dürer sein Lebenswerk beschließt.

2

Frischer Anregungen voll und nach Arbeit drängend wie einst aus Italien kehrte der fünfzigjährige Dürer aus den Niederlanden zurück. Diesmal aber lag es über seiner Schaffensfreude wie ein schwerer Schatten. In Seeland hatte ihn ein Leiden ergriffen, das ihn bis ans Ende nicht mehr frei ließ. Er sah den Tod vor Augen, und kein Arzt war zu finden, der ihm helfen konnte. War es diese heimliche Qual, die ihn trieb, noch einmal das Leiden unseres Herrn zu erzählen. Die Stimmung des Tages war sonst anders gerichtet: sie drängte zur Tat und entschlossenem Handeln, nicht zu vergrübelter Beschaulichkeit. Dürer selbst war so ganz von ihr erfüllt, daß alles, was er fortan noch zu Ende führen konnte, nur ihr gehörte. Wie Fremdkörper liegen dazwischen die Entwürfe einer letzten Passion. Sie sind bis auf ein einziges Blatt Entwürfe geblieben, mußten es bleiben, da die Stimme der Gegenwart zu laut nach Dürers Arbeit rief. Die große Kunstgeschichte mag so das unvollendete Werk entbehren können: für Dürer selbst ist es aber ein ergreifendes Zeugnis, die stille Klage dieser Blätter, die Auseinandersetzung eines in seiner Qual vereinsamten Menschen mit dem Erlöser, in dessen Leiden er sich in schweren Stunden immer inniger einzufühlen lernte.

Das erste Blatt, schon 1520, ein Jahr vor der Krankheit entstanden, steht noch außerhalb der Reihe. Es ist eine Kreuztragung (jetzt in Florenz). Die erste Anregung mag Dürer beim Schauspiel jenes feierlichen Umgangs gekommen sein, der sich am Himmelfahrtstag mit seinen Gruppen aus der biblischen und heiligen Geschichte durch die Straßen Antwerpens zog. Weiter erwähnt er am 26. und 30. Mai 1521 »den großen Umgang zu Antorff an der heiligen Dreifaltigkeit Tag« und die Fronleichnamsprozession, »den großen Umgang, der da gar köstlich war«. Man muß doch wohl annehmen, daß nur die lebensstarke Anregung der Wirklichkeit es Dürer möglich machte, das Einherschreiten des Zuges so anschaulich, so in steter Bewegung daherziehend zu schildern. Bei allen früheren Darstellungen ähnlicher Art hatte er ein nach beiden Seiten abgeschlossenes Bild gegeben, dem nichts vorangeht und auch nichts folgt. Hier aber gewinnen wir den Eindruck eines weitergleitenden Zuges, der andere Gruppen vorher schon brachte, und andere noch bringen wird.

Es ist Verständlich, daß Dürer grade jetzt Sinn hatte für das Wesentliche einer solchen Sache. Beim Überdenken des Maximilianschen Triumphzuges hatte er sich gewöhnt, eine Bildfolge in dieser neuen, seiner früheren Art fremden Weise zu gliedern. In Niederland kam dann das wirkliche Erleben hinzu, und das kann ihm sehr wohl den Gedanken eingegeben haben, selbst einmal biblische Geschichte so darzustellen. Hätte er damals, noch unberührt von den Sorgen der Krankheit, den Plan zur Reife gebracht, so wäre es eine biblische Bildergeschichte geworden von kirchlichem Feierzugscharakter. Wirklich ist auch die folgende Zeichnung, der Gang zum Grabe (jetzt in Berlin) noch ganz wie die Kreuztragung zug- oder friesartig behandelt, so daß sie sich der ersten anschließt wie ein neu auftauchendes Bild in einer ruhig abrollenden Wandelbühne. Dann aber folgt die Wendung, bedingt durch das körperliche Erleben. Die Breitform der Bilder wird wohl unverändert beibehalten, aber sie ist anderen Charakters geworden. Der Eindruck einer stetig entwickelten Erzählung ist dem Ganzen genommen, die Bilder sind wieder jedes ein Werk für sich, und so wandelt sich in der nämlichen Breitform der Eindruck des Freien in den des Gedrückten. Bei der Kreuztragung und Grablegung erscheinen die Bilder noch langgestreckt: in den folgenden Blättern empfindet man die Form nur noch als niedrig.

Aus jener Zeit, in der die Krankheit ihn erfaßte, stammt das ergreifendste Blatt, das den Charakter der geplanten Passion, wäre sie vollendet worden, vielleicht bestimmt haben würde: das Gebet am Ölberg (Frankfurter Sammlung). So wild im Schmerzgefühl hatte Dürer Gethsemane bisher nicht empfunden. Starr, unerbittlich, nur das Haupt in Milde neigend, erhebt sich aus einem Gewölk der Engel mit dem Kelch. Der Schreck reißt Christus zu Boden. »Er warf sein Antlitz zur Erde« heißt das Bibelwort, das hier zum Bilde wird. Auf dem tafelglatten Felsen ist die Gestalt lang hingestreckt, nur die Arme stehen weit nach beiden Seiten ab. Es ist die Haltung, die ihm am Kreuz beschieden ist, dessen Entsetzen er in dieser Stunde vorahnend fühlt. Nichts ist italisch schön an diesem Bild, am wenigsten die Gestalt Jesu in der Lage des Kreuzes, dem er die Arme willig öffnet. Aber die Gewalt des Erlebens, die alles Kommende schon vorausnimmt, ist von erschütternder Kraft, und nur seelische Qualen aufwühlendster Art konnten Dürer das gestalten lassen.

Das »Abendmahl« (1523) ist von den paar Zeichnungen der letzten Passion die einzige, die es wirklich zu einer Ausführung im Holzschnitt brachte. Noch weniger vielleicht als das Gethsemaneblatt ist dieses Abendmahl im Sinne der Romanen schön. Der Vergleich mit Leonardo liegt nahe, der ja gleichfalls die Versammlung um einen nach vorne offenen Tisch anordnete, Christus inmitten der Breitseite. Wie still ist doch das Werk des Deutschen bei einem solchen Vergleich! Judas, der zu viel äußere Spannung in das Ganze bringen könnte, ist schon gegangen. Der Tisch ist geräumt, nur der Kelch blieb noch stehen, ein ernster Anklang an das künftige Gethsemane. Die Sprache der Hände, bei Leonardo ein wahrer Chor von Stimmen, ist hier so gut wie verstummt. Einzig die Linke Christi greift aus, als ob sie dem entscheidenden Wort mehr Tragkraft geben möchte. Das ist gefallen und wirkt nun nach in den Seelen der Jünger, diesen schweigsamen Köpfen, die das Gehörte still in sich verarbeiten und es in seiner Art ein jeder zum Entschluß werden lassen. Man sieht es diesen Köpfen an, daß das Denken ihnen schwerer fällt als dem heißblütigen Gefolge Leonardos. Aber auch das ist ihnen anzumerken, daß der einmal gefaßte Entschluß dann vorhalten wird. Es sind nordische Naturen, Charaktere jener schweren Zeit, der das Werk der Erneuung oblag.

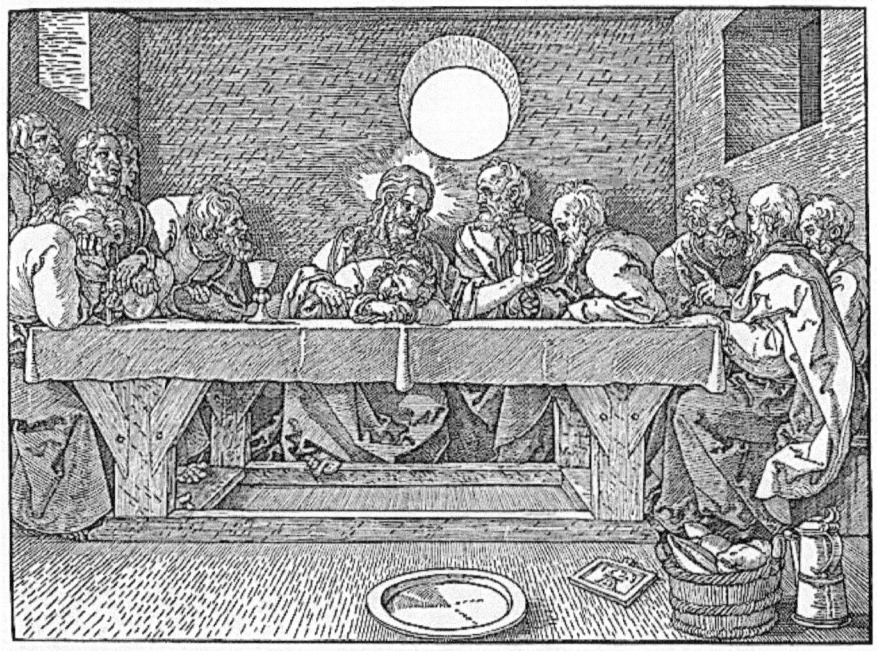

Das Abendmahl
(1523)

Nur eine Szene noch aus dem großen Drama von der Verkündung bis zur Verklärung hat Dürer beschäftigt: die Anbetung der Könige (1524, jetzt in der Albertina). Es kennzeichnet die Stimmung Dürers, daß er an das zeitlich Früheste so spät erst heranging. Um holdseligen Krippengeist war ihm gewiß nicht zumute. Aber schließlich wollte er doch auch diesen Ton nicht missen, der weder in der Großen noch in der Kleinen Passion anklingt. Im vollendeten Werk wäre es ein Auftakt geworden, im unvollendeten aber, wie wir es nur haben, ist es ein

Ausklang, eine Auflösung in Helles, freundliches Dur. So stark überkam Dürer die bejahende Stimmung des Lebens, daß er die ganze Passion, vom Leiden ihm eingegeben, nicht mehr zu Ende führte. Andere Arbeit harrte seiner. Die Apostel sagen uns an, wes Geistes Art sie waren.

Wir wollen, nachdem wir das Zwischenspiel der letzten Passion vernahmen, die Werke kennenlernen, die zu diesem letzten großen Wurf hinüberleiten. Es sind die berühmten Bildnisköpfe vom Schlusse seines Lebens.

3

Ein landläufiges Urteil hält dafür, daß Dürer nur in zwei Zeiten seines Lebens die Bildniskunst eifriger pflegte: in den Anfängen und gegen Ende; in den etwa zwei Jahrzehnten dazwischen soll er das Bildnis vernachlässigt haben. Eine solche Meinung kann man nur gelten lassen, wenn man den Begriff des Bildnisses einschränken will auf das ausgeführte Gemälde. Als Zeichner hat Dürer mit den »Conterfeten« an keiner Stelle seines Werkes ausgesetzt, und erweitert man die Bildnisse nach bekannten Persönlichkeiten noch um die zahlreichen Kopfstudien nach Modellen, so wird man Jaro Springer zustimmen in seiner Ansicht, daß sich »die Porträts beinahe gleichmäßig auf die ganze Lebensarbeit Dürers verteilen.« Wenn wir trotzdem eine Gruppe früher Bildnisse in scharfen Gegensatz bringen zu der der letzten Jahre, so gibt uns das Recht dazu die starke innere Entwicklung, die Dürer grade auf diesem Gebiete erlebt hat.

Die Kunst des Malens »behält die Gestalt der Menschen nach ihrem Absterben«: diesem ersten Glaubensbekenntnis der ruhmesdürstenden Renaissance, und nur ihm hat Dürer in seinen Anfängen die Bildniskunst unterstellt. Er will es der Nachwelt erzählen, wie er und die Menschen, die ihm etwas waren, in Wahrheit ausgesehen haben. Besonderheiten der Dargestellten werden betont, in den Zeichnungen oft bis zur Übertriebenheit; das Augenblickliche, sofern es kennzeichnend ist, wird mit schnellem Griffel festgehalten. Das Bild soll sprechen. Ein leichtgeöffneter Mund, ein leises Lächeln, eine überraschende Wendung sind Dürer willkommene Vorwürfe, wenn sie nur von der Art des Dargestellten etwas auszusagen haben. Es ist das Verfahren der ältesten Geschichtschreiber, bei denen die Geschichte noch in lauter Geschichten zerfällt, und die darum der scharf umrissenen Anekdote den Vorzug geben vor der weilenden Betrachtung.

Es kamen die mancherlei Wandlungen, die Dürer in der Menschendeutung reifer und tiefer werden ließen. Venedig lehrte ihn das große Sehen, und er konnte es sich zu eigen machen, ohne den lässigen Blick des Gentiluomo mit zu übernehmen; er blieb bei der männlichen Sachlichkeit des nordischen Auges und wußte ihr Geltung zu schaffen auch in der großen Form. In jenem starken Jahre dann, als die Mutter starb, wurde er inne, daß man von dem Gottesgedanken in einem Menschenangesicht noch ganz anderes der Nachwelt übermitteln könne als nur ein gutes Spiegelbild. Es ist die nämliche Zeit, in der er das eigene Antlitz, geklärt durch Leiden, tiefer erfaßt. Er wird schließlich teilhaft jener Hellsichtigkeit, die aus seinen Christusköpfen leuchtet, wo er sich in dem anderen und den anderen in sich selber fühlt, so stark, daß er beim männlichen Idealkopf auch auf das Mittel der Maße Verzicht leisten kann. Das letzte war das Erlebnis des Augsburger Reichstags. »Soweit er zum Porträtisten erzogen werden konnte«, hat man gesagt, sei es dort geschehen durch höfischen Einfluß. Auch das hat er in sich aufnehmen können, ohne das mindeste des bisher Erlebten preiszugeben, wie sein Maximilianbild beweist und all die anderen, die in den Jahren 1518 und 1519 entstanden.

Gesättigt mit solchen Erfahrungen tritt Dürer die Reise nach Niederland an. Die Maler dort waren wohlgerüstet im Bildnisfach. Zweierlei Möglichkeiten der Entwicklung lagen offen. Die eine drängte zu dem, was später Rubens gab: einer romanisch betonten Vornehmheit; die andere zum späteren Holland: der nordisch-germanischen, und damit der deutschen Art. Nur für sie hat Dürer Sinn, und er bildet sie aus in den vielen, vielen Bildnissen, die er unterwegs entwarf (ganze 120 Conterfetungen verzeichnet das Tagebuch). So bestimmt ist er in seiner Menschendarstellung, daß eine Geschichte der holländischen Bildniskunst, die deren Grundlagen bloßlegen möchte, Dürer ganz gewiß nicht übersehen dürfte.

Zu wirklicher Größe aber, ja zur Erhabenheit drang Dürer erst durch nach seiner Rückkehr in Nürnberg. Wieder sind es drei Werke, für uns zu einer Einheit sich schließend, in denen Dürers ganze künstlerische Kraft sich wieder einmal aufstaut: der sogenannte Imhoff, Hieronymus Holzschuher und Jakob Muffel.

Das erstgenannte Bild (Madrid) entstand kurz nach der Heimkehr, noch im Jahre 1521. Ob der Dargestellte wirklich Imhoff ist, der Nürnberger Kaufherr und Dürers Bankmann, können wir mit Bestimmtheit nicht behaupten. Thausing hat ihn so bezeichnet nach der Ähnlichkeit des Kopfes mit einem unbenannten späteren Kupferstich, der den Namen Imhoffs führt. Dürer hatte in den Niederlanden bei Imhoff eine Schuld von 100 Gulden aufgenommen, und es könnte wohl sein, daß das Gemälde »mit als eine Abschlagszahlung« diente. Wenn es wirklich Imhoff ist, der da mit fast barschen Zügen und einem Blick, dem nicht auszuweichen ist, sein Gegenüber ins Auge packt, dann muß Nürnberg in diesem Patrizier einen sehr entschiedenen Sachwalter gehabt haben, dem nicht gut in seine Angelegenheiten dreinzureden war. Selten wurde männliche Entschlossenheit in einem Kunstwerk klarer herausgebracht. Das ist mehr als ein bloßes Abkonterfeien gegebener Züge: hier ist eine fremde Natur vom Künstler bis ins Innerste durchgefühlt und von innen heraus gestaltet. Und bewundernswert ist, wie Dürer bei Einzelheiten, beim Haar, bei der Pelzschaube, den Runzeln der Hand der Kleinmalerei nachgehen kam wie einst in seinen jungen Jahren, und dabei doch den Gesamteindruck in einer holländisch sicheren Art zusammenhält.

Gilt das Imhoffbild einer Reihe von Kennern für »die Krone aller Dürerschen Porträte«, so entscheidet die Allgemeinheit sicher eher für das zweitgenannte Bildnis, den eisgrauen Feuerkopf Hieronymus Holzschuber (1526 gemalt, jetzt in Berlin). Jeder Deutsche kennt dieses Antlitz, das bei aller Festigkeit des Ausdrucks doch nichts vom Finsteren des Imhoff hat. Das scharfe graue Auge namentlich mit dem Fensterkreuz in der Pupille hat den Menschen immer wieder etwas Neues mitzuteilen. Es ist nicht überschwenglich geurteilt, wenn man den Holzschuber im Werke Dürers die nämliche Bedeutung beimißt wie der Mona Lisa in dem des Leonardo (Muther). Abermals staunen wir über die sichere Kunst, die hier mehr noch als beim Imhoff jedem Härchen sich nachschlängelt und doch groß bleiben kann. Es ist die alte Kunst der Gotik, die ihre Dome in steiler Gradheit himmelan führt und ihre überschäumende Gestaltungsfülle doch in aber tausend Einzelheiten spielen läßt.

Ganz still wirkt nach der bannenden Lebhaftigkeit der beiden ersten Bildnisse das dritte der Reihe, der Ratsherr Jakob Muffel (Berlin). So schweigsam ist dieser Kopf, daß die Vermutung geäußert werden konnte, Dürer habe ihn überhaupt nicht nach dem Leben gemalt. Das Entstehungsjahr 1526 ist auch das Todesjahr Jakob Muffels, und eine Zeitlang hielt man es für wahrscheinlich, daß Dürer den Kopf auf der Grundlage einer älteren Zeichnung aus dem Gedächtnis malte. Es war nicht nötig, daß man dem entgegen erst auf die Inschrift hinwies, die ausdrücklich von einer Aufnahme des Dargestellten in seinem 54. Lebensjahre spricht (**aetatis suae anno 54**): das Bild selbst ist von einer Anschaulichkeit, die nur das Leben geben konnte. Nur ist es freilich das Leben eines wortkargen alternden Mannes, der es gelernt hat, mit seiner Meinung an sich zu halten. Der ruhige Blick Muffels geht ebenso tief wie der des Imhoff und des Holzschuher, aber während die Mienen der beiden anderen deutlich ihrem Gegenüber ein »ich kenne dich!« sagen – Imhoff streng wie ein Untersuchungsrichter, Holzschuher trotz der angezogenen Brauen verständnisinnig lächelnd – bleibt das Auge Muffels so stumm wie seine festgeschlossenen Lippen, über die ein rasches Wort wohl niemals kommen wird. –

Den gemalten Bildnissen stehen zur Seite fünf gestochene aus den Jahren 1523 bis 26 und zwei im Holzschnitt von 1522 und 27. Alle sind es Dürer Nahestehende, Gönner und Freunde; Aufträge Fremder werden nicht mehr angenommen. Als Regel nimmt es sich Dürer, hoch an der Brust anzusetzen, so daß der Kopf, veronikartig möchte man sagen, zu voller Geltung kommt. Eine Ausnahme machte nur der Holzschnitt für den Dichter Eobanus Hesse, als Flugblatt für volkstümliche Wirkung bestimmt, und der Kupferstich des Erasmus. Mit diesem Stich hat Dürer wenig Glück gehabt. Erasmus fand sich zu wenig geschmeichelt und schrieb kühl, er müsse sich wohl in den fünf Jahren, die Dürer ihn nicht sah, stark verändert haben. Das Gemälde Holbeins, das ihn als einen fast klosterstillen Gelehrten deutet, sagte ihm mehr zu. Dürer konnte ihn nicht mehr so schildern, er hatte ihn inzwischen wohl innerlich durchschaut, hatte sich überzeugen müssen, daß er nichts weniger war als ein todesmutiger Streiter Christi, und erst auf mehrfaches Drängen konnte er sich entschließen, die zugesagte Arbeit auszuführen.

Von den gestochenen Bildnissen, die den gemalten in keiner Weise an innerem Gehalt nachstehen, wollen wir mindestens die beiden für Dürers Leben wichtigsten uns gegenwärtig machen: Pirkheimer und Melanchthon (1524 und 26). » **Vivitur ingenio, caetera mortis erunt**« heißt es unter dem Pirkheimer: wir leben im Geiste, alles andere ist des Todes. Es ist, wie Dürer es sah, die Summe des Pirkheimerschen Lebens, das wir im Auszug haben in jener frühen Zeichnung von 1503 und diesem Stich des 53 jährigen. Die Zeichnung hat noch viel von dem jugendfrischen Mann der Tat, der einst in Maximilians Schweizerkrieg das Nürnberger Kriegsvolk führte. Der Stich gibt den angejahrten Humanisten, in dessen Augen Spannung und Blick erst kommt, wenn sie auf das Buch gerichtet sind statt auf das gemeine Leben. Wir wissen, wie dieser Mann, einst ein so fehdebereiter Kämpfer, gegen die geistige Fremdherrschaft, schließlich doch vor Luthers Tat versagte. Er fürchtete für einen Aufstand unmündiger Geister und unfreier Seelen, sein Altbürgerbewußtsein bäumte sich dagegen auf. Gleichviel: nur das Zeitalter Luthers, das deutsche Jahrhundert konnte diesen Kopf, diese vom Geist gebändigte Kraft so formen.

Die andere Gattung des deutschen Denkers gibt der Melanchthonkopf. Das Gesicht lebt noch, und es wird Dauer haben, so lang das deutsche Wesen lebt. Ein Mann, der wenig auf sein Äußeres gibt, der sich nirgends in der Wirklichkeit so recht an seinen Platz hinfindet, hinter dessen hoher Stirne aber eine ganze Welt Raum hat, und dessen leuchtend gutes Auge gleichfalls Sonne strahlt. Dürer fühlte manch verwandten Zug in dieser stillen Natur, er schloß sich eng Melanchthon an, als der in den zwanziger Jahren häufiger nach Nürnberg kam, um dort bei der Errichtung einer höheren Schule nach dem Rechten zu sehen. Melanchthon hat viel von den Gesprächen erzählt, die sie führten, und sein Urteil war, Dürer sei ein Weiser zu nennen, an dem die künstlerische Begabung, so stark sie auch war, doch nur das wenigste bedeutete.

4

Anfang Oktober 1526 richtete Dürer an den Nürnberger Rat das folgende Schreiben: »Fürsichtig, ehrbar, weis liebe Herren! Dieweil ich vorlängst geneigt war gewest, Euer Weisheit mit meinem kleinwirdigen Gemäl zu einer Gedächnus zu verehren, hab ich doch Solchs aus Mangel meiner geringschätzigen Werk unterlassen müssen, dieweil ich gewüßt, daß ich mit denselben vor Euer Weisheit nit ganz wohl hält mügen bestehn. Nachdem ich aber diese vergangne Zeit ein Tafel gemalt und darauf mehr Fleiß dann ander Gemäl gelegt hab, acht ich Niemamd wirdiger, die zu einer Gedächtnuß zu behalten dann Euer Weisheit. Derhalb ich auch dieselben hiemit verehr, unterthänigs Fleiß bittend, die wolle diese mein klein Schenk gefällig und günstlich annehmen und mein gönstig lieb Herren, wie bisher ich allweg gefunden hab, sein und beleiben. Das will ich mit aller Untertänigkeit um Euer Weisheit zu verdienen geflissen sein. Euer Weisheit unterthäniger Albrecht Dürer.«

Der Brief begleitete die Doppeltafel der sogenannten vier Apostel (genau genommen sind es drei Apostel und ein Evangelist), die Dürer solcherart seiner Heimatstadt verehrte. Der Rat dachte das Geschenk in einen Kauf umzuwandeln. Er erklärte sich Dürer »für sein Werk zwar dankbar und erbötig, es zur Gedächtnuß zu behalten, nicht minder aber auch erbötig, ihm dafür zu bezahlen, was er daran verdient habe«. Als Dürer einen Preis nicht nennen wollte, überwies er ihm als Gegengeschenk die Summe von 100 rheinischen Gulden.

Das Werk ist nicht in Nürnberg geblieben. Der Kurfürst Maximilian von Bayern erbat es sich 1627 vom Nürnberger Rat. Rund abschlagen mochte der Rat die Bitte nicht. Er suchte sich Dürers Vermächtnis dadurch zu retten, daß er durch Georg Gärtner eine möglichst genaue Wiedergabe anfertigen ließ, von der er rühmend sagte, daß sie nach dem Urteil der besten Nürnberger Maler »nicht weit von dem Originale streiche«, während dieses selbst schadhaft sei und zudem durch die von Dürer gewählten Unterschriften den Jesuiten Münchens ein starkes Ärgernis sein müsse. Maximilian war nicht irrezumachen. Er ließ die Unterschriften von den alten Tafeln absägen und schickte sie mit den Gärtnerschen Wiedergaben nach Nürnberg zurück. Das Dürerwerk selbst blieb in München. –

Was ist es nun mit den Unterschriften, von denen der Nürnberger Rat nach hundert Jahren noch sagen konnte, sie würden von den eifrigsten Verfechtern der katholischen Lehre als beleidigend empfunden werden? Dargestellt sind auf der linken Tafel die Apostel Johannes und Petrus, auf der rechten Paulus und Markus der Evangelist. Darunter ließ Dürer, als er das Werk noch in seiner »Stube« hatte, von dem Schreibmeister Neudörfer zur Erklärung seiner Absicht eine längere Ausführung setzen, die so beginnt:

»Alle weltlichen Regenten in diesen fährlichen Zeiten nehmen billig Acht, daß sie nit für das göttlich Wort menschliche Verführung annehmen. Dann Gott will nit zu seinem Wort gethon noch bannen genommen haben. Darauf horent diese trefflich vier Männer: Petrum, Johannem, Paulum und Marcum, ihre Warnung.« Es folgen nach der Lutherschen Bibelübersetzung von 1522, der sogenannten Septemberbibel, Sprüche aus den Schriften der Genannten, und zwar links Stellen aus dem 2. Kapitel des 2. Petrus- und dem 4. des 1. Johannesbriefs, rechts aus dem 2. Timotheusbrief Kapitel 3 und dem Markusevangelium Kapitel 12. Gewarnt wird links vor falscher Lehre und falschen Propheten, rechts vor falschem Lebenswandel.

Ohne weiteres ist klar, daß die Wahl dieser Sprüche, zudem aus der Lutherübersetzung, als eine unzweideutige Lossage Dürers von der alten Kirche empfunden werden sollte und als solche Buch empfunden wurde. Im Jahr zuvor hatte der Rat die Reformation in Nürnberg eingeführt, und Dürer wollte keinen Zweifel darüber lassen, daß er gleichfalls auf dieser Seite stand und nicht auf der wieder schwankender Humanisten oder nur äußerlich Bekehrter. Darum auch seine Stiftung des Werkes an den weltlichen Rat und nicht, wie es sonst wohl selbstverständlich war, in eine Kirche.

Wichtiger aber noch als das Verneinende, die Lossage vom Alten, war das Bejahende, das Bekenntnis zu einer ganz bestimmten Form der neuen Lehre. Luthers Kampf gegen Rom hatte außer vielen guten Mächten auch solche der Tiefe entfesselt, die das Christentum überhaupt in Frage stellten und in hemmungsloser Leidenschaft jedes straffe Band staatlicher und gesellschaftlicher Ordnung zu zerreißen trachteten. Auch Nürnberg lernte sie kennen, die Schwarmgeister und Wanderprediger, die als geistige Freischärler durchs Land zogen, mit ihrer täuferischen Lehre der Wiedererneuung nicht weniger gefährlich als dem alten Glauben. Schon waren in der Umgebung Bauernunruhen ausgebrochen, und in der Stadt selbst, in Kreisen, die Dürer sehr nahestanden, begann es gleichfalls zu schwelen. Münz und Karlstadt waren hier aufgetreten, Hans Dank, Rektor an der Sebaldusschule, suchte der Wiedertäuferei neue Anhänger zu werben, und sogar drei Künstler, die beiden Brüder Beham und Georg Pentz bekannten sich offen gegen kirchliche und weltliche Obrigkeit, sprachen verächtlich von Christus, ja leugneten Gott. Es war Zeit, daß der Rat eingriff und mit der Verbannung Danks und der drei »gottlosen Maler« seine Rechte wahrte. Im verborgenen freilich glomm es noch fort, und die verschworene Gemeinde der Abtrünnigen mochte außer anderen geistig hochstehenden Männern auch Dürer zu den Ihrigen zählen. Ihnen eine klare Absage zu geben und der weltlichen wie der neuen kirchlichen Macht seine treue Gefolgschaft zu bekunden, setzte Dürer sein ganzes Ansehen ein, indem er dem Rat sein stolzes Werk vermachte und durch die Unterschriften jeden Zweifel hob. –

Klar und bestimmt ist jedes Wort der Unterschriften, aber klarer und bestimmter noch ist für jeden, der Augen hat zu sehen, was die Bilder selbst aussagen. Welch ein Gegensatz zwischen diesen Gestalten und den Heiligenbildern spätgotischer Zeit! Einem Mann der Tat gegenübergestellt ist ein solcher des Gedankens, Paulus gegen Johannes. Hinter ihnen, als zweites Aufgebot, Markus und Petrus. In Petrus scheint das Vergrübelte des Gedankenmenschen gesteigert bis zum Unvermögen jeden Handelns, in Markus wieder, der wie in hellen Flammen steht, scheint eine lodernde Tatenlust sich selbst zu verzehren. Das Wesentliche der beiden Hauptgestalten, das Ausgeglichene in ihrer Seele wird durch die Nebenfiguren im Grunde verstärkt wie durch ein vergrößerndes Glas. Auf diese beiden, Paulus und Johannes, kommt es an.

Menschliche Größe ist nie erhabener dargestellt worden als in dem Melanchthonkopf des Johannes und dem zornmütigen, doch an sich haltenden Antlitz des auf sein Schwert gestützten Heidenapostels. Vom Blick dieses Paulus kommt keiner mehr los, der ihn einmal gefühlt hat. Es liegt in ihm eine Macht, wie sie auch dem Auge des jungen Luther eignete, das den Gaeta einst so verwirrte ob seiner dämonischen Gewalt.

Doch die Köpfe sind es nicht allein. Die ganzen Gestalten, wie Bildwerke, ja wie Säulen unerschütterlich dastehend, sind aus dem gleichen Geiste geboren.

Seit vielen Jahren schon hatte sich Dürer gemüht, das sichtbar zu machen. Die letzten Versuche fallen auf die Jahre 1523 und 26 in den kleinen Kupferstichblättern dreier Apostel. In einem Bartholomäus, und mehr noch einem Simon zeigt das Gewand noch zu viel eigenes Leben, aber im Philippus, mit dem Buch im Arm und den Kreuzstab fest vor sich hingestellt, ist der Paulus der Tafel fast schon erreicht (wir bemerkten, wie die 6 der Jahreszahl über eine 3 gezeichnet ist, so daß das Blatt in der Zeichnung auf 1523 anzusetzen ist; 1526 wurde es nur überarbeitet). Es wird darauf hingewiesen, wie in diesen Blättern eine ältere, 1514 begonnene Apostelfolge fortgesetzt worden sei. Das mag äußerlich stimmen; dem Geist aber und der seelischen Gesinnung nach lagen die Anfänge des Tafelwerks noch einige Jahre zurück: der Christus der Kleinen Passion mit seiner aufrechten, nordischen Heliandgestalt, er lebt wieder auf in den großen Aposteln. Zum erstenmal seit Heliandtagen, sahen wir in diesem Christus denen im Norden einen geistigen Führer gewiesen, der ihnen glaubhaft war und überzeugend. Das ist das Wesen auch der Apostel. Starken und stolzen Heliandgeist bringen sie hinein in eine vielfach verworrene Zeit. Wahrlich, dieses Werk, die letzte große Tat Albrecht Dürers, es ist die Reformation, nicht in dem beschränkten Sinn von Dogmen und Gelehrtenfragen, sondern im tieferen Geist einer freien Erneuung des germanischen Nordens.

XVI. Dürers Ende

1

Hieronymuszauber liegt über Dürers Lebensende. Wie er selbst den stillen Heiligen einst schilderte, der unter dem drohenden Todeszeichen gelassen ruhig seiner Arbeit waltet, ihr alles zuführt, was noch in ihm ist an Kraft, so hat auch Dürer in einem einsamen Heldentum das Leben überwunden. Er wußte seit Jahren, daß er dem Tode verfallen war, aber er hat nicht geklagt. Wie ein wundes Tier zog er sich zurück in die Verlassenheit. Doch nicht, um tatenlos hinüberzudämmern, sondern um fern von störender Geselligkeit vollenden zu können, was irgend ihm das Schicksal noch vergönnte.

Chamberlain kennzeichnet es einmal als das Wesen des deutschen Künstlers, daß er es sich nicht genug sein läßt mit seinem eigentlichen »Fach«, sondern daß er darüber hinaus bestrebt ist, erzieherisch zu wirken auf das ganze Volk. »Ein Herder widmet die besten Jahre seines Lebens der Erforschung des göttlichen Sinnes der Geschichte; ein Schiller arbeitet mit Aufopferung letzter Kräfte daran, uns den Weg zu weisen, auf dem der »Staat der Not« in den »Staat der Freiheit«, d. h. in den deutschen Staat der Zukunft verwandelt werden kann und wird; ein Richard Wagner wandelt in Schillers Fußtapfen, wie bei der Vollendung des deutschen Dramas, so auch mit der Reihe seiner Schriften, welche Staat, Gesellschaft, Religion betreffen; ein Goethe schreibt Faust und Iphigenie und Werther und alle anderen Meisterwerke nur nebenher als Gelegenheitsdichter, wie er sich selber nannte, widmet aber als Staatsminister, vielfacher Verwalter, Bibliothekar, Theaterleiter, Ingenieur, Naturforscher, Reisender, Kunstsammler (usw. ins Unendliche) seine eigentliche Lebensarbeit der Errichtung eines allumfassenden Doms für alles, was den Namen deutsch verdient.«

Wenn irgendeiner unserer Großen mit in eine solche Reihe gehört, dann ist es Albrecht Dürer mit der schriftstellerischen Tätigkeit, die seine letzten Jahre ausfüllt. Es war nicht Eitelkeit und Ruhmsucht, was ihn zur Feder greifen ließ; es drängte ihn nur, die anderen teilhaft werden zu lassen der reichen Erfahrungen, die er sich erwarb, ihnen die vielen Umwege zu ersparen, die ihn selbst so oft ermüdet. Man vergleicht ihn gern mit Leonardo. Er ist Leonardo in seinem unablässigen Grübeln, seinem kühnen Wagemut, der alle Meere des Geistes mit seinem Kiel durchqueren möchte. Wie er dann aber, heimgekehrt, von seinen Fahrten spricht, da ist der Deutsche doch ein im tiefsten Sinne anderer als der stolze Italiener. Eine bescheidene Ekkehartnatur spricht aus allen seinen Schriften. Er weiß, daß er irren kam, räumt einem jeden gern den Platz, der besseres Wissen hat. Sein Buch über die Messungen beginnt mit den Worten, daß, wer den Euklid kenne, es nicht nötig habe, diese Schrift zu lesen.

Das Umfassendste, das er als Schriftsteller plante, ist Stückwerk geblieben. Eine allgemeine Kunstlehre sollte es werden, »die Speise des Malerknaben« genannt, und zehnerlei Dinge behandeln: in den ersten vier Abschnitten die Beschreibung der Mißverhältnisse eines Kindes, eines Mannes, eines Weibes und eines Pferdes; danach eine kurze Baulehre, ferner die Erläuterung eines Hilfswerkzeuges zum Durchzeichnen (»von Abstehlung das man sieht, daß alle Ding kann man durchzeichnen«), eine Licht- und Schattenlehre, eine solche von den Farben »zu molen der Natur gleich«, die »Lehre von der Anordnung im Bilde« (Komposition) und »von freiem Gemäl, das allein ahn alle Hilf aus der Vernunft gemacht wird«, dem Phantasiebild also. Entwürfe zu einzelnen Teilen liegen vor aus verschiedenen Jahren des Dürerschen Lebens. Der Versuch ist gemacht worden, das Ganze danach aufzubauen. Gelungen ist er nicht, und er konnte nicht gelingen, da nur Dürer selbst das innerlich Überwundene in einer Zusammenfassung hätte ausscheiden und durch Besseres ersetzen können.

Auch die »vier Bücher von menschlicher Proportion«, auf die Dürer so viel gab, sind unvollendet geblieben. Nur das erste Buch hatte er in seinem Todesjahr noch »übersehen und corrigiret«. Seine Freunde hielten auch die nicht mehr durchgearbeiteten Bücher für druckreif und gaben das Ganze heraus. Der äußere Erfolg gab ihnen recht. Das Buch fand nicht nur in Deutschland seinen Weg, sondern wurde auch übersetzt ins Lateinische, Italienische, Französische, Portugiesische, Holländische und Englische. Von dem zeitlich und menschlich Bedingten des Proportionswerks wurde gesprochen. Geschichtlich ist sicher vieles von Wert. So, wenn Dürer vom Unterschied der Mohren und Weißen spricht, eine Stelle, die schon an die Messungen der vergleichenden Anthropologen und Rassenforscher erinnert. Wesentlich ist, daß Dürer überhaupt den Zirkel und Richtscheit soviel zutrauen konnte. Das mathematische Jahrhundert, das 17., ist vorausgeahnt in diesem unbedingten Glauben an die Stetigkeit der Zahl.

Nur zwei Bücher hat Dürer als vollendete Werke hinausgehen lassen: die »Underweysung der Meßung mit dem zirckel und richtscheyt in Linien, ebnen und gantzen corporen durch Albrecht Dürer zusamen getzogen und zu nutz allen kunstliebhanden mit zugehörigen figuren in truck gebracht im jar 1525«; und zwei Jahre danach eine Befestigungslehre unter dem Titel: »Etliche underricht zur Befestigung der Stett, Schloß und Flecken«. Die Befestigungslehre ist dem König Ferdinand gewidmet »von wegen der Genad und Guttheit, so mir von weiland dem allerdurchläuchtigsten und großmächtigen Kaiser Maximilian hochlöblicher Gedächtniß, Euer Majestät Herren und Großvater, beschehen ist«. Die unmittelbare Anregung gab die Türkennot und der Wunsch, daß »die Länder, so den Türken gelegen sind, sich vor desselben Gewalt und Geschoß erretten möchten«. Mit großer Umsicht erwägt Dürer alle Möglichkeiten. Sogar in der Arbeiterfrage werden Vorschläge gemacht. »Haben die Herren viel armer Leut, die man fünft mit dem Almusen erhalten muß, den geb man Taglohn für ihr Arbeit, so dörfen sie nit betteln und werden deßminder zu Aufruhr bewegt.« Es müssen wohl sehr ernste Ratschläge in dem Buch gegeben sein, da man nach ihnen tatsächlich Befestigungen ausgeführt hat, wie z. B. die Bastei am Kronenburger Tor in Straßburg (Wilhelm Wontzels hat neuerdings »Dürers Befestigungslehre« eine sehr schöne Untersuchung gewidmet. Die Gegenwart, die durch die Trommelfeuer des Weltkrieges gegangen ist, kann das Buch natürlich nur geschichtlich nehmen. Sie hat sich noch auf ganz anderen Lärm einrichten müssen, als auf das von Dürer erwähnte »härte Anklopfen, das jetz in Kriegslauften vor Augen ist«.

Hat im Befestigungsbuch das Lehrbare mit der Zeit sich abgenutzt, so ist das zweite von Dürer veröffentlichte Werk, die »Unterweisung der Messung« auch in dieser Hinsicht frisch geblieben bis auf den heutigen Tag. Zeugnis dafür legt kein Geringerer ab als Meister Hans Thoma, der das Buch vor ein paar Jahren gemeinsam mit Adolf Peltzer herausgab und ihm ein Vorwort schrieb. In seinen Lehrjahren war es ihm eine Erquickung gewesen, die Dürerschen Schriften zu lesen, die in ihrer herben Sachlichkeit so viel mehr geben als alle gedruckten und gesprochenen Schöngeistereien. Von der »Unterweisung« empfing er einen Unterricht im »Raumdenken«, dem kein lebender Lehrer ihm so zu geben vermochte. Daran erinnert er sich, als er im Jahre 1900 zu öffentlicher Wirksamkeit berufen wurde und eine Lehrerstelle in der Akademie der bildenden Künste erhielt. »Es kam mir in den Sinn,« fährt er fort, »wie die Grundlagen, die Dürer gibt, gar manchem Schüler von erzieherischem Nutzen sein könnten, und daß wohl die Akademien gut daran tun würden, dem Wissen vom Raum, wie es in Geometrie und Perspektive gegeben ist, wieder ihre Aufmerksamkeit zu schenken. Dürer fordert die klare Ausbildung des räumlichen Denkens und Empfindens, welche ja jeder zur bildenden Kunst Berufene mit auf die Welt zu bringen hat. Da gedachte ich wieder, daß man doch die Dürerschen Schriften für die Kunsterziehung nutzbar machen sollte.« Weiter heißt es: »Die Unterweisung Dürers möchte ich auch den Akademien empfehlen, es könnten Anregungen daraus hervorgehen, die sich zu einem Fundament gestalten, auf welchem sich der Unterricht aufbauen könnte; durch die gründliche Ausgestaltung der Raumlehre würde die Akademie dem Künstler etwas mitgeben, für das er ihr später dankbar sein würde. Mit einer durch jahrelange Übung erlangten Geschicklichkeit ist noch lange nicht das erfüllt, was ein entwicklungsfähiger Künstler braucht.«

Ein schlichtes Lehrbuch, das nach vierhundert Jahren noch die Kraft besitzt, an unseren wohlausgebauten Akademien ein ganzes Unterrichtsfach zu begründen, das ist wie jenes Samenkorn, das man der gepreßten Pflanze eines alten Herbariums entnahm, und das, in die Erde gesenkt, neues Leben an den Tag trieb. Der stille Mann, der die letzten Jahre feines Lebens so einsam im Haus am Tiergärtner Tor verbrachte, mochte einen solchen Segen seiner treuen Arbeit kaum erhoffen.

2

Es ging zu Ende, der müde Körper konnte dem Willen nicht mehr folgen. Zarter Gesundheit scheint Dürer immer gewesen zu sein. Bestimmteres wissen wir freilich nur aus zwei Andeutungen. Die eine weist auf jene Krankheit im Jahre 1503, als er in seinen Schmerzen das Antlitz des gequälten Christus zeichnete. Und dann schreibt er in einem Brief an Heller (am 23. August 1507): »Wisset, daß ich jetzthero lang beschweret bin mit dem Fieber, deshalben ich etlich Wochen an Herzog Friedrichs von Sachsen Arbeit verhindert bin worden.« Bei dem regelmäßigen Nürnberger Leben scheint er indessen über alle Schwankungen der Gesundheit immer wieder hinweggekommen zu sein. Erst die Reise nach Niederland drängte ihn aus dem Gleichgewicht. Die Unruhe der ewigen Kreuz- und Querfahrten, die vielen Gastereien, verbunden mit einer angespannten Geistestätigkeit, dem Wunsch, alles sehen zu wollen und einem heißen Drang nach Arbeit waren zu viel für seine Widerstandskraft. Den letzten Rest gab ihm, laut eigner Aussage, ein Erlebnis auf einem Ausflug. »Do ich vormals in Seeland war,« so schildert er es später, »do überkam mich eine wunderliche Krankheit, von derer ich nie von keinem Mann gehört, und diese Krankheit hab ich noch.«

Veranlaßt wurde die unselige Fahrt durch eine Naturmerkwürdigkeit, eines der Ereignisse, deren man auf fliegenden Blättern so gern gedachte. In Zierikzee hatte eine Flutwelle einen Walfisch ans Land geschwemmt, ein Tier so ungeheuer, daß die Leute meinten, »man könne es in ein halbes Jahr nit aufhaun und Öl von ihm sieden«. Das will Dürer sehen, er kauft sich einen »Kotzen«, eine wollene Kutte gegen das barsche Wetter und fährt hinüber. Unterwegs hat er ein Abenteuer, das vielleicht entscheidend war für die schlimme Wendung seines Zustandes, und das gleichzeitig ein Zeugnis ist für Dürers prächtige menschliche Art.

»Zu Armuyden, do ich anfuhr, do geschah mir ein großer Unrat. Do wir an Lande stießen und unser Seil anwürfen, do orüng ein großer Schiff neben uns so kräftig, und was eben in Aussteigen, daß ich im Gedräng Jedermann für mir ließ aussteigen, also daß Niemand dann ich, Görg Közler, zwei alte Weiber und der Schiffmann mit einem kleinen Buben in Schiff blieben. Als sich nun das ander Schiff mit uns drung und ich noch also mit den Genannten auf dem Schiff waren und nit aus konnten weichen, do zerriß das starke Seil, und so kam in Selben ein starker Sturmwind, der trieb unser Schiff mit Gewalt hinter sich. Do schrieen wir alle um Hülf, aber Niemand wollt sich wagen. Do schlug uns der Wind wieder in die See. Da rauft sich der Schiffmann und schriee, dann seine Knecht wären all ausgetreten, und war das Schiff ungeladen. Do war Angst und Not, dann der Wind war groß und nit mehr dann 6 Personen in Schiff. Do sprach ich zum Schiffmann, er sollt ein Herz haben und Hoffnung zu Gott haben, und nachdächt, was zu than wäre. Sagte er, wann er den klein Segel kunnt aufziehen, so wollt wir – und versuchen, ob er wieder möcht anfahrn. Also halfen wir schwerlich aneinander und brachten lechst halb auf und fuhren wieder an. Und do die am Land sahen, die sich unser verwegen (aufgegeben) hätten, wie wir uns behulfen, do kamen sie uns zu Hülf und kamen zu Land.«

In Zierikzee konnte er das Tier nicht mehr finden, eine neue Flutwelle hatte es fortgeschwemmt. Seit jener Zeit aber kränkelte er stärker. Auslagen für den Arzt und Apotheker werden ein stehender Vermerk im Tagebuch. Ein besonders heftiger Anfall packt ihn in der Woche zwischen dem 14. und 20. April 1521. »In der dritten Wochen nach Ostern stieß mich ein heiß Füber an mit einer großen Ohnmacht, Unlust und Hauptwehe.« Nach Aussage von Ärzten kam man auf ein wiederkehrendes Wechselfieber vermuten, das bisweilen verbunden sei mit schmerzhaften Anschwellungen der Milz. Dazu würde ein (jetzt in Bremen verwahrtes) Blatt stimmen, das Dürer ohne Zweifel einem Arzt zur Begutachtung schickte, wir nehmen an, kurz nach seiner Rückkehr. Er hat sich selbst darauf gezeichnet, nackt bis auf ein Schamtuch. Die Rechte deutet auf eine umrissene Stelle in der Milzgegend. Zur Erklärung schreibt er darüber: »Do der gelb Fleck ist was mit dem Finger drawff dewt, do ist mir we.« Mit diesem Leiden und stetig wiederkehrenden Fieberschauern schleppte Dürer sich die letzten sieben Jahre hin. Einem verfallenden Körper hat er die gewaltigen Kunstwerke abgetrotzt von den

Passionsentwürfen bis zu den Aposteln, und schließlich auch noch die ihm doppelt mühevolle schriftstellerische Arbeit an seinen Büchern. Es ging nur so, daß er sich schließlich völlig zurückzog auch von seinen Freunden. Ganz in sein Werk vertieft gab er schließlich nicht einmal mehr auf ein sonst so peinlich gepflegtes Äußeres. Haar und Bart ließ er sich stutzen, sie lichteten sich zudem immer mehr. So saß er, ein anderer Hieronymus, an seinem Pult, so hat ihn der Tod dann endlich abgeholt.

Das Ende kam schnell und unerwartet. Keiner seiner Freunde konnte in der Todesstunde ihm zugegen sein. Aber sanft und friedlich sei sein Tod gewesen, sagt Camerarius. Auf dem Johanniskirchhof wurde er beigesetzt in der Gruft der Freys. Pirkheimer widmete ihm eine Erztafel mit der Inschrift:

ME. AL. DV.

OVICVID ALBERTI DVRERI MORTALE

FVIT; SVB HOC CONDITVR TVMVLO:

EMIGRAVIT VIII. IDVS APRILIS

MDXXVIII

»Dem Gedächtnis Albrecht Dürers. Was sterblich war an Albrecht Dürer, birgt dieser Hügel. Er ging am 6. April 1528.« Darunter steht Dürers allbekanntes Künstlerzeichen.

Dauernde Ruhe war Dürers irdischen Resten nicht beschieden. Mit dem Tode seiner Frau und seiner Schwägerin erlosch das Geschlecht der Frey. Ein altes Herkommen bestimmte, daß eine Familiengruft nach dem Aussterben des Geschlechts geräumt und dem Spital überlassen würde. Das Spital wollte keine Ausnahme machen und setzte im Lauf der Jahre mehrere Pfründner an Dürers Ruhestatt bei. Jede Sicherheit über den Verbleib seiner sterblichen Reste ist uns damit genommen.

3

Unter den Totenklagen der Freunde Albrecht Dürers ist die ergreifendste die Wilibald Pirkheimers in einem Brief an Ulrich Varnbühler. Sie lautet: »Obwohl ein hohes Alter, mein lieber Ulrich, zu den vornehmsten Wünschen des Menschen gerechnet zu werden pflegt, so läßt sich doch kaum etwas Verderblicheres ersinnen, als ein allzu langes Leben; das empfinde ich nun von Tag zu Tag immer mehr. Denn abgesehen von dem übrigen Ungemach des Alters und von all den verschiedenen Arten der Krankheiten – was kann es für den Menschen Beschwerlicheres geben, als daß er fast unaufhörlich nicht nur Kinder und Verwandte, die der Tod ihm raubt, sondern auch seine Freunde, und zwar die geliebtesten unter ihnen betrauern muß? Und doch, obwohl ich schon oft den Schmerz empfunden habe, der aus dem Ableben von Verwandten zu entspringen pflegt, so weiß ich nicht, ob mir je ein Sterbefall solch einen Gram verursacht hat, wie er mich jetzt über das plötzliche Hinscheiden unseres besten und teuersten Albrecht Dürer erfüllt; und das nicht mit Unrecht, denn unter allen Menschen, die mir nicht etwa durch Bande des Blutes nahestanden, habe ich niemanden so sehr geliebt und so hoch gehalten als ihn ob seiner zahllosen Tugenden und seiner seltenen Rechtschaffenheit. Eben darum, mein lieber Ulrich, weil ich weiß, daß dieser Schlag uns, dich und mich, gemeinsam getroffen hat, habe ich mich nicht gescheut, vor allem dir gegenüber meinem Schmerze freien Lauf zu lassen, auf daß wir zusammen solch einem Freunde den schuldigen Thränenzoll weihen. Er ist dahin, bester Ulrich, er ist dahin, unser Albrecht! O unerbittliche Ordnung des Schicksals, o erbärmliches Menschenlos, o unbarmherzige Härte des Todes! Ein solcher Mann, ja ein solcher Mann ist uns entrissen, indes so viele unnütze und nichtnutzige Menschen eines dauernden Glückes und eines nur allzu langen Lebens genießen.«

Das ist die allgemeine Empfindung derer, die Dürer nahestanden. Nicht das beklagen sie, welch einen Künstler sie verloren, sondern um was für einen Menschen sie ärmer geworden sind. Die trauernden Worte Melanchthons, Hesses und des Camerarius sind auf denselben Ton gestimmt. Luthers Nachruf war: »Was Dürer angeht, ziemt es wohl dem Frommen, den besten Mann zu betrauern; du aber magst ihn glücklich preisen, daß ihn Christus so erleuchtet und zu guter Stunde fortgenommen hat aus diesen stürmischen und wohl bald noch stürmischeren Zeiten, auf daß er, der würdig war, nur das Beste zu sehen, nicht gezwungen wäre, das Schlimmste mit anzusehen.« Ein einziger blieb kühl: Erasmus von Rotterdam: »Was nützt es, Dürers Tod zu beklagen, da wir ja alle sterblich sind! Ein Denkmal ist ihm gesetzt in meinem Büchlein.« Das papierne Denkmal, in dem er sich mit dem lästigen Ruhm des Deutschen abfand, sind ein paar Sätze Lateinisch, die der Treffliche – aus dem Plinius abschrieb. –

Mensch und Künstler sind bei Dürer nicht zu trennen: das ist, wie seiner Freunde so auch unser Urteil. Wer sein Werk nur als ein Stück Kunstgeschichte behandelt, unterbindet ein Teil seiner Kraft. Reichlich viel zu sagen hat Dürer ja wohl dem Auge, das nur Auge sein will. Volles Leben aber durchrauscht die wunderbare Folge von der Apokalypse bis zu den Aposteln doch dann erst, wenn wir den Strom der Kulturgeschichte in sie hineinfluten lassen, wenn wir achthaben, wie der Mensch Dürer zu dm Dingen stand und sich mit ihnen auseinandersetzte in seiner Kunst.

Als geschichtliche Persönlichkeit gehört Dürer von Anbeginn der neuen Zeit an, die wir gemeinhin Reformation nennen, die aber in einem tieferen Sinn Erneuung heißen sollte. Handelte sich's nur um ein paar Bibelstellen mit strittiger Auslegung, um Spitzfindigkeiten der Lehre und ähnliches, so wäre es ein eitles Unterfangen, Dürer mit Einzelheiten seiner Werke und Aussagen da hineinzerren zu wollen. Fassen wir aber die Reformation als eine Erneuung deutschen Wesens, ein Sichlossagen vom Süden als einer uns fremden, oder doch fremd gewordenen Kultur, dam ist Dürer mit eine Macht in diesem heldischen Werden, eine führende Persönlichkeit, und neben Martin Luther steht er als ein Gleichberechtigter. Dürer und Luther haben uns wieder in Fühlung gebracht mit dem alten Heliandgeist: so begreifen wir sie heute, und so können wir den beiden in gleicher Liebe zugetan sein, wir Deutsche allesamt.

www.ingramcontent.com/pod-product-compliance
Lightning Source LLC
Chambersburg PA
CBHW050210230526
45470CB00001B/316